21世纪会计系列规划教材
通用型
省级精品课程配套教材

Financial Management
Exercises and Cases

财务管理习题与案例

（第二版）

竺素娥 曾爱民 / 主编

东北财经大学出版社
Dongbei University of Finance & Economics Press
大连

图书在版编目（CIP）数据

财务管理习题与案例 / 竺素娥，曾爱民主编. —2版. —大连：东北财经大学出版社，2017.3（2018.2重印）

（21世纪会计系列规划教材·通用型）

ISBN 978-7-5654-2710-7

Ⅰ. 财… Ⅱ. ①竺… ②曾… Ⅲ. 财务管理-高等学校-教学参考资料 Ⅳ. F275

中国版本图书馆CIP数据核字（2017）第030456号

东北财经大学出版社出版

（大连市黑石礁尖山街217号 邮政编码 116025）

网 址：http: ∥www.dufep.cn

读者信箱：dufep@dufe.edu.cn

大连理工印刷有限公司印刷 东北财经大学出版社发行

幅面尺寸：185mm×260mm 字数：408千字 印张：17.75

2017年3月第2版 2018年2月第5次印刷

责任编辑：李智慧 李 栋 王芃南 责任校对：何 莉

封面设计：冀贵收 版式设计：钟福建

定价：34.00元

教学支持 售后服务 联系电话：（0411）84710309

如有印装质量问题，请联系营销部：（0411）84710711

第二版前言

本书是21世纪会计系列规划教材、浙江省省级精品课程教材《财务管理》（竺素娥、曾爱民主编，东北财经大学出版社2017年版）一书的配套学习辅导书。在内容安排上，本书基本结构与主教材《财务管理》完全一致，以体现本辅导书与教材的配套关系。

本次修订全书仍按十章划分，每章包括“练习题”、“案例分析题”和“参考答案”三部分，并主要在以下几方面进行了修订：

（1）每章“练习题”的题型设计保持不变，仍主要包括单项选择题、多项选择题、判断题、计算分析题和综合题等五种主要题型，分别从理论基础、计算分析和综合运用等方面强化学生对所学专业知识的理解和运用。这次修订对教师和同学们在第一版使用过程中发现的遗漏或表述不够清楚的问题予以订正，更有利于学生理解和掌握相关知识。

（2）在对“案例分析题”部分的修订上，坚持所选案例真实性、典型性与新颖性相结合的原则。本次修订不仅对典型案例进行了情节和数据上的更新，而且对部分已经失去典型性和时效性的案例进行了替换，并针对重要教学内容新增了部分案例，尽可能以上市公司真实案例为原型，便于学生进一步搜集与案例相关的素材进行拓展性思考，以更准确地理解和把握相应的知识点。

（3）在“参考答案”部分，重点对教师和同学们在使用过程中发现的错误和不当之处进行了全面订正，便于读者更好地使用本书。

本书第二版由浙江工商大学竺素娥教授与曾爱民副教授主编。本书提纲由竺素娥教授拟定，并经参编人员讨论确定。本书的编写人员及具体分工如下：竺素娥负责编写第一章、第四章；张超负责编写第二章；裘益政负责编写第三章、第十章；柴斌锋负责编写第五章；涂必胜负责编写第六章、第八章；曾爱民负责编写第七章、第九章。最后由竺素娥和曾爱民对全书进行总纂、修改和定稿。

对书中的不妥或错误之处，敬请读者批评指正。

编　者

2017年1月于杭州

第一版前言

本书是21世纪会计系列规划教材、浙江省省级精品课程教材《财务管理》（竺素娥、裘益政主编，东北财经大学出版社2013年版）一书的配套学习辅导书。

《财务管理》以资本市场为背景，以公司制企业为对象，以公司资本运动为主线，在介绍财务管理基本原理的基础上，重点阐述了公司筹资、投资和收益分配等财务运作理论和方法，同时对财务分析和公司并购知识做了专题阐述，是为高等院校非财会类经济管理专业本科生量身定制的一本财务管理教材。现应广大师生和读者的要求，决定为该书编写学习辅导书，以便帮助教师和学生更有效和方便地使用学习教材的相关内容，不断提高教学效果和教学质量。本学习辅导书的基本结构与主教材《财务管理》的基本结构相对应，以体现本辅导书与教材的配套关系。

本书共分为十章，每章各包括三部分：

第一部分是“练习题”。这部分在题型设计上主要包括单项选择题、多项选择题、判断题、计算分析题和综合题等五种主要题型。其中单项选择题、多项选择题和判断题是原教材章后习题中没有的题型，但对全面理解和掌握财务管理知识具有重要的基础性作用，故为本部分的重要内容。同时由于财务管理是一门数学模型和计算相对较多的课程，为了弥补原教材章后计算分析题过少且答案过于简略，而综合题则完全缺失的不足，本书紧密结合教材内容，补充了大量计算分析题及详细解答。但与计算分析题主要针对章节中某一重要知识点展开专项训练不同，综合题则是对本章和前面章节相关知识点的综合运用，在专项计算训练的基础上进一步提升对相关知识的综合分析和运用能力。

第二部分是“案例分析题”。众所周知，财务管理是一门应用性很强的经济管理学科，需要理论与实践紧密结合，因此本部分根据教材各章内容和教学目的，以我国当前部分上市和非上市公司业务实践数据为基础，编写和改写了部分原创性案例，要求学生结合所学的专业知识，对其进行分析和讨论。这些案例一般都具有一定的拓展空间，所提出的问题带有较多的思考性和启发性，具体分析方法可能会因人而异，很难说有绝对的标准答案，因此对于较大和较复杂的案例分析，可在老师的指导下，通过讨论的方式来完成。

第三部分是“参考答案”。这部分主要是为了帮助广大师生更方便、更快捷地学习好本教材，对辅导书各部分的习题和案例分析等给出了必要的参考答案，按“单项选择题”、“多项选择题”、“判断题”、“计算分析题”、“综合题”和“案例分析要点与提示”等方面内容分别编写，以帮助广大学生和读者能更有效地利用本辅导书来提高其学习的能力。

附录一则提供了两套模拟试卷及参考答案，以帮助学生自我测试学习效果和对本课程的掌握情况。

本书由浙江工商大学竺素娥教授与曾爱民副教授主编。本书提纲由竺素娥教授拟定并经参编人员讨论确定。本书编写人员及具体分工如下：竺素娥编写第一、第四章；祝立宏编写第二章；曾爱民编写第三、第九章；任家华编写第五、第十章；涂必胜编写第六、第八章；徐丽芬编写第七章。在本书编写过程中，编者参考了大量相关著述资料，在此向这些资料的原作者深表感谢!

对书中的不妥和错误之处，敬请读者批评指正。

编　者

2014年8月于杭州

目　录

第一章　财务管理导论

第一部分　练习题

一、单项选择题

1.企业财务管理是对（　　）所进行的管理。

A.企业的资本来源　　B.企业的各项资产

C.企业的资本运动　　D.企业的收益及其分配

2.现代企业财务管理的最优目标是（　　）。

A.利润最大化　　B.股东财富最大化

C.企业价值最大化　　D.现金流量最大化

3.企业与债权人的财务关系在性质上是一种（　　）。

A.经营权与所有权关系　　B.债权债务关系

C.投资与被投资关系　　D.委托代理关系

4.企业价值最大化是企业财务管理目标，其价值是指（　　）。

A.账面价值　　B.公允价值　　C.重置价值　　D.市场价值

5.影响企业价值大小的两个基本因素是（　　）。

A.风险和报酬　　B.现金流量和利润

C.风险和贴现率　　D.时间价值和风险价值

6.所有者通常同时采取（　　）两种办法来协调自己与经营者的利益。

A.解聘和接收　　B.解聘和激励　　C.激励和接收　　D.监督和激励

7.在企业管理系统中，财务管理有别于其他管理的基本属性在于它是一种（　　）。

A.综合管理　　B.价值管理　　C.资本运营　　D.货币商品经营

8.财务管理者与税收法规的关系可以表示为（　　）。

A.精通税法，尽可能隐蔽地做好偷税工作

B.精通税法，尽可能隐蔽地做好避税工作

C.精通税法，尽可能隐蔽地做好减免税工作

D.精通税法，切实做好税收筹划工作，以寻求节税利益的最大化

9.在金融市场中，（　　）为公司财务管理提供最直接而有用的信息。

A.证券价格变动　　B.货币政策变动　　C.利率变动　　D.汇率变动

10.在有效市场条件下，能够直接反映财务管理目标实现程度的指标是（　　）。

A.净资产收益率　　B.每股收益　　C.股票的市场价格　　D.产品市场占有率

11.下列各项中，可视为纯利率的是（　　）。

A.银行存款利率　　B.债券利率

C.国库券利率　　D.没有通货膨胀时的国库券利率

12.由于借款人无法按时支付利息或偿还本金带来的风险而要求的利率补偿是（　　）。

A.通货膨胀补偿率　　B.违约风险补偿率
C.流动性风险补偿率　　D.到期风险补偿率

13.企业价值最大化目标与股东财富最大化目标相比，其最大的优点在于（　　）。
A.考虑了时间价值　　B.考虑了相关利益主体的不同利益
C.考虑了风险价值　　D.考虑了利润所得与投入资本的关系

14.（　　）是企业从事资本经营活动的主要形式之一。
A.从银行取得贷款　B.发行股票　C.购买公司　D.从事公司并购活动

15.确定国库券利率时，应考虑的主要因素是（　　）。
A.纯利率和通货膨胀补偿率　　B.纯利率和违约风险补偿率
C.流动性风险补偿率和违约风险补偿率　　D.流动性风险补偿率和通货膨胀补偿率

16.财务管理最重要的职能，即财务管理的核心环节是（　　）。
A.财务预测　B.财务决策　C.财务预算　D.财务控制

17.下列各项经济活动中，属于企业间接投资的是（　　）。
A.购买设备　B.购买原材料　C.购买专利权　D.购买股票

18.在筹资和投资决策中，如果预期市场利率上升，则应采用（　　）策略。
A.短期筹资和短期投资　　B.长期筹资和长期投资
C.长期筹资和短期投资　　D.短期筹资和长期投资

19.关于名义利率与实际利率的关系，下列说法错误的是（　　）。
A.名义利率是包含对通货膨胀补偿的利率
B.实际利率是包含对通货膨胀补偿的利率
C.实际利率是扣除通货膨胀补偿后的利率
D.年内多次计息导致实际利率大于名义利率

20.企业价值最大化目标与股东财富最大化目标相比较的最大优点是（　　）。
A.考虑了风险因素　　B.更客观地反映了股东利益
C.兼顾了相关利益主体间的不同利益　　D.更容易计量

二、多项选择题

1.从狭义的角度看，企业财务活动的内容包括（　　）。
A.资本筹集　B.资本运用　C.资本耗费　D.资本收益分配

2.在组织资本运动过程中，企业可能会与下列利益相关者发生经济关系（　　）。
A.投资者、受资者　B.债权人、债务人　C.国家税务机关　D.员工

3.利润额最大化目标的主要缺点包括（　　）。
A.是一个绝对值指标，未能考虑投入和产出之间的关系
B.未能考虑货币时间价值
C.未能有效地考虑风险
D.未能反映股东利益

4.在强势有效市场条件下，股价的高低能够反映财务管理目标的实现程度，其原因有（　　）。

A.它反映了所有公开的或未公开的信息　　B.它反映了不同利益主体的利益
C.它反映了公司的风险　　D.它反映了公司未来潜在的发展能力

5.关于企业价值最大化目标，下列说法中的（　　）是正确的。
A.企业价值与预期报酬成正比，与预期风险成反比
B.预期报酬越高，企业风险就可能越大，企业价值也越大
C.企业风险越大，预期报酬就可能越高，企业价值就越大
D.企业价值只有在风险和报酬达到比较好的均衡时才能达到最大

6.债权人为了防止自身利益被损害，通常采取（　　）措施。
A.优先于股东分配剩余财产　　B.参与董事会监督借款人
C.发放限制性借款　　D.收回借款后不再借款

7.公司财务管理的法律环境所涉及的范围包括（　　）。
A.企业组织法规　　B.税收法规　　C.证券法规　　D.财务法规

8.税收对财务管理的影响表现在（　　）等方面。
A.影响企业筹资决策　　B.影响企业投资决策
C.影响企业现金流量　　D.影响企业投资规模

9.金融市场按交易的期限，分为（　　）和（　　）。
A.货币市场　　B.资金市场　　C.资本市场　　D.外汇市场

10.金融市场与企业财务管理的关系可以概括为（　　）。
A.金融市场是企业筹资和投资的场所
B.金融市场影响企业股利政策
C.通过金融市场使长、短期资本互相转化
D.金融市场为企业理财提供有用的信息

11.如果预期市场利率下降，企业应当（　　）。
A.进行长期投资　　B.进行短期投资　　C.筹集短期资本　　D.筹集长期资本

12.财务控制的常用方式有（　　）。
A.制度控制　　B.事前控制　　C.预算控制　　D.过程控制

13.与企业财务管理直接相关的金融市场主要包括（　　）。
A.外汇市场　　B.黄金市场　　C.资本市场　　D.货币市场

14.有关纯利率的论述正确的是（　　）。
A.它是无通货膨胀、无风险情况下的平均利率
B.国库券的利率可视为纯利率
C.利率最高不能超过平均利润率
D.纯利率的高低，受平均利润率、资金供求关系和国家调节的影响

15.下列各项因素中，能够影响无风险报酬率的有（　　）。
A.平均资金利润率　　B.资金供求关系　　C.国家宏观调控　　D.预期通货膨胀率

16.防止经营者背离股东目标的方法主要有（　　）。
A.股东获取更多的信息，对经营者进行监督
B.加强思想政治工作，激发其工作热情

C.实施股权激励计划，鼓励其采取符合企业最大利益的行动

D.法律约束，通过立法规范其行为

17.股东通过经营者伤害债权人利益的常用方式是（　　）。

A.不经债权人的同意，投资于比债权人预期风险高的项目

B.不顾工人的健康和利益

C.不征得债权人同意而发行新债

D.支付高额的现金股利

18.金融市场上资金的买卖价格由（　　）组成。

A.纯利率　　B.通货膨胀补偿率　　C.风险补偿率　　D.平均资金利润率

19.关于风险-报酬权衡原则，下列说法正确的是（　　）。

A.投资者必须对风险和报酬做出权衡

B.投资者为追求较高的报酬需承担较大的风险

C.投资者为降低风险需接受较低的报酬

D.在风险相同时，人们一般会选择报酬较高的投资机会

20.财务管理应当遵循价值创造原则，这就意味着（　　）。

A.一切财务活动都必须以企业价值最大化为出发点和归宿点

B.企业应当以较低的筹资成本和筹资风险获取较多的筹资额

C.企业筹集的资金应当投资于超过最低可接受收益率的项目

D.企业如果没有更好的投资机会并创造更大价值，最好的办法是将收益分配给股东

三、判断题

1.利润最大化是现代企业财务管理的最优目标。（　　）

2.股东财富最大化目标考虑了众多相关利益主体间的不同利益。（　　）

3.财务管理宏观环境是企业财务决策可以改变的、影响企业财务活动的外部约束条件。（　　）

4.企业可以不受任何条件的约束自主进行筹资、投资和收益分配活动。（　　）

5.财务管理者应当精通税法，努力做好税收筹划工作，以寻求节税利益最大化。（　　）

6.税收的缴纳会增加企业的现金流出量，但不影响企业利润。（　　）

7.企业应当根据有关法律、法规要求和自身的经营特点设计企业内部财务制度。（　　）

8.企业可以利用金融市场来调整资本结构。（　　）

9.金融市场通过股票行情的变动为企业理财提供有用的信息。（　　）

10.风险-报酬权衡原则是指风险和报酬之间存在一个对应关系，投资人必须对报酬和风险做出权衡，为追求较高的报酬而承担较大风险，或者为减少风险而接受较低的报酬。（　　）

11.由于未来金融市场的利率难以被准确地预测，因此财务管理人员不得不合理搭配长短期资金来源，以使企业适应任何利率环境。（　　）

12.通过监督和激励可以使股东和经营者的利益目标完全一致。（　　）

13.直接投资是指把资金投放于金融资产，以便获取股利或利息收入的投资，又称证券投资。（　　）

14.如果企业面临的风险较大，那么企业价值就一定会下降。（　　）

15.某项投资的到期日越长，投资者受不确定性因素的影响就越大，其承担的流动性风险就越大。（　　）

16.现代企业财务管理的主要内容涉及投资决策、筹资决策和收益分配决策三项，不涉及其他方面的问题。（　　）

17.如果两个投资机会的风险相同而报酬不同，人们会选择报酬高的投资机会，这是由风险-报酬权衡原则所决定的。（　　）

18.强势效率市场是指所有包含在过去股价变动中的资料和信息都已完全反映在股票的现行市价中。（　　）

19.宏观经济环境、政府的经济政策、资本市场的效率、市场竞争环境等因素的变化都会对企业财务活动产生影响。（　　）

20.盈利企业给股东创造了价值，而亏损企业减少了股东财富。（　　）

四、综合题

1.分析企业财务管理所处的宏观环境，谈谈财务管理应如何运用宏观环境创造企业价值。

2.资料：假设RS公司是资产规模近100亿元、年营业收入达80亿元的民营上市公司，共有全资子公司与控股子公司30余家，其公司治理结构与财务管理组织机构如图1-1所示。

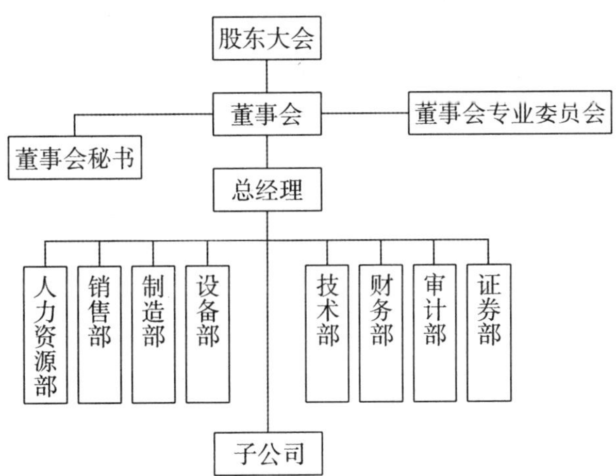

图1-1　RS公司治理结构与财务管理组织机构图

要求：

（1）分析其组织机构中存在的问题，提出改进措施。

（2）说明财务部与会计部的主要职责。

第二部分　案例分析题

关于雅戈尔的综合分析

（一）案例材料

雅戈尔集团股份有限公司①（股票代码600177，以下简称“雅戈尔”）成立于1993年3月，1998年11月雅戈尔在上海证券交易所上市，其主营业务为服装服饰产品及服装辅料的设计、制造、销售、进出口贸易等。2007年以后，公司主要经营收益由品牌服装生产销售、房地产开发和金融投资三类业务构成。2015年度实现营业收入145亿元，实现净利润43.76亿元。至2015年年末，公司总资产662.77亿元，净资产203.69亿元，其资产负债情况见表1-1。

表1-1　　合并资产负债表主要项目　　金额单位：元

资　产	2015年12月31日	负债和所有者权益	2015年12月31日
流动资产：		流动负债：	
货币资金	6 127 938 358.18	短期借款	13 316 396 484.80
交易性金融资产	—	交易性金融负债	—
应收票据	2 284 700.00	应付票据	66 779 167.49
应收账款	244 684 786.11	应付账款	774 850 934.79
预付款项	576 627 640.14	预收款项	9 881 492 738.19
应收利息	10 161 455.85	应付职工薪酬	288 655 215.23
应收股利	—	应交税费	1，029 784 708.91
其他应收款	2 195 281 729.99	应付利息	137 482 423.82
存货	14 030 307 208.34	应付股利	—
一年内到期的非流动资产		其他应付款	911 280 782.17
其他流动资产	3 939 964 950.18	一年内到期的非流动负债	549 923 710.94
流动资产合计	27 127 250 828.79	流动负债合计	26 956 646 166.34
非流动资产：		非流动负债：	
可供出售金融资产	26 070 117 828.62	长期借款	17 452 153 120.00
持有至到期投资		应付债券	
长期应收款		长期应付款	29 898 065.20
长期股权投资	7 227 569 714.32	专项应付款	672 274.00
投资性房地产	444 020 496.53	递延收益	503 391 462.84
固定资产	3 832 883 461.69	递延所得税负债	965 771 300.85
在建工程	884 740 129.39	其他非流动负债	
工程物资		非流动负债合计	18 951 886 222.89
无形资产	305 896 286.71	负债合计	45 908 532 389.23
开发支出		所有者权益：	

① 根据雅戈尔集团股份有限公司2015年年度报告整理而成。

续表

资　产	2015年12月31日	负债和所有者权益	2015年12月31日
商誉	45 196 688.32	股本	2 226 611 695.00
长期待摊费用	19 757 425.19	资本公积	367 408 801.21
递延所得税资产	292 237 186.38	盈余公积	1 509 092 242.37
其他非流动资产	27 613 008.91	未分配利润	13 928 776 721.77
非流动资产合计	39 150 032 226.06	其他综合收益	2 120 228 937.61
		归属于母公司所有者权益合计	20 152 118 397.96
		少数股东权益	216 632 267.66
		所有者权益合计	20 368 750 665.62
资产总计	66 277 283 054.85	负债和所有者权益总计	66 277 283 054.85

（二）案例分析要求

（1）从资产负债表项目看雅戈尔2015年年末的筹资来源如何构成？有何特点？

（2）从资产负债表项目看雅戈尔2015年年末的资金投向何处？有何特点？

（3）该公司应当选择何种财务管理组织机构模式，为什么？

（4）该公司的财务管理目标是什么，为什么？

（5）当前哪些环境因素变化会对该公司的财务管理产生直接影响？

第三部分　参考答案

☆ **练习题参考答案**

一、单项选择题

1.C　2.C　3.B　4.D　5.A　6.D　7.B　8.D　9.C　10.C　11.D　12.B　13.B　14.D　15.A　16.B　17.D　18.D　19.B　20.C

二、多项选择题

1.ABD　2.ABCD　3.ABC　4.ACD　5.AD　6.ACD　7.ABCD　8.ABC　9.AC　10.ACD　11.AC　12.AC　13.CD　14.ACD　15.ABC　16.AC　17.ACD　18.ABC　19.ABC　20.ABCD

三、判断题

1.×　2.×　3.×　4.×　5.√　6.×　7.√　8.√　9.×　10.√　11.√　12.×　13.×　14.×　15.×　16.×　17.×　18.×　19.√　20.×

四、综合题

1.（1）正确理解财务管理宏观环境及其特点。理财的宏观环境是指影响企业财务活动的各种宏观因素，如政治因素、经济因素、法律因素、金融市场等。宏观环境是作为企业外部的、影响企业财务活动的客观条件而存在的，是企业财务决策难以改变的外部约束条件，企业财务决策更多的是适应它们的要求和变化，但财务管理者可以通过有效地利用宏观环境创造企业价值。

（2）财务管理宏观环境的内容及其在财务管理中的运用。财务管理的宏观环境涉及的范围很广，其中最重要的是法律环境、金融市场环境和经济环境。

法律环境是指企业与外部发生经济关系时所应遵守的各种法律、法规和规章。这些法律规范主要包括：企业组织法规、税收法规、财务法规和证券法规。企业的理财活动，无论是筹资、投资还是收益分配，都要和企业外部发生经济关系。在处理这些经济关系时，应当遵守有关的法律规范。同时也可运用这些法律规范保护自身的合法权益，还可以用其创造企业价值。例如，正确运用税收法规进行筹资决策、投资决策和收益分配决策。精通税法，对财务管理者具有重要的意义。财务管理者应当知法、守法、用法，切实做好税收筹划工作，以寻求节税利益的最大化。

金融市场是实现货币借贷和资本融通、办理各种票据和有价证券交易活动的场所。金融市场按交易的对象，可划分为资本市场、外汇市场和黄金市场。其中，与财务管理直接相关的市场主要是指资本市场。管理者可以利用资本市场进行筹资和投资活动，通过资本市场来调节企业资本结构，利用金融市场反映的利率变动信息作出有效的筹资决策和投资决策。

经济环境是指企业进行财务活动的宏观经济状况，包括经济发展状况、通货膨胀、利息率波动情况和政府的经济政策等。管理者可以根据宏观经济发展的速度和波动情况安排企业筹资和投资规模，利用政府的经济政策来调整筹资规模和投资方针，并考虑通货膨胀和利率变动趋势来安排各种理财方针。

2.（1）存在的主要问题：一是没有设置财务总监岗位；二是财务管理组织机构与公司规模不匹配，财务部与会计部应当分设；三是审计部不应设置在总经理下，应当隶属于董事会（下设的审计委员会）。

（2）财务部的主要职责是筹资、投资、收益分配、税务筹划、财务预算、财务分析、参与财务决策等；会计部的主要职责是财务会计、成本会计、会计信息系统处理、税务会计等。

☆ 案例分析题要点与提示

（1）雅戈尔2015年年末的筹资来源共662.77亿元，由459.08亿元的负债与203.69亿元的权益资本构成，其负债占69.26%的比重，体现了高负债的特点。

（2）雅戈尔公司2015年年末的全部资金总额为662.77亿元，其中，流动资产为271.27亿元，非流动资产为391.50亿元。流动资产占全部资产的比重达41.05%，存货占全部资产的比重达21.12%，可供出售金融资产260.70亿元，占全部资产的比重达39.33%。因此，其资产的流动性在很大程度上取决于其可供出售金融资产与存货的流动性。

（3）雅戈尔公司经营规模较大，应当选择财务管理与会计机构分设或设立公司型财务管理机构（财务公司）的模式。

（4）雅戈尔公司是上市公司，其财务管理目标是企业价值最大化，实现这个目标的同时也实现了股东财富最大化。

（5）当前金融市场、利率政策、税收政策等环境因素变化会对该公司的财务管理产生直接影响。

第二章　财务管理的价值观念

第一部分　练习题

一、单项选择题

1.张三将20 000元存入银行，银行的年利率为6%，按复利计息，则5年后张三可以从银行取出（　　）元。

A.23 000　　B.26 000　　C.112 700　　D.26 760

2.李四欲在10年后购买价值100万元的房屋，银行年复利率为10%，则他现在应一次性存入（　　）元。

A.2 594 000　　B.110 000　　C.386 000　　D.614 500

3.如果某人每年年末存入10 000元，年复利率为7%，则第5年年末可以得到的本息和为（　　）元。

A.53 500　　B.14 030　　C.57 500　　D.41 000

4.某人将5 000元存入银行，存期3年，按单利计算，年利率6%，则到期的本息和为（　　）元。

A.5 900　　B.5 300　　C.5 955　　D.5 420

5.甲方案的标准离差为1.8，乙方案的标准离差为1，若两方案的期望值相同，则二者的风险关系为（　　）。

A.甲小于乙　　B.甲大于乙　　C.二者相等　　D.无法确定

6.资金时间价值相当于没有风险和通货膨胀条件下的（　　）。

A.额外收益　　B.利息率

C.利润率　　D.社会平均资金利润率

7.在多个方案比较中，标准离差率越小的方案，风险则（　　）。

A.越大　　B.越小　　C.相等　　D.不存在必然联系

8.洪福公司股票的β系数为1.5，国债利率为4%，市场上所有股票的平均收益率为8%，则洪福公司股票的必要收益率为（　　）。

A.4%　　B.12%　　C.8%　　D.10%

9.在复利条件下，已知现值、年金和贴现率，求计息期数，应先计算（　　）。

A.年金现值系数　　B.复利现值系数　　C.年金终值系数　　D.复利终值系数

10.为在第五年末获得10万元，求每年年末应存入多少，采用的计算方法为（　　）。

A.年金现值系数　　B.年金终值系数　　C.复利现值系数　　D.复利终值系数

11.甲方案是在3年中每年年初付款2 000元，乙方案是在3年中每年年末付款2 000元，若利率为10%，则两者在第3年年末的终值相差（　　）元。

A.662　　B.626　　C.2 662　　D.266.2

12.某企业年初借得10年期、年利率12%的贷款50 000元，每年年末等额偿还。则每年应付金额为（　　）元。

A.8 849　　B.5 000　　C.6 000　　D.28 251

13.在普通年金现值系数的基础上，期数减1、系数加1所得的结果，在数值上等于（　　）。

A.普通年金现值系数　　B.预付年金现值系数

C.普通年金终值系数　　D.预付年金终值系数

14.下列年金中，只有现值没有终值的年金是（　　）。

A.普通年金　　B.预付年金　　C.永续年金　　D.递延年金

15.浮华公司欲建立一项基金，每年初投入10 000元，年利率为6%，5年后该基金的本息和为（　　）元。

A.56 370　　B.59 750　　C.7 470　　D.44 650

16.某项永久性奖学金，每年计划颁发60 000元奖金。若年复利率为6%，则该奖学金的本金为（　　）元。

A.600 000　　B.360 000　　C.100 000　　D.1 000 000

17.如果选择在本年初存入20 000元，银行每年按10%的复利计息，在之后的每年年末取出4 000元，则最后一次能够足额提款的时间是（　　）。

A.第5年年末　　B.第8年年末　　C.第7年年末　　D.第9年年末

18.在10%的利率下，一至三年期的复利现值系数分别为0.9091，0.8264，0.7513，则三年期的年金现值系数为（　　）。

A.2.4868　　B.1.7355　　C.0.7513　　D.2.7355

19.甲公司向银行借入2亿元，借款期9年，每年年末的还本付息额为4 000万元，则借款利率为（　　）。

A.13.06%　　B.13.71%　　C.15.36%　　D.16.5%

20.投资者甘愿冒着风险进行投资的诱因是（　　）。

A.可获得报酬　　B.可获得利润

C.可获得等同于时间价值的报酬率　　D.可获得风险报酬率

21.下列投资中风险最小的是（　　）。

A.购买政府债券　　B.购买企业债券

C.购买股票　　D.投资开发新项目

22.货币时间价值是企业投资利润率的（　　）。

A.最高限度　　B.最低限度　　C.平均值　　D.期望值

23.已知（P/F，8%，5）= 0.6806，（F/P，8%，5）= 1.4693，（P/A，8%，5）= 3.9927，（F/A，8%，5）= 5.8666，则1元投资额在5年内等额回收的系数（即资本回收系数）为（　　）。

A.1.4693　　B.0.6806　　C.0.2505　　D.0.1705

24.在利息不断资本化的条件下，资金时间价值的计算基础应采用（　　）。

A.单利　　B.复利　　C.年金　　D.普通年金

25.一项1 000万元的借款，借款期为3年，年利率为5%，若每半年复利一次，则年实际利率会高出名义利率（　　）。

A.0.16%　　B.0.25%　　C.0.06%　　D.0.05%

26.乙公司向银行借入年利率为10%的贷款，贷款的期限为2年，贷款的利息按季度计算，则贷款的实际年利率为（　　）。

A.5.06%　　B.10.5%　　C.10.38%　　D.10%

27.在利息率和现值相同的情况下，若计息期为一期，则复利终值和单利终值（　　）。

A.前者大于后者　　B.不相等　　C.后者大于前者　　D.相等

28.在复利终值和计息期数确定的情况下，贴现率越高，则复利现值（　　）。

A.越大　　B.越小　　C.不变　　D.不一定

29.有一项年金，前3年无流入，后5年每年年初流入500万元，假设年利率为10%，其现值为（　　）万元。

A.1 423.21　　B.1 565.68　　C.1 813.48　　D.1 994.59

30.某人购入债券，在名义利率相同的情况下，对其比较有利的复利计息期是（　　）。

A.一年　　B.一个季度　　C.半年　　D.一个月

31.若年利率为12%，每季复利一次，则每年实际利率比名义利率（　　）。

A.大0.55%　　B.小0.55%　　C.大12.5%　　D.小12.5%

32.如果（F/P，5%，5）=1.2763，（F/A，5%，5）= 5.525，则（A/P，5%，5）的值应该是（　　）。

A.0.231　　B.0.7835　　C.4.33　　D.4.3295

33.企业按12%的年利率取得贷款200 000元，要求在5年内每年年末等额偿还，每年的偿付额为（　　）元。

A.40 000　　B.52 000　　C.55 478　　D.64 000

34.已知（F/A，8%，10）=14.487，（F/A，8%，12）=18.977，则（F/A，8%，11）的预付年金终值为（　　）。

A.15.487　　B.16.726　　C.17.977　　D.19.415

35.已知（P/A，10%，10）=6.1446，则10年期、10%利率的预付年金现值系数应该为（　　）。

A.6.7591　　B.6.1446　　C.5.5793　　D.7.5792

36.企业年初向银行借得50 000元贷款，10年期，年利率12%，每年年末等额偿还，已知年金现值系数为（P/A，12%，10）=5.6502，则每年年末应付金额为（　　）元。

A.8 849.24　　B.5 000　　C.6 000　　D.28 251

37.未来值扣除时间价值后所剩的“本金”，可以看做是（　　）。

A.终值　　B.现值　　C.年金　　D.收益

38.企业在一定时期内，每期期末收到或者支付的等额款项称为（　　）。

A.普通年金　　B.预付年金　　C.永续年金　　D.递延年金

39.A证券的预期报酬率为10%、标准离差率为18%，B证券的预期报酬率为18%、标准离差率为20%，A证券与B证券之间的相关系数为0.25，两项投资各占50%，则投资组合的标准离差率为（　　）。

A.16%　　B.15.75%　　C.10.26%　　D.13.79%

40.如果市场组合收益率的方差是0.002，某种资产市场组合收益率的协方差是0.0045，则该资产的β系数为（　　）。

A.2.48　　B.2.25　　C.1.43　　D.0.44

41.某投资组合的风险收益率为10%，市场组合的平均收益率为12%，无风险收益率为8%，则该投资组合的β系数为（　　）。

A.2　　B.2.5　　C.1.5　　D.5

42.花湖公司拟分别投资于甲资产与乙资产，其中投资于甲资产的期望收益率为10%，计划投资600万元，投资于乙资产的期望收益率为12%，计划投资400万元，则该投资组合的预期收益率为（　　）。

A.11%　　B.11.4%　　C.22%　　D.10.8%

43.在财务管理中，把一定条件下和一定时期内可能发生的各种结果的变动程度称为（　　）。

A.危险　　B.损失　　C.风险　　D.收益

44.经济具有周期性，不可避免地会发生通货膨胀、经济持续衰退等情况，称之为（　　）。

A.系统风险　　B.非系统风险　　C.经营风险　　D.企业风险

45.（　　），是指各种随机变量以各自对应的概率为权数计算的加权平均值。

A.标准离差　　B.期望值　　C.方差　　D.标准离差率

46.当两个方案的期望值不同时，比较风险大小的指标应该选择（　　）。

A.标准离差　　B.标准离差率　　C.方差　　D.β系数

47.风险补偿价值是由风险溢酬和资产的相对风险水平来决定的，前者是指市场组合的收益率与无风险收益率的差额，后者是用（　　）来表示。

A.无风险报酬　　B.标准离差率　　C.相关系数　　D.β系数

48.资本资产定价模型是指投资者持有投资充分组合情况下，用来分析证券的风险与（　　）之间均衡关系的模型。

A.必要收益率　　B.平均收益率　　C.风险收益率　　D.无风险收益率

49.β系数反映个别资产收益随着市场投资组合平均收益变动的关联程度。β系数的经济意义在于，它告诉我们相当于市场组合的特定资产（　　）是多少。

A.非系统风险　　B.系统风险　　C.风险收益　　D.无风险收益

二、多项选择题

1.普通年金终值系数表的用途有（　　）。

A.已知年金求终值　　B.已知终值求年金

C.已知现值求终值　　D.已知终值和年金求利率

2.永续年金具有（　　）的特点。

A.没有终值　　B.没有期限　　C.每期等额收或付　　D.没有现值

3.下列项目中，其数值等于预付年金终值系数的有（　　）。

A.（P/A，i，n）·（1+i）　　B.［P/A，i，（n−1）］+1

C.（F/A，i，n）·（1+i）　　D.［F/A，i，（n+1）］−1

4.关于投资者要求的投资报酬率，下列说法中正确的是（　　）。

A.无风险报酬率越高，要求的报酬越高　　B.风险程度越大，要求的报酬越高

C.无风险报酬率越低，要求的报酬越高　　D.它是一种机会成本

5.递延年金具有以下特点（　　）。

A.年金的第一次支付发生在若干期之后

B.年金的现值与递延期无关

C.年金的终值与递延期无关

D.现值系数是普通年金现值系数的倒数

6.关于股票或股票组合的β系数，下列说法中正确的有（　　）。

A.市场组合的β系数为1

B.股票组合的β系数是构成组合的个别股票β系数的加权平均数

C.股票的β系数用于衡量个别股票的系统风险

D.股票的β系数用于衡量个别股票的非系统风险

7.下列各项中属于普通年金形式的项目有（　　）。

A.零存整取储蓄存款的整取额　　B.定期定额支付的养老金

C.年偿债基金　　D.年资本回收额

8.下列可以直接或者间接利用普通年金终值系数计算出正确结果的项目有（　　）。

A.偿债基金　　B.预付年金终值　　C.永续年金终值　　D.永续年金现值

9.在财务管理中经常用来衡量风险大小的指标有（　　）。

A.标准离差　　B.方差　　C.期望风险报酬率　　D.标准离差率

10.年金按其每次收付发生的时点不同，可以分为（　　）。

A.普通年金　　B.预付年金　　C.递延年金　　D.永续年金

11.影响复利现值计算的因素有（　　）。

A.利率　　B.终值　　C.期数　　D.年金

12.递延年金现值是自若干期后开始每期等额收付的现值之和，其计算公式为（　　）。

A.P=A·{［P/A，i，（m+n）］−（P/A，i，m）}

B.P=A·（P/A，i，n）·（P/F，i，m）

C.P=A·（P/A，i，n）·（F/P，i，m）

D.P=A·（F/A，i，n）·（P/F，i，n）

13.下列表述中，正确的有（　　）。

A.复利现值系数与复利终值系数互为倒数

B.普通年金终值系数与已知终值求年金的系数互为倒数

C.普通年金终值系数与普通年金现值系数互为倒数

D.普通年金现值系数与预付年金现值系数比期数和系数各差1

14.关于衡量投资方案风险的下列说法中，正确的有（　　）。

A.预期收益率的概率分布越窄，投资风险越小

B.预期收益率的概率分布越窄，投资风险越大

C.预期报酬率的标准差越大，投资风险越大

D.标准离差率越大，风险程度越大

15.下列说法中不正确的有（　　）。

A.风险爱好者会将风险系数定得大一些

B.风险越大，获得的风险报酬应该越高

C.风险是无法预计和控制的，其概率也不可预测

D.有风险就会有损失，二者是相伴而生的

16.下列各项中能够影响特定投资组合β系数的有（　　）。

A.该组合中所有单项资产在组合中所占价值的比重

B.该组合中所有单项资产各自的β系数

C.市场投资组合的无风险收益率

D.该组合的无风险收益率

17.概率必须满足（　　）条件。

A.每个随机变量出现的概率在0与1之间

B.所有随机变量的概率之和必须等于1

C.每个随机变量出现的概率必须相等

D.所有随机变量的概率之和必须大于1

18.下列关于资金时间价值系数关系的表述中，正确的有（　　）。

A.普通年金现值系数×投资回收系数=1

B.普通年金终值系数×偿债基金系数=1

C.普通年金现值系数×（1+折现率）=预付年金现值系数

D.普通年金终值系数×（1+折现率）=预付年金终值系数

19.下列关于资本资产定价模型β系数的表述中，正确的有（　　）。

A.β系数可以为负数

B.β系数是影响证券收益的唯一因素

C.投资组合的β系数一定会比组合中任一单只证券的β系数低

D.β系数反映的是证券的系统风险

20.某公司拟购置一处房产，付款条件是：从第四年开始，每年年初支付10万元，连续10次，共计100万元，假设该公司的资本成本率为8%，则相当于该公司现在一次付款的金额为（　　）万元。

A.10×［（P/A，8%，12）-（P/A，8%，2）］

B.10×［（P/A，8%，10）×（P/F，8%，2）］

C.10×［（P/A，8%，13）-（P/A，8%，3）］

D.10×［（P/A，8%，12）-（P/A，8%，3）］

21.下列项目表述正确的是（　　）。

A.资金时间价值不是时间的产物，而是劳动的产物

B.资金时间价值与利率是一回事

C.资金时间价值通常是按复利计算

D.如果通货膨胀率极低，政府债券率可以视同时间价值

22.计算复利终值所必需的资料有（　　）。

A.利率　　B.现值　　C.期数　　D.利息总额

23.关于风险下列说法正确的有（　　）。

A.从理论上讲，风险和不确定性是一回事

B.投资项目的风险大小是一种客观存在

C.风险是在一定条件，一定时期内可以发生的各种结果的变动程度

D.某一随机事件只有一种结果，则无风险

24.货币的时间价值是（　　）。

A.经过一定时间投资所获得的报酬率

B.货币经过一定时间的投资和再投资所增加的价值

C.现在的1元钱和1年后的1元钱的经济效用不同

D.没有考虑风险和通货膨胀条件下的社会平均资金利润率

25.构成投资组合的证券A和证券B，其标准离差率分别为12%和8%，其预期收益率分别为15%和10%，则下列表述中正确的是（　　）。

A.两种资产组合的最高预期收益率为15%

B.两种资产组合的最低预期收益率为10%

C.两种资产组合的最高标准离差率为12%

D.两种资产组合的最低标准离差率为8%

26.按投资的风险分散理论，以等量资金投资于A、B两项目（　　）。

A.若A、B两项目完全负相关，组合的非系统风险可以充分抵消

B.若A、B两项目相关系数小于0，组合后的非系统风险可以减少

C.若A、B两项目相关系数大于0，但小丁1时，组合后的非系统风险不能减少

D.若A、B两项目完全正相关，组合的非系统风险可不扩大也不减少

27.按资本资产定价模型，影响特定资产必要收益率的因素有（　　）。

A.无风险的收益率　　B.市场组合的平均收益率

C.特定股票的β系数　　D.财务杠杆系数

28.有关风险的叙述，下列说法正确的有（　　）。

A.风险给投资者带来超出预期的损失或收益

B.风险和不确定是一回事

C.风险是指事前可以知道所有可能的结果，以及每种结果的概率

D.风险可以通过多角化投资进行消除

29.关于普通年金的叙述正确的有（　　）。

A.普通年金终值是一系列复利终值之和

B.普通年金终值与预付年金终值在计算时收付的期数相同，但计息期相差一期

C.n+1期的预付年金终值与n期的普通年金终值的计息期数相同

D.n−1期的预付年金终值与n期的普通年金终值相同

30.有关预付年金叙述正确的有（　　）。

A.预付年金是指年金的收付发生在每期的期初

B.预付年金的终值和现值的计算可以直接通过年金终值和现值系数表分别计算出来

C.预付年金的现值与同期的普通年金的现值比，在计算时比普通年金多贴现一次

D.预付年金的现值与同期的普通年金的现值比，在计算时比普通年金少贴现一次

31.下列属于资本资产定价模型建立假设条件的有（　　）。

A.市场处于均衡状态

B.所有的资产都是完全可分的

C.投资者可以进行无限制卖空

D.投资者可以按无风险利率进行无限制借贷

32.下列有关两项资产收益率之间的相关系数表述正确的是（　　）。

A.当相关系数为1时，投资两项资产不能抵消任何投资风险

B.当相关系数为-1时，投资两项资产可以充分地抵消投资风险

C.当相关系数为0时，投资两项资产的组合可以降低风险

D.两项资产之间的正相关程度越低，其投资组合可分散的投资风险的效果越大

33.下列表述中，正确的有（　　）。

A.复利终值系数和复利现值系数互为倒数

B.普通年金终值系数和普通年金现值系数互为倒数

C.普通年金终值系数和偿债基金系数互为倒数

D.普通年金现值系数和资本回收系数互为倒数

34.财务管理最基本的价值观念有（　　）。

A.时间价值观念

B.风险价值观念

C.利润最大化观念

D.经济效益最大化观念

35.由两种证券构成的投资组合，投资组合多元化效应主要表现在（　　）。

A.只要两种证券的相关系数小于1，组合的标准差就小于这两种证券各自标准差的加权平均数

B.如果两种证券的收益之间是正相关，则组合多元化产生的利益就比较小

C.组合的标准差等于这两种证券按各自标准差计算的加权平均数

D.如果组合多元化产生的利益比较小，则两种证券之间是负相关

36.某人将其财产的30%投资于一项预期收益为0.15，方差为0.04的风险资产，其中的70%投资于收益为6%的国库券，他的资产组合的预期收益和标准差分别为（　　）。

A.0.114　　B.0.087　　C.0.06　　D.0.295

37.关于预付年金，下列说法正确的是（　　）。

A.预付年金现值系数比同期的普通年金现值系数多乘一项1+i

B.预付年金与普通年金相比，在计算现值时应该多贴现一期

C.n+1期的预付年金现值与n期的普通年金现值的计息期数相同

D.预付年金终值系数可以直接从年金终值系数表中查到

38.下列可视为永续年金例子的有（　　）。

A.零存整取

B.存本取息

C.利率较高持续期限较长的等额定期的系列收支

D.整存整取

39.下列因素引起的风险中，投资者不能通过证券投资组合予以消减的有（　　）。

A.宏观经济状况变化　　B.世界能源状况变化

C.发生经济危机　　D.被投资企业出现经营失误

40.关于单项资产的β系数，下列说法正确的有（　　）。

A.表示单项资产的变动受市场平均收益率变动的影响程度

B.其大小取决于该资产收益率和市场资产组合收益率的相关系数，该项资产收益率的标准离差和市场组合收益率的标准离差的大小

C.当β小于1时，说明其所含的系统风险小于市场组合的风险

D.当β等于1时，说明如果市场平均收益率增加1%，那么该资产的收益率也相应增加1%

41.资本资产定价模型在实际应用中的局限性具体表现为（　　）。

A.要求整个市场资产组合，即使找不到整个市场资产组合，也要能够找出其替代物

B.所有投资者对市场上有效资产未来收益率的评价都是一致的

C.要求市场上存在无风险资产

D.不存在相当长时间内的未来收益

42.风险价值系数反映风险与收益之间的关系，可以根据以往同类项目的（　　）等历史资料计算确定。

A.投资收益率　　B.无风险收益率　　C.标准离差率　　D.资本成本率

43.资本资产定价模型在财务管理中被广泛应用于（　　）等方面。

A.资本预算　　B.资本成本估计　　C.杠杆效应　　D.投资组合分析

三、判断题

1.在同期、同利率的情况下，预付年金终值系数同普通年金终值系数相比，是“期数加1、系数减1”的关系。（　　）

2.通货膨胀率很低的情况下，公司债券的利率可以视同货币时间价值。（　　）

3.货币时间价值所代表的是没有投资风险和通货膨胀因素的投资报酬率。（　　）

4.普通年金与预付年金的区别仅在于计息时间的不同。（　　）

5.递延年金终值的大小与递延期无关，所以计算方法和普通年金终值的计算相同。（　　）

6.永续年金可以视为期限趋于无穷的普通年金。（　　）

7.对于多个投资方案而言，无论各方案的期望值是否相同，标准离差率最大的方案一定是风险最大的方案。（　　）

8.在利率相同的情况下，第8年年末1元的复利现值系数大于第6年年末1元的复利现值系数。（　　）

9.凡在一定时期内每期都有收款或付款的现金流量，均属于年金问题。（　　）

10.风险总是和收益对等，风险越大，期望的收益率越高。（　　）

11.当利率大于0，计息期一定的情况下，年金现值系数一定大于1。（　　）

12. 在期数相同和利率相同的情况下，1元的年金现值系数一定小于1元的年金终值系数。（ ）

13. 构成投资组合的证券A和证券B，其标准差分别为12%和8%。在等比例投资的情况下，如果两种证券的相关系数为1，组合的标准差为10%；如果两种证券的相关系数为-1，则该组合的标准差为2%。（ ）

14. 标准离差反映风险的大小，可以用来比较各种不同投资方案的风险程度。（ ）

15. 收益的标准离差率不等同于投资报酬率，因此二者不存在任何联系。（ ）

16. 普通年金的现值是一系列复利现值的和。（ ）

17. 递延年金是指第一次收付发生在第二期或第二期以后的年金。（ ）

18. 递延年金现值的计算方法与普通年金现值的计算方法相同。（ ）

19. 风险总是和收益并存，因此高风险的投资项目一定会带来高收益。（ ）

20. 风险收益率的高低取决于标准离差率的大小和风险价值系数的取值。（ ）

21. 证券A的标准离差率为40%，β系数为0.5；证券B的标准离差率为20%，β系数为1.5，则可以判断证券A比证券B的总体风险大，而系统风险小。（ ）

22. 概率分布越集中，投资的风险程度越小。（ ）

23. 风险是事先不知道所有可能结果，或虽然知道可能结果但不知道它们出现的概率。（ ）

24. 在现值和利率一定的情况下，计息期数越少，则复利终值越大。（ ）

25. 普通年金现值与预付年金现值相比，在计息期上相差一期。（ ）

26. 预付年金终值可直接通过年金终值系数表计算。（ ）

27. 货币时间价值是指没有风险和通货膨胀条件下的社会平均资金利润率。（ ）

28. 预付年金终值与同期的普通年金终值相比少计息一次。（ ）

29. 风险本身可能带来超出预期的损失，也可能带来超出预期的收益。（ ）

30. 风险只能由标准差和方差来衡量。（ ）

31. 投资组合的风险大小，不仅与不同投资的风险大小有关，而且与这些投资风险间相互影响，相互联系的方式有关。（ ）

32. 投资组合的收益率不会低于所有单个资产中的最低收益率。（ ）

33. 无论资产之间的相关系数的大小如何，投资组合的风险都不会高于所有单个资产中的最高风险。（ ）

34. 资产组合可以分散风险，资产组合所分散掉的是由协方差表示的各资产本身的风险。（ ）

35. 一般，随着资产组合中资产数目的增加资产组合的风险会逐渐降低，当资产组合的数目增加到一定程度时，组合风险降低到0。（ ）

36. 在终值和计息期一定的情况下，折现率越低，则复利现值越高。（ ）

37. 年度内的复利次数越多，则实际收益率高于名义收益率的差额越大。（ ）

38. 关系式［P/A，i，（n+1）］-1代表预付年金现值系数。（ ）

39. 在证券的市场组合中，所有证券β系数的加权平均数等于1。（ ）

40. 一个投资组合的标准差，也可以根据两个单独标准差的简单加权平均数计算

出来。 ( )

41.协方差给出的是两个变量相对运动的绝对值，而相关系数所反映的是两个变量相对运动的相对值。 ( )

42.相关系数应该永远满足-1≤σ≤1的条件，若两个投资项目之间不相关，则相关系数以及协方差均为0。 ( )

43.投资组合的收益率，为组合内各项目期望收益率的加权平均数。 ( )

44.负相关投资组合效应会产生投资组合后的标准差大于组合中任何一个投资的标准差。 ( )

45.在市场均衡情况下，投资者的预期收益率与必要报酬率总是相等的。换言之，股票的市场价值总是维持在均衡状态。 ( )

四、计算分析题

1.目的：练习预付年金终值和普通年金现值的计算。

资料：甲公司在2017年和2018年年初对A设备投资均为80 000元，该项目于2019年年初完工投产，2019年、2020年、2021年每年末的预期收益均为70 000元，银行存款的复利率为6%。

要求：按年金计算2018年年末投资额的终值和2019年年初每年预期收益的现值。

2.目的：练习复利现值的计算。

资料：某个投资项目预计5年后可获得收益1 000 000元，按年利率8%计算。

要求：计算这笔收益的现值。

3.目的：练习投资回收系数的运用。

资料：某人购买了100万元的房屋，首付20%，剩余款项从当年开始每年年末等额支付，分10年付清，若银行贷款的年利率为6%。

要求：计算此人每年年末应付贷款的金额是多少。

4.目的：练习预付年金终值的计算。

资料：某人采用零存整取方式存款，每月月初存1 000元，月利息率1%。

要求：计算当年年末一共可以取出多少本息和。

5.目的：练习偿债基金系数的运用。

资料：企业有一笔6年后到期的长期借款为100万元，年利率8%。

要求：

（1）如每年年末偿还，每期应偿还多少？

（2）如每年年初偿还，每期应偿还多少？

6.目的：练习复利终值和复利现值的计算。

资料：四方公司2017年年初对乙设备的投资额为100万元，项目于2019年年初完工投产，2019、2020、2021年每年末的现金流入量分别为50万元、40万元和30万元，年复利率为6%。

要求：按复利计算投资额在2018年年末的终值和各年现金流入量在2019年年初的现值，并论证该投资方案的可行性。

7.目的：练习递延年金现值的计算。

资料：林敏在2017年年初存入一笔现金，从2019年年末起，每年取出3 000元，至2021年年末全部取完，银行存款的年利率为9%。

要求：计算林敏2017年年初一次性存入银行的款项是多少？

8.目的：练习普通年金终值的计算。

资料：新华工厂拟购置一项设备，目前有甲、乙两种设备可供选择。甲设备的价格比乙设备高60 000元，但每年可比乙设备节约维修费用10 000元。假设甲设备的经济寿命为8年，年利率为10%。

要求：计算并分析应该选择哪种设备。

9.目的：练习预付年金终值的计算。

资料：假设某项目在5年建设期内，每年年初需要向银行借款1 000万元，借款的年利率为9%。

要求：计算该项目竣工时应付给银行的本息和是多少？

10.目的：练习1年多次复利情况下实际利息的计算。

资料：李宇准备在第5年末获得20 000元收入，年利率为10%。

要求：

（1）如每年计息一次，现在应存入多少钱？

（2）如每半年计息一次，现在应存入多少钱？

11.目的：练习年金现值的计算。

资料：发达公司准备购买一台生产设备，购置成本150 000元，预计可以使用8年，估计该设备每年可以为企业增加收益30 000元，假定年利率为8%。

要求：通过计算分析此设备是否值得购买。

12.目的：练习预付年金现值和递延年金现值的计算。

资料：某公司有一项付款业务，年利率为10%。有甲乙两种付款方式可供选择：

甲方案：当即支付15万元，一次性结清。

乙方案：分5年付清，1~5年各年年初的付款分别为3万元、3万元、4万元、4万元、4万元。

要求：按现值计算，选择最优方案。

13.目的：练习年金现值的计算。

资料：小李购买一处房产，现在一次性付款为100万元，若分3年付款，则1~3年每年年初的付款额分别为30万元、40万元、40万元，假定利率为10%。

要求：比较哪一种付款方案较优。

14.目的：练习预付年金现值和递延年金现值的计算。

资料：嘉嘉公司拟购置一处房产，假设该公司的资本成本率（即最低报酬率）为10%，房地产开发商提出两种付款方案：

方案一：从现在起，每年年初支付20万元，连续支付10次，共200万元；

方案二：从第5年开始，每年年初支付25万元，连续支付10次，共250万元。

要求：计算分析嘉嘉公司应选择哪种付款方案。

15.目的：练习年偿债基金的计算。

资料：甲企业向保险公司借入一笔款项，预计10年后还本付息的总额为200 000元，为归还这笔借款，拟在各年年末提取相等数额的基金，假定银行的借款利率为12%。

要求：计算年偿债基金的数额。

16.目的：练习插值法下利率的计算。

资料：若要使复利年金终值经过4年后翻4番，每年计息一次。

要求：计算年报酬率。

17.目的：练习单利计息方式下终值的计算。

资料：某投资者将10 000元投资于甲公司债券，5年后到期，甲债券以单利计息，年利率为7%。

要求：计算该投资者到期后能收回的本息和。

18.目的：练习复利计息方式下终值的计算。

资料：甲投资者将10 000元投资于证券市场，预计投资收益率为每年10%。

要求：计算该投资者5年后可以获得的总收益。

19.目的：练习插值法下利率的计算。

资料：某投资者有50 000元资金，希望进行一项为期15年的投资，并且希望15年后能够得到300 000元。

要求：计算投资的年收益率大约达到多少时，才能使投资者的目的得以实现。

20.目的：练习普通年金终值的计算。

资料：某投资者为养老打算，准备每年年末存入银行4 000元，假设年利率为7%且为复利。

要求：计算投资者10年后能有多少钱。

21.目的：练习偿债基金的计算。

资料：王黄准备5年后出国留学，估计所需费用为200 000元，他准备每年年末存入银行一笔等额款项，假设每年的复利率为6%。

要求：计算他每年应存入银行的金额。

22.目的：练习预付年金终值的计算。

资料：某人购买了一份人寿保险，每年年初缴纳保险费2 000元，年利率为复利7%。

要求：计算15年后他能拿到的本息和。

23.目的：练习预付年金现值的计算。

资料：某人购买了一份人寿保险，每年年初缴纳保险费2 000元，年利率为复利7%，共缴纳15年。

要求：计算相当于现在一次性缴纳多少钱。

24.目的：练习永续年金现值的计算。

资料：小马投资于甲公司的一项永续性债券，每年能从甲公司得到8 000元的固定利息，年利率为8%。

要求：计算这笔年金的现值。

25.目的：练习多次复利下终值的计算。

资料：有一投资项目，本金1 000万元，投资期限5年，年利率为8%。每季度复利一次。

要求：计算5年期满时的总价值。

26. 目的：练习风险收益的计算。

资料：某工厂准备1 000万元投资一条新的生产线，该生产线预计每年的收益及发生的概率见表2-1。

表2-1 **预计每年收益及发生概率**

每年收益（万元）	发生概率
240	0.2
200	0.5
100	0.3

要求：该项目的收益期望值、标准离差、标准离差率。

27. 目的：练习风险收益的计算。

资料：嘉华集团公司准备对外投资，现有三家公司可供选择，分别为甲公司、乙公司和丙公司，这三家公司的年预期收益率及概率见表2-2。

表2-2 **三家公司的年预期收益率及概率**

市场状况	概率	年预期收益率（%）		
		甲公司	乙公司	丙公司
良好	0.3	40	50	80
一般	0.5	20	20	10
较差	0.2	5	-5	-25

要求：假定您是该企业集团的稳健型决策者，请依据风险与收益原理作出选择。

28. 目的：练习风险价值的衡量。

资料：三通公司准备投资开发新产品，现有三个方案可供选择。根据市场预测，这三种产品的年预期收益及概率见表2-3。

表2-3 **三种产品的年预期收益及概率**

市场状况	概率	年预期收益率（%）		
		A产品	B产品	C产品
繁荣	0.3	30	50	40
一般	0.5	15	15	15
衰退	0.2	0	-30	-15

要求：计算投资开发各种新产品的风险大小并选择最优方案。

29. 目的：练习资本资产定价模型的应用。

资料：大华公司持有X、Y、Z三种股票构成的证券组合，其β系数分别是1.5、1.7、1.9，在证券投资组合中所占比重分别为30%、40%、30%，股票的市场收益率为9%，无风险收益率为7%。

要求：

（1）计算该证券组合的β系数。

（2）计算该证券组合的风险收益率。

（3）计算该证券组合的必要投资收益率。

30. 目的：练习投资组合标准差的计算。

资料：某项投资组合，构成组合的证券A和证券B，标准差分别为12%和8%。等比例投资情况下，如两种证券相关系数分别为+1、0.6、-1。

要求：计算三种情况下该组合的标准差。

31. 目的：练习投资组合β系数的计算。

资料：某公司投资组合中有5种股票（A、B、C、D、E），所占的比例分别是10%、20%、20%、30%、20%；其中，β系数分别为0.8、1、1.4、1.5、1.7；股票市场平均收益率为16%，无风险收益率为10%。

要求：

（1）计算各种股票各自的必要收益率。

（2）假设市场是均衡的，计算该投资组合的预期收益率。

（3）计算该投资组合的综合β系数。

五、综合题

1. 资料：张望购买一套商品房，如付现金，则应一次性支付50万元，如果通过商业银行按揭贷款，则年复利率为6%，每年年末支付6万元，共需支付20年。

要求：

（1）分析哪一种付款方式好？

（2）若使两种方法的结果无差异，在一次性付款额、利率、期数不变的情况下，应该在每年年末支付的金额是多少？

2. 资料：八达企业对甲项目进行资本预算，经过预算第一至第十年每年年初的现金流量分别为2 000元、2 000元、2 000元、2 000元、4 000元、4 000元、4 000元、4 000元、4 000元、6 000元，假设贴现率为9%。

要求：

（1）计算该系列现金流量的总现值。

（2）若改为每年年末等额流入，则计算每年年末应流入的金额。

3. 资料：王妃打算在退休时创建一项永久性的奖学金，她现在离退休还有20年，每年年末可以节余5万元存入银行，银行的利息率为6%。

要求：计算20年后该项永久性奖金每年可取的金额。

4. 资料：假设大地公司现有资金550 000元，准备存入银行，希望8年后全部投资于一条生产线，该生产线建设期3年，每年初需要等额投入420 000元，银行存款的复利率为10%。

要求：通过计算分析大地公司8年后是否有足够的资金进行该项投资。

5. 资料：某人在2017年1月1日存入银行1 000万元，年利率为8%。存在下列四种假设：

（1）每年复利计息一次。

（2）每季度复利计息一次。

（3）若1 000万元改成分别在2017年、2018年、2019年和2020年1月1日存入250万元，每年复利计息一次。

（4）假定分4年存入相等的金额，达到假设（1）计算得到的账户余额。

要求：分别计算前三种假设下2020年1月1日的存款账户余额，以及假设（4）中每期应存入的金额。

6.资料：李姓夫妇准备每年存些钱以备10年后供孩子念大学用。该家庭从现在开始在未来10年内每年年末存入银行相同的金额，以保证从第11年年末开始，连续4年每年年末孩子均可取出25 000元，并且4年刚好取完，假设银行存款的年复利率为3%。

要求：计算李姓夫妇每年应该存入银行的资金数额。

7.资料：目前市面上有3种备选的公司债券，若投资人要求的必要收益率为6%，市场价格均为1 050元，其他资料如下：

（1）A公司债券，债券面值为1 000元，5年期，票面利率为8%，每年付息一次，到期还本，债券的发行价格为1 105元。

（2）B公司债券，债券面值为1 000元，5年期，票面利率为8%，单利计息，到期一次还本付息，债券的发行价格为1 105元，若投资人要求的必要收益率为6%。

（3）C公司债券，债券面值为1 000元，5年期，票面利率为8%，C公司采用贴现法付息，发行价格为600元，期内不付息，到期还本。

要求：分别计算A、B、C三家公司债券的价值，并为投资人选择购买对象。

8.资料：A、B两只股票，其预期收益的概率分布见表2-4。

表2-4　　**预期收益的概率分布**

市场情况	概率	预期收益（%）	
		A股票	B股票
好	0.2	20	30
一般	0.5	10	15
差	0.3	5	-5

要求：

（1）计算两只股票的预期收益率、标准离差和标准离差率。

（2）假设资本资产定价模型成立，若市场组合收益率为10%，短期国债的利息率为3%，市场组合的标准离差为5%，计算A、B两只股票各自的β系数以及它们与市场组合的相关系数。

（3）假设A、B两只股票的投资的价值比重为6∶4，两只股票间相关系数为0.5，计算两只股票的组合收益率、组合β系数和组合标准离差。

9.资料：某企业有20 000万元资金准备等额投资于两个投资项目，投资额均为10 000万元，目前有三个备选的投资项目，其预期收益额的概率分布见表2-5。

要求：

（1）公司拟在A、B、C三个项目中选择两个风险较小的项目进行投资组合，分析应该选择哪两个项目进行组合。

表2-5　**备选项目预期收益额的概率分布**

市场情况	概率	预期收益金额（万元）		
		A项目	B项目	C项目
销售情况好	0.2	2 000	3 000	4 000
销售情况一般	0.5	1 000	1 000	500
销售情况差	0.3	500	-500	-1 000

（2）假设各项目彼此间的相关系数为0.6，计算所选中投资组合的预期收益率和组合的标准离差。

（3）假设各项目彼此间的相关系数为1，计算所选中投资组合的预期收益率和组合的标准离差。

（4）说明相关系数的大小对投资组合的预期收益率和风险的影响。

10.资料一：光明公司2017年1月1日向S市信托投资公司融资租赁一台万能机床，双方在租赁协议中明确：租期截至2021年12月31日，年租金为60 000元，于每年年末一次性支付，S市信托投资公司要求的利息及手续费率通常为7%。

资料二：光明公司2017年8月拟在某大学设立一笔永久性的“助成长奖学基金”。奖励计划为：每年特等奖1人，金额为1万元；一等奖2人，每人金额5 000元；二等奖3人，每人金额3 000元；三等奖4人，每人金额1 000元。目前银行存款年利率为4%，并预测短期内不会发生变动。

资料三：光明公司2017年1月1日向工商银行S市分行借入一笔款项，银行贷款年利率为8%，同时光明公司与工商银行S市分行约定：前三年不用还本付息，但从2020年1月1日起至2021年12月31日止，每年年末要偿还本息20万元。

要求：

（1）根据资料一，计算系列租金的现值和终值；如果年租金改按每年年初支付一次，再计算系列租金的现值和终值。

（2）根据资料二，计算光明公司为设此项奖学基金，应一次性存入银行多少钱？

（3）根据资料三，试分析光明公司当初向工商银行S市分行借入多少本金，试计算至2021年12月31日光明公司共向工商银行S市分行偿还的本息总额。

第二部分　案例分析题

（一）案例资料

林氏公司为浙江省某市一家设立才两年的中小型民营机械加工企业，主要为一些国内大型机械制造企业配套加工机械零部件，由于公司创始人兼总经理林深（简称“林总”）从事过多年的机械零部件销售工作，在业内具有非常广泛的人脉关系，加上公司内部对产品质量的严格把关，并能根据客户的要求及时供货，因此在很短的时间内同众多的大型机械制造企业建立了稳固的供求关系，公司很快走上了良性的发展轨道。

林总是一个非常能够吃苦耐劳，且勤于动脑、善于思考的人，虽然他学历不高，但内心有很强的求知欲。在公司的初创期，林总里外兼顾，十分繁忙，因此没有时间系统地学习企业管理的相关知识。随着公司日益走上正轨，林总开始逐渐摆脱一部分事务性工作，于是他挤出时间自学企业管理知识，尤其是财务方面的知识。最近，林总在学习“财务管理学”中有关资金时间价值方面的内容，为了巩固所学的知识，他想找几个与资金时间价值相关的问题与公司财务人员探讨一下。

考虑到财务人员在月末和月初的时候工作较忙，因此，林总特意找了月中一个周五的下午，召集4名财务人员开了个小型会议，讨论他预先设想好的几个问题：

1.公司4年后将有一笔贷款到期，需一次性偿还2 000万元，为此公司拟设置偿债基金，银行的存款年利率为6%。

2.有一个老客户希望公司为其生产一种新的零件，考虑到该客户在预计未来几年将会有持续的采购需求，而且该零件为通用产品，没有专利保护，可以同时向其他采购商供货，因此公司有意向上马这个新的产品项目，问题是需要一次性投入资金1 000万元用于生产线的改造和加工设备的更新与添置。公司目前的投资收益率水平为15%，拟上马项目的建设期为1个月，可实现当年投产、当年见效益，产品生命周期预计为10年。

3.公司在初创期因为资金紧张，部分生产设备为二手设备，尽管目前使用没有问题，但预计未来的设备维修费用会很高，因此公司决定有计划地更新设备，而且根据公司财力尽量购买同类设备中的最新型号，以先进的设备来进一步提高生产效率。最近，公司拟购买一台新型号的机床，以更新目前在使用的一台老型号的旧机床，老型号的机床目前仍在销售，并且比新型号机床的价格低40 000元，但是使用新型号的机床每年可节约能源费用10 000元。

4.林总最后要讨论的是一个关于个人理财方面的问题。林总有一个女儿，目前在本市一所省级重点中学上高中一年级，学习成绩一直在全年级名列前茅，按常理来看，3年后一定能够顺利考上北京大学，届时需要一笔学费和生活费，预计总额为6万元。林总想按目前存款年利率4%为计算基础给女儿预先存上一笔钱，以备上大学之需。

（二）案例分析要求

1.根据第1个问题提供的资料，计算公司每年年末应存入偿债基金的数额。

2.根据第2个问题提供的资料，分析公司上马该产品项目平均每年至少要创造多少收益，经济上才是可行的。

3.根据第3个问题提供的资料，计算当公司要达到的必要收益率为10%时，新型号机床至少应使用多少年，才对企业有利。

4.根据第3个问题提供的资料，假设该新型号机床最多能使用5年，则必要收益率应达到多少时，对企业而言才有利。

5.根据第4个问题提供的资料，计算单利现值，如果银行存款按复利计息，则计算复利现值。

（三）问题探讨

1.解决偿债基金和资本回收问题通常用到何种系数表？

2.在已知年金现值、终值和贴现率（或收益率）的情况下计算期限，在已知年金现值、终值和期限的情况下计算贴现率（或收益率），这两者都是复杂的计算过程，试总结一下经验或规律。

3.如何理解时间价值和风险报酬是现代企业财务管理的两大基本观念这一理论？

第三部分　参考答案

☆ 练习题参考答案

一、单项选择题

1.D　2.C　3.C　4.A　5.B　6.D　7.B　8.D　9.A　10.B　11.A　12.A　13.B　14.C　15.B　16.D　17.C　18.A　19.B　20.D　21.A　22.B　23.C　24.B　25.C　26.C　27.D　28.B　29.B　30.D　31.A　32.A　33.C　34.C　35.A　36.A　37.B　38.A　39.B　40.B　41.B　42.D　43.C　44.A　45.B　46.B　47.D　48.A　49.B

二、多项选择题

1.ABD　2.ABC　3.CD　4.ABD　5.AC　6.ABC　7.BCD　8.AB　9.ABD　10.ABCD　11.ABC　12.AB　13.ABD　14.ACD　15.ACD　16.AB　17.AB　18.ABCD　19.AD　20.AB　21.ACD　22.ABC　23.BCD　24.BCD　25.ABC　26.ABD　27.ABC　28.AC　29.ABD　30.AD　31.ABCD　32.ABCD　33.ACD　34.AB　35.AB　36.BC　37.AC　38.BC　39.ABC　40.ABCD　41.ABCD　42.ABC　43.ABCD

三、判断题

1.√　2.×　3.√　4.×　5.√　6.√　7.√　8.×　9.×　10.√　11.×　12.√　13.×　14.√　15.×　16.√　17.√　18.×　19.×　20.√　21.√　22.√　23.×　24.×　25.√　26.×　27.√　28.×　29.√　30.×　31.√　32.√　33.√　34.×　35.×　36.√　37.√　38.×　39.√　40.×　41.√　42.√　43.√　44.×　45.√

四、计算分析题

1. 投资额的终值=80 000×（F/A，6%，2）×（1+6%）=80 000×2.06×1.06=174 688（元）

每年收益的现值=70 000×（P/A，6%，3）=70 000×2.673=187 110（元）

2. 这笔收益的现值=1 000 000×（P/F，8%，5）=680 600（元）

3. 此人每年年末应付贷款金额=800 000÷（P/A，6%，10）=108 694（元）

4. 当年年末一共可以取出本息和=1 000×［（F/A，1%，13）−1］=12 809（元）

或　　=1 000×［（F/A，1%，12］×（1+1%）=12 809（元）

5.（1）每年年末应偿还的金额=100÷（F/A，8%，6）=100÷7.3359=13.6316（万元）

（2）每年年初应偿还的金额=100÷［（F/A，8%，7）−1］=100÷7.9228=12.6218（万元）

6. 2018年年末的终值=100×（F/P，6%，2）=112.36（万元）

2019年年初的现值=50×（P/F，6%，1）+40×（P/F，6%，2）+30×（P/F，6%，3）

=107.958（万元）

投资额现值大于回收额现值，故该方案不可行。

7. 林敏2017年年初应一次性存入银行的款项=3 000×（P/A，9%，4）×（P/F，9%，2）=8 184.24（元）

8. 甲设备可节省成本=10 000×（P/A，10%，8）=53 349（元）

计算值小于初始投资的增量，故应选乙设备。

9. 应付的本息和=1 000×［（F/A，9%，6）−1］=1 000×6.523=6 523（万元）

10.（1）每年付息一次，李宇应存入的金额=20 000×（P/F，10%，5）=12 420（元）

（2）每半年付息一次，李宇应存入的金额=20 000×（P/F，5%，10）=12 280（元）

11.每年增加收益的现值=30 000×（P/A，8%，8）=30 000×5.7466=172 398（元）

计算值大于初始投资额150 000元，故值得购买。

12.乙方案的现值=3×［1+（P/A，10%，1）］+4×（P/A，10%，3）×（P/F，10%，1）

=14.7707（万元）

计算值小于一次性支付的金额150 000元，故应选择乙方案。

13.小李3年付款额的现值=30+40×（P/A，2，10%）=30+40×1.7355=99.42（万元）

计算值小于100万元，故应该选择分期付款。

14.方案一的付款额现值=20×（P/A，10%，10）×（1+10%）=20×6.1446×1.1

=135.1812（万元）

方案二的付款额现值=25×（P/A，10%，10）×（P/F，10%，4）=25×6.1446×0.683

=104.919（万元）

方案二的付款额现值小于方案一的付款额现值，故嘉嘉公司应选择方案二。

15.年偿债基金的数额=200 000÷（F/A，12%，10）=200 000÷17.549=11 396.66（元）

16.根据F=P×（F/P，i，4）=16P，解出年报酬率i=100%。

17.能收回的本息和=10 000×（1+7%×5）=13 500（元）

18.可以获得的总收益=10 000×（F/P，10%，5）=16 105（元）

19.根据300 000=50 000×（1+X）^{15}，解出报酬率X大约为12.69%。

20.投资者10年后能获得的金额=4 000×（F/A，7%，10）=4 000×13.816=55 264（元）

21.王黄每年应存入的金额=200 000÷（F/A，6%，5）=200 000÷5.6371=35 479.24（元）

22.可以拿到的本息和=2 000×（F/A，7%，15）×（1+7%）=2 000×25.129×1.07=53 776（元）

23.某人相当于现在一次性缴纳的金额=2 000×（P/A，7%，15）×（1+7%）=2 000×9.1079×1.07

=19 490.91（元）

24.这笔年金的现值=8 000÷8%=100 000（元）

25.季度复利率=8%÷4=2%

复利次数=5×4=20（次）

则，5年期满的总价值=1 000×（F/P，2%，20）=1 485.9（元）

也可以通过计算，i=（1+r/m）^{m}−1=（1+2%）^{4}−1=8.24%

再计算得出，5年期满的总价值=1 000×（F/P，8.24%，5）=1 485.9（元）

26.期望值=240×0.2+200×0.5+100×0.3=178（万元）

标准离差=［（240−178）^{2}×0.2+（200−178）^{2}×0.5+（100−178）^{2}×0.3］$^{1/2}$=53.25（万元）

标准离差率=53.25÷178=29.91%

27.甲公司的期望收益值=40×0.3+20×0.5+5×0.2=23

乙公司的期望收益值=50×0.3+20×0.5+（−5）×0.2=24

丙公司的期望收益值=80×0.3+10×0.5+（−25）×0.2=24

甲公司收益现值的标准差=［（40−23）^{2}×0.3+（20−23）^{2}×0.5+（5−23）^{2}×0.2］$^{1/2}$=12.49

乙公司收益现值的标准差=［（50−24）^{2}×0.3+（20−24）^{2}×0.5+（−5−23）^{2}×0.2］$^{1/2}$=19.47

丙公司收益现值的标准差=［（80−24）^{2}×0.3+（10−24）^{2}×0.5+（−25−24）^{2}×0.2］$^{1/2}$=38.97

甲公司标准离差率=12.49÷23=0.543

乙公司标准离差率=19.47÷24=0.8113

丙公司标准离差率=38.97÷24=1.6238

作为稳健型决策者，依据风险与收益原理应选择投资甲公司。

28.A产品的期望值=30%×0.3+15%×0.5+0×0.2=16.5%

B产品的期望值=50%×0.3+15%×0.5+（-30%）×0.2=16.5%

C产品的期望值=40%×0.3+15%×0.5+（-15%）×0.2=16.5%

A产品的标准差=［（30%-16.5%）^{2}×0.3+（15%-16.5%）^{2}×0.5+（0-16.5%）^{2}×0.2］$^{1/2}$=10.5%

B产品的标准差=［（50%-16.5%）^{2}×0.3+（15%-16.5%）^{2}×0.5+（-30%-16.5%）^{2}×0.2］$^{1/2}$
=27.75%

C产品的标准差=［（40%-16.5%）^{2}×0.3+（15%-16.5%）^{2}×0.5+（-15%-16.5%）^{2}×0.2］$^{1/2}$
=19.11%

A产品的标准离差率=10.5%÷16.5%×100%= 63.64%

B产品的标准离差率=27.75%÷16.5%×100%= 168.18%

C产品的标准离差率=19.11%÷16.5%×100%= 115.82%

从低风险角度选择，应该选择A产品。

29.该证券组合的β系数=1.5×30%+1.7×40%+1.9×30%=1.7

该证券组合的风险收益率=1.7×（9%-7%）=3.4%

该证券组合的必要投资收益率=3.4%+7%=10.4%

30.相关系数=1时，标准差=12%×50%+8%×50%=10%

相关系数=-1时，标准差=12%×50%-8%×50%=2%

相关系数=0.6时，标准差=［（12%^{2}×50%^{2}）+2×0.6×12%×50%×8%×50%+（8%^{2}×50%^{2}）］$^{1/2}$
=9%

31.（1）计算各种股票各自的必要收益率：

A股票的必要收益率=10%+0.8×（16%-10%）=14.8%

B股票的必要收益率=10%+1×（16%-10%）=16%

C股票的必要收益率=10%+1.4×（16%-10%）=18.4%

D股票的必要收益率=10%+1.5×（16%-10%）=19%

E股票的必要收益率=10%+1.7×（16%-10%）=20.2%

（2）该投资组合的预期收益率=14.8%×10%+16%×20%+18.4%×20%+19%×30%+20.2%×20%
=18.1%

（3）该投资组合的综合β系数=0.8×10%+1×20%+1.4×20%+1.5×30%+1.7×20%=1.35

五、综合题

1.（1）分次付款的现值=6×（P/A，6%，20）= 68.8194（万元）

故在有足够现金的情况下应选择一次性支付。

（2）若使两种结果无差异，则：

每年年末应付款金额=50÷（P/A，6%，20）=50÷11.4699=4.3592（万元）

2.（1）现金流量的总现值=2 000×（P/A，9%，4）×（1+9%）+4 000×（P/A，9%，5）×（P/F，9%，3）+6 000×（P/F，9%，9）
=2 000×3.2397×1.09+4 000×3.8897×0.7722+6 000×0.4604
=21 839.46（元）

（2）每年年末等额流入金额=21 839.46÷（P/A，9%，10）=21 839.46÷6.4177=3 403.00（元）

3.存款额的终值=5×（F/A，6%，20）=5×36.786=183.93（万元）

退休时每年可取的金额=183.93×6%=11.0358（万元）

4.存款8年后的终值=550 000×（F/P，10%，8）=550 000×2.1436=1 178 980（元）

未来3年年初投资额在第8年年末的现值=420 000×［1+（P/A，10%，2）］=420 000×2.7355

=1 148 910（元）

两者的差值=1 178 980−1 148 910=30 070（元），因此大地公司8年后有足够的资金进行该项投资。

5.（1）每年复利一次，则：

2020年1月1日账户余额=1 000×（F/P，8%，3）=1 000×1.2597=1 259.7（万元）

（2）每季度复利一次，则：

2020年1月1日账户余额=1 000×（F/P，2%，12）=1 000×1.2682=1 268.2（万元）

（3）若1 000万元改成分别在2017年、2018年、2019年和2020年1月1日存入250万元，每年复利一次，则：

2020年1月1日账户余额=250×（F/A，8%，4）=250×4.5061=1 126.525（万元）

（4）假定分4年存入相等的金额，达到第一种假设所得到的账户余额1 259.7万元，则每年存款额为：

1 259.7÷（F/A，8%，4）=1 259.7÷4.5061=279.55（万元）

6.设李姓夫妇每年应该存入银行的资金数额为A，在第10年年末，李姓夫妇10年间每年存款的终值之和为：

F=A×（F/A，3%，10）

第11年开始，未来4年间每年取款的现值为：

P=25 000×（P/A，3%，4）

F=P，即：

A×（F/A，3%，10）=25 000 ×（P/A，3%，4）

解出：A=25 000×3.7171÷11.4639 =8 106.10（元）

7.A债券的价值=80×（P/A，6%，5）+1 000×（P/F，6%，5）=1 083.96（元）

B债券的价值=1 000×（1+8%×5）×（P/F，6%，5）=1 045.8（元）

C债券的价值=1 000×（P/F，6%，5）=747（元）

投资人应该选择购买A债券。

8.（1）A股票预期收益率=0.2×20%+0.5×10%+0.3×5%=10.5%

B股票预期收益率=0.2×30%+0.5×15%+0.3×（−5%）=12%

A股票标准离差= $\sqrt{(20\%-10.5\%)^2\times0.2+(10\%-10.5\%)^2\times0.5+(5\%-10\%)^2\times0.3}$ =5.22%

B股票标准离差= $\sqrt{(30\%-12\%)^2\times0.2+(15\%-12\%)^2\times0.5+(-5\%-12\%)^2\times0.3}$ =12.49%

A股票标准离差率=5.22%÷10.5%=0.50

B股票标准离差率=12.49%÷12%=1.04

（2）10.5%=3%+β_A×（10%−3%）

计算得到A股票的β系数，β_A=1.07。

同理：12%=3%+β_B×（10%−3%）

计算得到B股票的β系数，$\beta_B=1.29$。

A股票的β系数=A股票与市场组合的相关系数×（A股票标准差/市场组合标准差）

=A股票与市场组合的相关系数×（5.22%÷5%）

则，A股票与市场组合的相关系数=1.02

同理：B股票的β系数=B股票与市场组合的相关系数×（B股票标准差/市场组合标准差）

=B股票与市场组合的相关系数×（12.49%÷5%）

B股票与市场组合的相关系数=0.52

（3）两只股票组合收益率=60%×10.5%+40%×12%=11.1%

两只股票组合的β系数=60%×1.07+40%×1.29=1.16

组合标准离差=$\sqrt{(60\%\times5.22\%)^2+(12.49\%\times40\%)^2+2\times(60\%\times5.22\%)\times(12.49\%\times40\%)\times0.5}$

=7.1%

9.（1）首先，计算三个项目收益率的标准离差：

A项目预期收益率=2000÷10 000×0.2+1 000÷10 000×0.5+500÷10 000×0.3=10.5%

B项目预期收益率=3000÷10 000×0.2+1 000÷10 000×0.5−500÷10 000×0.3=9.5%

C项目预期收益率=4000÷10 000×0.2+500÷10 000×0.5−1 000÷10 000×0.3=7.5%

A项目标准离差=$\sqrt{(20\%-10.5\%)^2\times0.2+(10\%-10.5\%)^2\times0.5+(5\%-10.5\%)^2\times0.3}$=5.22%

B项目标准离差=$\sqrt{(30\%-9.5\%)^2\times0.2+(10\%-9.5\%)^2\times0.5+(-5\%-9.5\%)^2\times0.3}$=12.13%

C项目标准离差=$\sqrt{(40\%-7.5\%)^2\times0.2+(5\%-7.5\%)^2\times0.5+(-10\%-7.5\%)^2\times0.3}$=17.5%

再计算三个项目收益率的标准离差率：

A项目标准离差率=5.22%÷10.5%=0.50

B项目标准离差率=12.13%÷9.5%=1.28

C项目标准离差率=17.5%÷7.5%=2.33

根据标准离差率的大小判断，应选择A、B两项目进行组合。

（2）A+B投资组合的预期收益率=10.5%×50%+9.5%×50%=10%

A+B投资组合的标准离差=$\sqrt{(0.5\times5.22\%)^2+(0.5\times12.13\%)^2+2\times(0.5\times5.22\%)\times(0.5\times12.13\%)\times0.6}$

=7.91%

（3）A+B投资组合的预期收益率=10.5%×50%+9.5%×50%=10%

A+B投资组合的标准离差=0.5×5.22%+0.5×12.13%=8.68%

（4）相关系数的大小对投资组合的预期收益率没有影响，但对投资组合的标准离差及其风险有较大的影响，相关系数越大，投资组合的标准离差越大，组合的风险越大。

10.（1）每年年末支付系列租金的现值=60 000×（P/A，7%，5）=60 000×4.1002=246 012（元）

每年年末支付系列租金的终值=60 000×（F/A，7%，5）=60 000×5.7507=345 042（元）

每年年初支付系列租金的现值=60 000×（P/A，7%，5）（1+7%）=60 000×4.1002×1.07=263 232.84（元）

每年年初支付系列租金的终值=60 000×（F/A，7%，5）（1+7%）=60 000×5.7507×1.07=369 194.94（元）

（2）光明公司此项奖学基金每年应付的金额=10 000+2×5 000+3×3 000+4×1 000=33 000（元）

则：光明公司应一次性存入金额=33 000÷4%=825 000（元）

（3）光明公司当初向工商银行S市分行借入的本金金额=20×（P/A，8%，2）×（P/F，8%，3）

=20×1.7833×0.7938

=28.3117（万元）

至2021年12月31日，共偿还本息总额=20×（F/A，8%，2）=20×2.08=41.6（万元）

☆ 案例分析题要点与提示

1.公司每年年末应存入偿债基金的数额=2 000÷（F/A，6%，4）=2 000÷4.3746=457.1847（万元）

2.要使经济上可行，该项目平均每年至少应创造的收益为：

创收金额=1 000÷（P/A，15%，10）=1 000÷5.0188=199.2508（万元）

3.由40 000=10 000×（P/A，10%，n），得：（P/A，10%，n）=4

当n=5时，（P/A，10%，5）=3.7908；

当n=6时，（P/A，10%，6）=4.3553。

用插值法解出：n=5.38（年）

因此，新型号的机床至少要使用5.38年，对企业而言才有利。

4.由40 000=10 000×（P/A，i，5），得：（P/A，i，5）=4

当i=7%时，（P/A，7%，5）=4.1002；

当i=8%时，（P/A，8%，5）=3.9927。

用插值法解出：i=7.9321%

该新型号机床最多能使用5年，则必要收益率达到7.9321%时，对企业而言才有利。

5.单利现值=6÷（1+6%×3）=5.085（万元）

复利现值=6×（P/F，6%，3）=6×0.8396=5.0376（万元）

该案例的进一步解释如下：

1.解决偿债基金和资本回收问题通常用到年金现值系数和年金终值系数表。

2.都是插值法的具体运用，这部分内容在项目投资管理一章会进一步计算。

3.资金的时间价值和风险报酬是现代企业财务管理的两大基本观念，体现在不同的时间点存在不同的价值，但时间价值和风险价值都不是等待的报酬，而是剩余劳动的报酬。

第三章　财务报表的解读与分析

第一部分　练习题

一、单项选择题

1.财务报表分析可以帮助使用者（　　）。

A.评估公司过去的经营绩效　　B.制定投资决策

C.预测未来发展趋势　　D.以上皆是

2.依照我国的会计准则，利润表采用的格式为（　　）。

A.单步式　　B.多步式　　C.账户式　　D.混合式

3.反映某一特定日期的财务状况的会计报表是（　　）。

A.资产负债表　　B.利润表　　C.现金流量表　　D.利润分配表

4.现金流量表中的三大类别是（　　）。

A.现金流入、现金流出和流入流出净额

B.期初余额、期末余额和当期发生额

C.投资活动现金流量、经营活动现金流量和筹资活动现金流量

D.营业收入、净利润和营业活动现金流量

5.必须对企业经营理财的各个方面，包括运营能力、偿债能力、获利能力及发展能力的全部信息予以详细了解和掌握的是（　　）。

A.企业所有者　　B.企业经营决策者　　C.企业债权人　　D.政府

6.股东进行财务报表分析时将更为关注企业的（　　）。

A.偿债能力　　B.营运能力　　C.获利能力　　D.投资能力

7.下列说法中，正确的是（　　）。

A.对于股东来说，当全部资本利润高于借款利息率时，负债比例越高越好

B.对于股东来说，当全部资本利润高于借款利息率时，负债比例越低越好

C.对于股东来说，当全部资本利润低于借款利息率时，负债比例越高越好

D.对于股东来说，负债比例越高越好，与其他因素无关

8.下列各种财务分析的常用方法中，最基本的是（　　）。

A.比率分析法　　B.比较分析法　　C.因素分析法　　D.趋势分析法

9.通过计算某项财务指标占总体的百分比来分析的方法是指（　　）。

A.绝对数分析　　B.相对数分析　　C.结构比率分析　　D.相关比率分析

10.通过相关经济指标的对比分析以确定指标之间差异或指标发展趋势的方法是（　　）。

A.比率分析法　　B.比较分析法　　C.因素分析法　　D.平衡分析法

11.根据经济活动客观存在的相互依存、相互联系的关系，将两个性质不同但又相关的指标加以比较，求出比率的分析方法是指（　　）。

A.绝对数分析　　B.相对数分析　　C.构成比率分析　　D.相关比率分析

12.下列指标中属于效率比率的是（　　）。

A.流动比率　B.资产负债率　C.资本利润率　D.不良资产比率

13.计算自有资金利润率财务指标时，所使用的“自有资金”是指（　　）。

A.实收资本　B.所有者权益减资本公积

C.资产总额减长期负债　D.所有者权益

14.在下列财务业绩评价指标中，属于企业盈利能力基本指标的是（　　）。

A.营业利润增长率　B.总资产报酬率　C.总资产周转率　D.资本保值增值率

15.下列指标中，能够较为直观地反映企业主营业务对利润创造的贡献的是（　　）。

A.销售毛利率　B.销售净利率　C.总资产收益率　D.净资产收益率

16.销售毛利率+（　　）=1。

A.变动成本率　B.销售成本率　C.成本费用率　D.销售利润率

17.下列各项中，不影响毛利率变化的因素是（　　）。

A.产品销售量　B.产品售价　C.生产成本　D.产品销售结构

18.总资产报酬率是指（　　）与平均总资产之间的比率。

A.利润总额　B.息税前利润　C.净利润　D.息前利润

19.（　　）是反映盈利能力的核心指标。

A.总资产报酬率　B.股利发放率　C.总资产周转率　D.净资产收益率

20.下列不属于影响净资产收益率的因素的是（　　）。

A.销售净利率　B.总资产周转率　C.流动比率　D.权益乘数

21.ABC公司2016年度的净资产收益率目标为20%，资产负债率调整为45%，则其资产净利率应达到（　　）。

A.11%　B.55%　C.9%　D.20%

22.“从各个视角对企业赚取利润的能力进行定量分析和定性分析”指的是（　　）。

A.财务报表分析　B.偿债能力分析　C.营运能力分析　D.盈利能力分析

23.“与总资产收益率进行比较时，可以反映利息、所得税及非常项目对企业资产获利水平的影响”的指标是（　　）。

A.总资产净利率　B.投资收益率　C.营业利润率　D.销售净利率

24.在总资产收益率的计算公式中，分母是（　　）。

A.长期资本额　B.期初资产余额　C.期末资产余额　D.资产平均余额

25.每元销售现金净流入能够反映（　　）。

A.收益水平　B.现金的流动性　C.获取现金的能力　D.财务弹性

26.计算总资产收益率指标时，其分子是（　　）。

A.利润总额　B.净利润　C.息税前利润　D.营业利润

27.下列关于每股收益的表述错误的是（　　）。

A.上市公司必须在利润表中披露基本每股收益和稀释每股收益

B.每股收益反映企业为每一普通股和优先股股份所实现的税后净利润

C.稀释每股收益要考虑到当期所有发行在外的稀释性潜在普通股的影响

D.每股收益是用于反映企业的经营成果，衡量普通股的投资回报及投资风险的财务指标

28.下列有关每股收益说法正确的有（　　）。

A.每股收益，是衡量上市公司盈利能力的财务指标

B.每股收益多，反映股票所含有的风险大

C.每股收益多的公司市盈率就高

D.每股收益多，则意味着每股股利高

29.下列各项中，不会稀释公司每股收益的是（　　）。

A.发行认股权证　　B.发行短期融资券

C.发行可转换公司债券　　D.授予管理层股份期权

30.某公司无优先股，平均每股净资产为8元，权益乘数为2，资产净利率为30%，则每股收益为（　　）元。

A.2.4　　B.4.8　　C.6.4　　D.8.6

31.下列各项展开式中，不等于每股收益的是（　　）。

A.总资产收益率×平均每股净资产

B.股东权益收益率×平均每股净资产

C.总资产收益率×权益乘数×平均每股净资产

D.营业收入净利润×总资产周转率×平均每股净资产×权益乘数

32.下列各项财务指标中，能够提示公司每股股利与每股收益之间关系的是（　　）。

A.市盈率　　B.股利支付率　　C.每股市价　　D.每股净资产

33.评价上市公司活力的基本和核心的指标是（　　）。

A.每股市价　　B.每股净资产　　C.每股收益　　D.净资产收益率

34.下列关于市盈率的说法中，不正确的是（　　）。

A.债务比重大的公司市盈率较低　　B.市盈率很高则投资风险大

C.市盈率很低则投资风险小　　D.预期将发生通货膨胀时市盈率会普遍下降

35.下列有关市盈率的表述中，止确的是（　　）。

A.市场对公司资产质量进行评价时通常使用市盈率指标

B.一些成长性较好的公司市盈率较低

C.市盈率可用于任何企业之间的比较

D.市盈率又称价格盈余比率

36.ABC公司2016年平均普通股市价为17.8元，每股收益为0.52元，当年宣布的每股股利为0.25元，则该公司的市盈率为（　　）。

A.34.23　　B.71.2　　C.25.12　　D.68.46

37.下列公式选项中，正确的经济增加值计算公式是（　　）。

A.经济增加值=息税后营业利润-资本占用-加权平均资本成本率

B.经济增加值=息税后营业利润-资本占用×加权平均资本成本率

C.经济增加值=息税后营业利润+资本占用×加权平均资本成本率

D.经济增加值=息税后营业利润-资本占用÷加权平均资本成本率

38.对供应商而言，企业缺乏短期偿债能力，将（　　）。

A.有可能导致企业信誉降低，增加后续融资成本

B.有可能会导致企业盈利能力降低

C.直接影响到他们的资金周转甚至是货款安全

D.有可能会影响到他们的劳动所得

39.下列关于偿债能力的理解错误的是（　　）。

A.偿债能力是指企业清偿到期债务的资产保障程度

B.偿债能力分为短期偿债能力和长期偿债能力

C.短期偿债能力分析要看企业流动资产的多少和质量以及流动负债的多少与质量

D.分析企业的长期偿债能力主要是为了确定企业偿还债务本金和支付债务利息的能力

40.下列有关速动比率的理解不正确的是（　　）。

A.速动比率只是揭示了速动资产与流动负债的关系，是一个静态指标

B.速动资产中包含了流动性较差的应收账款，使速动比率所反映的偿债能力受到怀疑

C.各种预付款项的变现能力也很差

D.速动比率是速动资产与速动负债的比值，是流动比率的一个重要的辅助指标

41.下列有关短期偿债能力指标的判断正确的是（　　）。

A.企业的营运资金越多越好

B.流动比率越高说明企业短期偿债能力越好，因此企业应该不断追求更高的流动比率

C.不同行业的速动比率会有很大差别，因此不存在统一的速动比率标准

D.现金比率高不能说明企业支付能力强，所以这个指标过高不一定是好事

42.下列选项中，属于降低短期偿债能力的表外因素的是（　　）。

A.准备很快变现的长期资产　　B.可动用的银行贷款指标

C.偿债能力的声誉　　D.已贴现商业承兑汇票形成的或有负债

43.下列关于流动比率的说法中正确的是（　　）。

A.流动比率越高，企业短期偿债能力越强

B.流动比率越高，企业短期资金运用能力越强

C.流动比率越低，企业短期偿债能力越强

D.流动比率越高，企业长期偿债能力越强

44.某企业期末现金为320万元，现金比率为40%，期末流动资产为800万元，则该企业流动比率为（　　）。

A.1　　B.0.4　　C.0.5　　D.2.5

45.若流动比率大于1，则下列结论成立的是（　　）。

A.速动比率大于1　　B.营运资金大于零

C.资产负债率大于1　　D.短期偿债能力绝对有保障

46.下列能使流动比率提高的是（　　）。

A.销售产成品　　B.收回应收账款

C.购买短期证券　　D.以固定资产对外长期投资

47.企业（　　）时，可以增加流动资产的实际变现能力。

A.取得应收票据贴现款　　B.为其他单位提供债务担保

C.拥有较多的长期资产　　D.有可动用的银行贷款指标

48.速动比率是指（ ）。

A.流动资产与流动负债的比值　　B.速动资产与速动负债的比值

C.速动资产与流动负债的比值　　D.流动负债与速动资产的比值

49.如果企业速动比率很小，那么下列结论成立的是（ ）。

A.企业流动资产占用过多　　B.企业短期偿债能力很强

C.企业短期偿债风险很大　　D.企业资产流动性很强

50.如果流动负债小于流动资产，则期末以现金偿付一笔短期借款所导致的结果是（ ）。

A.营运资金减少　　B.营运资金增加　　C.流动比率降低　　D.流动比率提高

51.某企业采用备抵法核算坏账，按照规定程序核销坏账10 000元，假设该企业原来的流动比率为2.5，速动比率为1.5，核销坏账后（ ）。

A.流动比率和速动比率都增加　　B.流动比率和速动比率都降低

C.流动比率和速动比率都不变　　D.流动比率降低、速动比率增加

52.流动比率为2，速动比率为1，如企业用现金偿还应付账款，则（ ）。

A.流动比率和速动比率不变　　B.流动比率下降，速动比率上升

C.流动比率上升，速动比率下降　　D.流动比率上升，速动比率不变

53.甲企业年初流动比率为2.2，速动比率为1，年末流动比率为2.5，速动比率为0.5，发生这种变化的原因是（ ）。

A.当年存货增加　　B.应收账款增加　　C.应付账款增加　　D.应收账款周转加快

54.某企业期末速动比率为0.6，以下各项中能引起该比率提高的是（ ）。

A.收回应收账款　　B.取得短期银行借款　C.从银行提取现金　　D.赊购商品

55.能够反映企业利息偿付安全性的最佳指标是（ ）。

A.利息保障倍数　　B.流动比率

C.净利息率　　D.现金流量利息保障倍数

56.评价企业短期偿债能力强弱最可信的指标是（ ）。

A.利息保障倍数　　B.速动比率　　C.流动比率　　D.现金流动负债比率

57.某企业期末现金为320万元，期末流动负债为480万元，期末流动资产为640万元，则该企业现金比率为（ ）。

A.50%　　B.66.67%　　C.133.33%　　D.200%

58.较高的现金比率一方面会使企业资产的流动性增强，另一方面也会带来（ ）。

A.存货购进的减少　B.销售机会的丧失　C.利息费用的增加　D.机会成本的增加

59.下列各项中，可能导致企业资产负债率变化的经济业务是（ ）。

A.收回应收账款　　B.用现金购买债券

C.接受所有者投资转入的固定资产　　D.以固定资产对外投资

60.某公司年初负债总额为800万元，年末负债总额为1 060万元，年初资产总额为1 680万元，年末资产总额为2 000万元，则平均权益乘数为（ ）。

A.2.022　　B.2.128　　C.1.909　　D.2.100

61.在资金需求量一定的情况下，提高（ ）意味着企业对短期借入资金依赖性的

降低，从而减轻企业的当期偿债压力。

A.资产负债比率　　B.长期负债比率

C.营运资金与长期负债比率　　D.利息保障倍数

62.下列指标中，其数值大小与偿债能力大小同方向变动的是（　）。

A.产权比率　　B.资产负债率　　C.利息保障倍数　　D.带息负债比率

63.ABC公司2016年的资产总额为500 000万元，流动负债为100 000万元，长期负债为15 000万元，该公司的资产负债率是（　）。

A.29.89%　　B.20%　　C.3%　　D.23%

64.下列各项中，能够表明企业部分长期资产以流动负债作为资金来源的是（　）。

A.流动比率小于1　　B.营运资本为正　　C.流动比率大于1　　D.流动比率等于1

65.正大公司2016年年末资产总额为1 650 000元，负债总额为1 023 000元，计算产权比率为（　）。

A.0.62　　B.0.61　　C.0.38　　D.1.63

66.针对“资产负债率对不同信息使用者的意义不同”这一理论，下列判断错误的是（　）。

A.对于债权人来说，资产负债率越低越好

B.在全部资本利润率高于借款利息率时，股东会希望资产负债率维持在较高水平

C.企业通过负债筹资获得财务杠杆收益，从这一点出发，股东会希望保持较高的资产负债率

D.企业资产负债率过高会影响向债权人贷款，因此对经营者来说，资产负债率越低越好

67.针对“产权比率主要反映了负债与所有者权益的相对关系”这一理论，下列说法不正确的是（　）。

A.产权比率反映了债权人在企业破产清算时能获得多少有形财产保障

B.产权比率反映了债权人提供的资本与股东提供的资本的相对关系

C.产权比率反映了债权人投入资本受所有者权益保护的程度

D.产权比率反映了管理者运用财务杠杆的程度

68.下列关于利息保障倍数的说法中错误的是（　）。

A.利息保障倍数不仅反映了获利能力而且反映了获利能力对偿还到期债务的保证程度

B.利息保障倍数等于税前利润与利息支出的比率

C.利息保障倍数是衡量企业长期偿债能力的指标

D.在进行利息保障倍数指标的同行业比较分析时，从稳健的角度出发应以本企业该指标最低的年度数据作为分析依据

69.决定权益乘数大小的主要指标是（　）。

A.资产周转率　　B.销售净利润　　C.资产利润率　　D.资产负债率

70.产权比率与权益乘数的关系是（　）。

A.产权比率×权益乘数=1　　B.权益乘数=1/（1-产权比率）

C.权益乘数=（1+产权比率）/产权比率　　D.权益乘数=1+产权比率

71.利用利润表分析企业的长期偿债能力时，需要用到的财务指标是（　　）。

A.资产负债率　　B.产权比率　　C.有形净值债务率　　D.利息偿付倍数

72.与产权比率比较，资产负债率评价企业长期偿债能力的侧重点是（　　）。

A.提示负债与资本的对应关系

B.揭示财务结构的稳健程度

C.揭示债务偿付安全性的物质保障程度

D.揭示产权资本对债务风险的承受能力

73.下列各项中，能使企业实际长期偿债能力小于财务报表所反映的能力的是（　　）。

A.融资租赁　　B.经营租赁

C.向银行借入款项以偿还旧债　　D.可转换债券转换成普通股

74.M公司2016年利润总额为4 500万元，利息费用为1 500万元，该公司2016年的利息偿付倍数是（　　）。

A.5　　B.2　　C.3　　D.4

75.下列财务比率中，最能反映企业举债能力的是（　　）。

A.资产负债率　　B.经营现金净流量与到期债务比

C.经营现金净流量与流动负债比　　D.经营现金净流量与债务总额比

76.下列指标中，反映营运能力的指标是（　　）。

A.资产报酬率　　B.三年利润平均增长率

C.总资产周转率　　D.成本费用利润率

77.下列财务比率中，反映企业营运能力的是（　　）。

A.资产负债率　　B.流动比率　　C.存货周转率　　D.利息保障倍数

78.影响营运能力的内部因素是（　　）。

A.行业特性　　B.经营背景

C.经营周期　　D.资产的管理政策与方法

79.某企业年度主营业务收入为2 160 000元，流动资产平均占用额为540 000元，该企业流动资产周转天数为（　　）。

A.4天　　B.90天　　C.60天　　D.15天

80.某公司年末会计报表的部分数据为：流动负债60万元，流动比率2，速动比率1.2，销售成本100万元，年初存货52万元，则本年度存货周转次数为（　　）。

A.1.65　　B.2.3　　C.2　　D.1.45

81.甲公司2016年的主营业务收入为500 000万元，其年初资产总额为650 000万元，年末资产总额为600 000万元，则该公司的总资产周转率为（　　）。

A.0.77　　B.0.83　　C.0.4　　D.0.8

82.某企业2016年度主营业务收入净额为72 000万元，主营业务成本为32 000万元，流动资产平均余额为4 000万元，固定资产平均余额为8 000万元，则该企业2016年度的总资产周转率为（　　）。

A.4　　B.6　　C.8　　D.9

83.从理论上讲，计算应收账款周转率时应使用的收入指标是（　　）。

A.主营业务收入　B.赊销净额　C.销售收入　D.营业利润

84.经营者分析资产运用效率的目的是（　　）。

A.评价获利能力　B.判断财务的安全性

C.评价偿债能力　D.发现和处置闲置资产

85.下列各项中，不能导致应收账款周转率下降的是（　　）。

A.客户故意拖延　B.客户财务困难

C.企业信用政策过于宽松　D.企业主营业务收入的增加

86.下列各项中，不影响应收账款周转率指标使用价值的因素是（　　）。

A.销售折让与折扣的波动　B.季节性经营引起的销售额波动

C.大量使用分期收款结算方式　D.大量使用现金结算的销售

87.某公司2016年度销售收入净额为5 000万元。年初应收账款余额为400万元，年末应收账款余额为600万元，坏账准备按应收账款余额的10%提取。每年按360天计算，则该公司应收账款周转天数应为（　　）天。

A.15　B.20　C.24　D.36

88.下列指标中，受到信用政策影响的是（　　）。

A.长期资本周转率　B.存货周转率　C.应收账款周转率　D.固定资产周转率

89.应收账款周转率中的应收账款应为（　　）。

A.未扣除坏账准备的全部赊销账款净额　B."应收账款"账户的期末余额

C.扣除坏账准备后的全部赊销账款净额　D.仅在本年度发生的应收账款

90.企业营运能力分析的主要目的不包括（　　）。

A.评价企业资产的流动性　B.评价企业资产利用的效益

C.分析企业资产利用的潜力　D.分析企业资产转换为现金及其等价物的时间

91."指标的变动不一定会引起总资产周转率变动"。符合上述条件的指标是（　　）。

A.流动资产周转率　B.应收账款周转率　C.固定资产周转率　D.营运资金周转率

92.下列哪个指标的计算取决于存货周转时间和应收账款周转时间（　　）。

A.总资产周转率　B.固定资产周转率　C.营运资金周转率　D.营业周期

93.企业进行综合财务分析的根本目标是（　　）。

A.综合分析企业的偿债能力

B.综合分析企业的盈利能力

C.综合分析企业的偿债能力、营运能力、盈利能力、成长能力、综合经营管理及其内在联系与影响

D.综合分析企业的成长能力

94.杜邦分析体系中的基本指标不包括（　　）。

A.总资产周转率　B.销售净利率　C.资产负债率　D.流动比率

95.当销售利润率一定时，投资报酬率的高低直接取决于（　　）。

A.销售收入的多少　B.营业利润的高低　C.投资收益的大小　D.资产周转率的快慢

96.杜邦分析的核心指标是（　　）。

A.净资产收益率　B.资产总额　C.所有者权益　D.资产周转率

97.把若干财务比率用线性关系结合起来，以此评价企业信用水平的方法是（　　）。

A.杜邦分析法　　B.沃尔综合评分法　　C.预警分析法　　D.经营杠杆系数分析

98.下列关于沃尔评分法的表述中，正确的是（　　）。

A.沃尔评分法各个分析比率的标准值通常应根据行业平均值确定

B.沃尔评分法各个分析比率的标准值通常应根据行业最高值确定

C.沃尔评分法得出的结论比杜邦分析结果准确

D.沃尔评分法选择的财务比率都相同

二、多项选择题

1.财务报告包括（　　）。

A.会计报表　　B.会计报表附注　　C.财务情况说明书　　D.财务计划

2.财务报表体系应当包括（　　）。

A.资产负债表　　B.利润表　　C.现金流量表　　D.附注

3.通过资产负债表，可以了解（　　）。

A.某一日期的资产总额和资产结构　　B.债务的期限结构和数量

C.资本的保值增值情况　　D.某一会计期间的经营成果

4.投资者需求的信息主要包括（　　）。

A.影响企业价值主要因素的信息　　B.企业财务安全性的信息

C.企业还本付息的信息　　D.宏观经济信息

5.现金流量表中现金所包括的具体内容是（　　）。

A.库存现金　　B.银行存款　　C.股票　　D.长期国债投资

6.债权人进行财务分析的目的通常包括（　　）。

A.是否给企业提供信用　　B.提供多少额度的信用

C.是否要提前收回债权　　D.是否投资

7.下列内容中属于利润表主要反映的项目是（　　）。

A.营业总收入　　B.营业利润　　C.销售费用　　D.每股收益

8.现金流量分析的作用有（　　）。

A.对获取现金的能力作出评价　　B.对偿债能力作出评价

C.对收益的质量作出评价　　D.对投资活动和筹资活动作出评价

9.属于财务报表分析程序的有（　　）。

A.明确分析目的和要求　　B.占有资料、掌握数据

C.数量分析、调查研究　　D.综合分析，把握财务活动的本质

10.比率分析法主要分为（　　）。

A.结构比率分析　　B.效率比率分析　　C.趋势比率分析　　D.相关比率分析

11.比较分析法按照比较的对象分类，包括（　　）。

A.历史比较　　B.同业比较　　C.总量指标比较　　D.预算比较

12.因素分析法是依据分析指标与其影响因素的关系，从数量上确定各因素对分析指标影响方向和影响程度的一种方法。采用因素分析法时，必须注意（　　）。

A.因素分解的关联性　　B.因素替代的顺序性

C.顺序替代的假定性　　D.计算结果的假定性

13.下列各项中，决定息税前经营利润的因素包括（　　）。

A.主营业务利润　　B.其他业务利润　　C.销售费用　　D.管理费用

14.分析企业投资报酬情况时，可使用的指标有（　　）。

A.市盈率　　B.市净率　　C.销售利润率　　D.资产周转率

15.影响资产净利率高低的因素主要有（　　）。

A.销售量　　B.产品的价格　　C.资产周转率　　D.单位成本的高低

16.下列各项中，可能直接影响企业净资产收益率指标的措施有（　　）。

A.提高营业净利率　　B.提高资产负债率

C.提高总资产周转率　　D.提高流动比率

17.反映上市公司盈利能力的指标有（　　）。

A.每股收益　　B.资产负债率　　C.利息保障倍数　　D.净资产报酬率

18.下列属于反映企业盈利能力状况基本指标的是（　　）。

A.资本收益率　　B.总资产报酬率　　C.净资产报酬率　　D.销售利润率

19.每股收益的计算公式中正确的是（　　）。

A.每股收益=净资产收益率×权益乘数×平均每股净资产

B.每股收益=总资产净利率×权益乘数×平均每股净资产

C.每股收益=主营业务净利率×总资产周转率×权益乘数×平均每股净资产

D.每股收益=总资产净利率×平均每股净资产

20.以下对市盈率表述错误的是（　　）。

A.过高的市盈率隐藏着较高的风险　　B.过高的市盈率意味着较低的风险

C.市盈率越高越好　　D.市盈率越低越好

21.下列各项中，属于企业计算稀释每股收益时应当考虑的潜在普通股有（　　）。

A.认股权证　　B.股份期权　　C.公司债券　　D.可转换公司债券

22.下列各项指标中，反映短期偿债能力的指标有（　　）。

A.流动比率　　B.速动比率　　C.资产负债率　　D.现金比率

23.影响速动比率可信性的主要因素有（　　）。

A.预付账款的变现能力　　B.存货的变现能力

C.短期证券的变现能力　　D.应收账款的变现能力

24.流动比率大于2，有可能说明（　　）。

A.流动负债有较多的流动资产作保障

B.企业有足够的现金来还债

C.任何行业企业中该比率都不能低于2

D.流动比率过高，说明企业在资金使用上不尽合理

25.在计算速动资产时需要在流动资产中减掉（　　）。

A.存货　　B.应付账款

C.预付账款　　D.待处理流动资产损失

26.下列属于速动资产范围的有（ ）。

A.货币资金 B.短期投资 C.存货 D.应收账款

27.在企业短期偿债能力分析中，可能增加变现能力的因素有（ ）。

A.可动用的银行贷款指标 B.担保责任引起的负债

C.准备很快变现的长期资产 D.偿债能力的声誉

28.利用资产负债表分析长期偿债能力的指标主要有（ ）。

A.资产负债率 B.利息偿付倍数 C.产权比率 D.固定支出偿付倍数

29.下列指标能反映企业偿付到期长期债务能力方面的财务比率有（ ）。

A.销售净利率 B.盈余现金保障倍数

C.利息保障倍数 D.产权比率

30.下列财务比率中，比率越高，直接说明企业长期偿债能力越强的有（ ）。

A.总资产收益率 B.所有者权益比率

C.资产负债率 D.利息保障倍数

31.下列有关资产负债率的描述中，正确的有（ ）。

A.资产负债率是衡量企业长期偿债能力的静态指标

B.一般来说，资产负债率越高，企业的负债越安全、财务风险越小

C.资产负债率没有考虑负债的偿还期限

D.资产负债率没有考虑资产的结构

32.如果某公司的资产负债率为60%，则可以推算出（ ）。

A.全部负债占资产的比重为60%

B.产权比率为1.5

C.所有者权益占资金来源的比例少于一半

D.在资金来源构成中，负债占0.6，所有者权益占0.4

33.利息偿付倍数中分子应选取的指标是（ ）。

A.净利润 B.利润总额

C.息税前利润 D.利润总额加利息费用

34.下列各项经济业务中不会使流动比率提高的经济业务是（ ）。

A.购买股票作为短期投资 B.用无形资产作为企业长期投资

C.接受原材料捐赠 D.出售固定资产并取得现金

35.在下列各项指标中，不能从动态角度反映企业偿债能力的是（ ）。

A.现金流动负债比率 B.资产负债率

C.流动比率 D.速动比率

36.资产负债率低，对其正确的评价有（ ）。

A.说明企业财务风险大 B.企业不能充分发挥财务杠杆作用

C.说明企业财务风险小 D.企业债务负担重

37.某公司的经营利润很多，却不能偿还到期的债务，为查清原因，应检查的财务比率包括（ ）。

A.资产负债率 B.流动比率 C.存货周转率 D.应收账款周转率

38.反映商品营运能力的指标有（　　）。

A.销售净利率　　B.总资产报酬率　　C.净资产收益率　　D.销售毛利率

39.下列关于营业周期的说法正确的有（　　）。

A.营业周期越短，说明资产的效率越高，其收益能力也越强

B.营业周期越长，说明资产的效率越高，其收益能力也越强

C.应收账款周转天数越短，营业周期越短

D.存货周转天数越短，营业周期越短

40.下列各项关于存货周转情况的分析正确的有（　　）。

A.存货周转率越高，存货周转天数越短

B.存货周转率过高，有可能是由于企业的存货水平太低所致

C.存货周转率越低，说明存货周转得越不顺畅

D.存货周转率越高，说明存货周转得越快，存货的流动性越强

41.对应收账款周转率正确计算有较大影响的因素有（　　）。

A.季节性经营的企业使用这个指标时不能反映实际情况

B.大量使用分期付款结算方式

C.大量的销售为现销

D.年末销售大幅度上升或下降

42.下列经济业务中，会影响企业应收账款周转率的有（　　）。

A.赊销产成品　　B.现销产成品

C.期末收回应收账款　　D.发生销售退回

43.提高应收账款周转率有助于（　　）。

A.加快资金周转　　B.提高生产能力

C.增强短期偿债能力　　D.减少坏账损失

44.在其他条件不变的情况下，会引起总资产周转率指标上升的经济业务有（　　）。

A.用现金偿还负债　　B.借入一笔短期借款

C.用银行存款购入一台设备　　D.用银行存款支付一年的电话费

45.分析某公司5年期财务报表后发现：固定资产周转率和流动比率逐年下降，至第5年年末，这两个指标均小于1。则下列各项中，最有可能说明该公司这种财务与经营状况的有（　　）。

A.主营业务收入逐年下降　　B.短期偿债能力逐年下降

C.应付账款增幅逐年增加　　D.存货资产增幅逐年减少

46.根据杜邦财务分析体系，影响净资产收益率的因素有（　　）。

A.权益乘数　　B.速动比率　　C.销售净利率　　D.总资产周转率

47.从杜邦分析体系可知，提高净资产收益率的途径在于（　　）。

A.加强负债管理，降低负债比率　　B.加强成本管理，降低成本费用

C.加强销售管理，提高销售利润率　　D.加强资产管理，提高资产周转率

48.计算下列各项指标时，其分母需要采用平均数的有（　　）。

A.基本每股收益　　B.应收账款周转次数

C.总资产报酬率　　　　　D.应收账款周转天数

49.下列分析方法中，属于财务综合分析方法的有（　　）。

A.趋势分析法　　B.杜邦分析法　　C.沃尔评分法　　D.因素分析法

50.财务绩效定量评价是指对企业一定期间（　　）方面进行的定量对比分析和评判。

A.盈利能力　　B.资产质量　　C.债务风险　　D.经营增长

51.杜邦分析系统主要反映的财务比率关系有（　　）。

A.净资产报酬率与资产净利率及权益乘数之间的关系

B.资产报酬率与销售净利率及总资产周转率之间的关系

C.销售净利率与净利润及销售收入之间的关系

D.总资产周转率与销售收入及资产总额之间的关系

52.“杜邦分析法是一个多层次的财务比率分解体系”。对此理解正确的是（　　）。

A.运用杜邦分析法进行综合分析，就是在每一个层次上进行财务比率的比较和分析

B.在分解体系下，各项财务比率可在每个层次上与本企业历史或同业财务比率进行比较

C.在分解体系下，通过与历史比较可以识别变动的趋势，通过与同业比较可以识别存在的差距

D.在分解体系下，历史比较与同业比较会逐级向下，覆盖企业经营活动的各个环节

53.杜邦分析法的作用包括（　　）。

A.杜邦分析法的核心作用是解释指标变动的原因及变动趋势

B.通过杜邦分析法自上而下的分析，可以了解企业财务状况的全貌以及各项财务分析指标间的结构关系

C.通过杜邦分析法自上而下的分析，可以查明各项主要财务指标增减变动的影响因素及存在的问题

D.通过杜邦分析法自上而下的分析，可以为决策者优化资产结构和资本结构，提高偿债能力和经营效益提供基本思路

54.依据杜邦分析法，当权益乘数一定时，影响资产净利率的指标有（　　）。

A.销售净利率　　B.资产负债率　　C.资产周转率　　D.产权比率

55.下列关于沃尔评分法的描述中，正确的有（　　）。

A.沃尔评分法又叫综合评分法

B.沃尔评分法说明了指标标准值是如何确定的

C.沃尔评分法证明了各个财务比率所占权重的合理性

D.沃尔评分法未能说明为什么选择7个财务比率

三、判断题

1.财务报表分析的基本资料就是资产负债表、利润表、现金流量表三张主表。（　　）

2.资产负债表是反映企业在一定会计期间经营成果的会计报表。（　　）

3.资产负债表结构分析就是指各个项目相对于总体的比例或比重，最常用的方式就是建立共同比资产负债表。（　　）

4.利润总额反映了企业全部经济活动的财务成果，它包括营业利润及营业外收支净额

等，但不包括非流动资产处置损益。（ ）

5.现金流量表中的“经营活动”是指直接进行产品生产、商品销售或劳务提供的活动。（ ）

6.偿债能力分析、运营能力分析和获利能力分析是财务报表分析的主要内容，也是企业三大基本经济活动的综合结果的体现。（ ）

7.财务分析中的效率指标，是某项财务活动中所费与所得之间的比率，反映投入与产出的关系。（ ）

8.财务报表分析时，将所测算比率与本企业的历史水平或计划、定额标准相比，只能看出本企业自身的变化，很难评价其在市场竞争中的优劣地位。（ ）

9.盈利能力强的企业，其增长能力也强。（ ）

10.每股股利可以反映公司的盈利能力的大小，每股利润越高，说明公司的获利能力越强。（ ）

11.通过横向和纵向对比，每股净资产指标可以作为衡量上市公司股票投资价值的依据之一。（ ）

12.上市公司盈利能力的成长性和稳定性是影响其市盈率的重要因素。（ ）

13.在财务绩效评价体系中，用于评价企业盈利能力的总资产报酬率指标中的报酬是指净利润。（ ）

14.净资产收益率反映企业所有者投入资本的获利能力，但较高的净资产收益率会阻碍所有者权益最大化的实现。（ ）

15.如果企业的销售毛利率非常低，那么销售净利率也不会很理想；如果企业的销售毛利率非常高，那么销售净利率也会很高。（ ）

16.通常市场利率越高，企业的市盈率越大。（ ）

17.一般来说，市盈率高，说明投资者对该公司的发展前景越乐观，愿意出较高的价格购买该公司的股票，但是市盈率也不是越高越好。（ ）

18.市盈率指标可以用于对不同公司的比较，充满扩展机会的新兴行业市盈率普遍较高，而成熟行业的市盈率普遍较低，这说明后者的股票没有投资价值。（ ）

19.每股收益是评价上市公司获利能力的基本和核心指标。（ ）

20.每股股利与企业获利能力是同方向变动的。（ ）

21.市盈率是评价上市公司盈利能力的指标，它反映了投资者愿意为公司每股净利润支付的价格。（ ）

22.总资产增长率指标越高，表明企业一个经营周期内资产经营规模扩张的速度越快，企业发展后劲也就越大。（ ）

23.净资产收益率是最具综合性的评价指标，既不受行业的限制，也不受公司规模的限制。（ ）

24.经济增加值是企业经营利润扣除全部资本成本之后的所得。（ ）

25.流动比率较高说明企业有足够的现金或存款用来偿债。（ ）

26.营业周期与流动比率之间的关系是：营业周期越短，正常的流动比率就越高；营业周期越长，正常的流动比率就越低。（ ）

27. 企业销售一批存货，如果货款收回，速动比率则增大；如果货款未收回，速动比率则不变。（　）

28. 流动资产预计出售价格与实际出售价格的差额越小，则被认为变现能力越强。（　）

29. 对任何企业而言，速动比率大于1才是正常的。（　）

30. 现金比率可以反映企业随时还债的能力。（　）

31. 负债比率越高，则权益乘数越低，财务风险越大。（　）

32. 权益乘数是资产、负债和企业三者关系的体现。（　）

33. 产权比率为4/5，则权益乘数为5/4。（　）

34. 企业的长期偿债能力主要取决于企业资产与负债的比例关系、获利能力以及资产的短期流动性。（　）

35. 权益乘数侧重于揭示总资本中有多少是靠负债取得的，说明债权人权益的受保障程度。（　）

36. 当流动资产小于流动负债时，说明部分长期资产是以流动负债作为资金来源的。（　）

37. 企业流动资产数量和质量超过流动负债数量和质量的程度，就是企业的短期偿债能力。（　）

38. 权益乘数的高低取决于企业的资本结构，资产负债率越高，权益乘数越高，财务风险越大。（　）

39. 一般而言，利息保障倍数越大，企业可以偿还债务的可能性就越大。（　）

40. 由于存在非付现费用，因此会出现当利息保障倍数指标小于1时企业也能偿还债务的情况。（　）

41. 分析企业的长期偿债能力除了关注企业资产和负债的规模与结构外，还需要关注企业的盈利能力。（　）

42. 在分析资产周转率时，只需选用年末资产余额作为基数即可。（　）

43. 企业所采用的财务政策决定着企业资产的账面占用总量，它自然也会影响企业的资产周转率。（　）

44. 为准确计算应收账款的周转效率，其周转额应使用赊销净金额。（　）

45. 主营业务收入并不能很好地代表总资产、流动资产和固定资产的周转额，以此为依据计算出来的周转率意义不大。（　）

46. 营业周期越短，资产流动性越强，资产周转相对越快。（　）

47. 在主营业务净利率、总资产周转率不变的情况下，提高资产负债率可以提高净资产收益率。（　）

48. 依据杜邦分析原理，在其他因素不变的情况下，提高权益乘数，将提高净资产收益率。（　）

49. 利用综合评分法进行财务分析时，各项财务比率的标准评分值的确定，会直接影响到财务分析的结果。（　）

50. 沃尔评分法中的相对比率都等于实际数除以标准数。（　）

四、计算分析题

1. 目的：练习毛利率和销售净利率的计算。

资料：A公司2014年度、2015年度和2016年度利润表部分数据见表3-1。

表3-1　　利润数据表　　单位：万元

年　份	2016年	2015年	2014年
销售收入	32 168	30 498	29 248
销售成本	20 281	18 531	17 463
净利润	2 669	3 385	3 305

要求：

（1）计算该公司2016年度的销售净利率并作简要分析。

（2）计算该公司2016年度的毛利率并作简要分析。

2. 目的：练习盈利能力指标的计算与分析。

资料：已知某公司的有关报表数据见表3-2。

表3-2　　报表数据表　　单位：万元

项　目	2015年年末	2016年年末
利润表相关项目：		
主营业务收入	21 384	24 126
主营业务成本	15 805	17 416
销售费用及管理费用	3 271	3 718
财务费用	480	543
营业外支出	289	253
所得税费用	468	591
资产负债表相关项目：		
平均资产总额	17 376	23 141
平均长期负债总额	5 380	9 245
平均所有者权益总额	6 469	8 397

要求：试根据上述资料计算该公司的毛利率、营业利润率、总资产收益率、长期资本收益率等盈利能力指标。

3. 目的：练习每股收益的计算。

资料：某股份公司2016年的净收益为31 500 000元。当年年初发行在外的普通股为18 000 000股；7月1日增发普通股1 500 000股，年内还发行过900 000股可转换优先股，可转换率为2∶1，优先股股利为每股2元，其约当股数为200 000股。

要求：如果同业的每股收益额为1.5元，试计算该公司的基本每股收益和充分稀释的每股收益，并对该公司的每股收益水平进行评价。

4. 目的：练习销售毛利率与销售净利率的计算。

资料：A公司2016年利润表见表3-3。

表3-3 **A公司2016年利润表** 单位：万元

项　目	上年数（略）	本年累计数
一、主营业务收入	—	550
减：主营业务成本	—	420
二、主营业务利润	—	130
减：销售费用	—	30
管理费用	—	52
财务费用	—	18
加：其他业务利润	—	6
三、营业利润	—	36
加：投资收益	—	40.4
营业外收入	—	2.13
减：营业外支出	—	12
四、利润总额	—	66.53
减：所得税费用	—	19.96
五、净利润	—	46.57

要求：计算A公司的销售毛利率、销售净利率，并说明进行销售毛利率、销售净利率分析应注意的问题。

5.目的：练习营业利润率、销售净利率、总资产利润率的计算。

资料：某股份有限公司的有关资料见表3-4。

表3-4 **某股份有限公司资料表** 单位：万元

项　目	金　额	项　目	金　额
产品销售收入	756	净利润	30
营业利润	52	财务费用	14
利润总额	46	资产平均总额	460

要求：计算营业利润率、销售净利率、总资产利润率。

6.目的：练习财务指标的分析。

资料：D公司最近3年的盈利能力指标见表3-5。

表3-5 **D公司盈利能力指标表**

项　目	2016年	2015年	2014年
销售毛利率（%）	19.35	19.49	18.99
经营活动利润率（%）	3.19	2.83	3.35
税前息后利润率（%）	2.49	0.44	4.06
销售净利率（%）	1.74	0.33	3.15

注：1.经营活动利润率=经营活动利润÷销售收入；税前息后利润率=税前息后利润÷销售收入。

2.年报数据表明该公司2015年度销售收入下降；管理当局讨论书中披露的管理费用为5.4亿元，和前一年基本保持一致，但管理费用占销售收入的比重由2014年的3.6%上升到2015年的3.9%。

要求：

（1）分析2014年至2016年销售毛利率和经营活动利润率的变化趋势。

（2）分析2015年经营活动利润率下降的原因。

（3）分析2015年度税前息后利润率下降速度大于经营活动利润率的原因。

（4）说明2014年至2016年销售净利率和税前息后利润率的变化趋势。

7.目的：练习每股收益与每股净资产的相关计算。

资料：2015年年末甲公司所有者权益总额为20 000万元，2015年年末发行在外的普通股为4 000万股。2016年4月1日，经公司2015年股东大会决议，以截至2015年年末的公司总股本为基础，向全体股东每股派发0.15元股利，同时派发股票股利每10股送红股1股，工商注册登记变更完成后公司总股本变为4 400万股，公司适用的所得税税率为25%。2016年7月1日甲公司发行年利率4%的10年期可转换公司债券，面值800万元，规定每100元债券可转换为1元面值普通股90股，利息每年年末支付一次，发行结束1年后可以转换为股票，债券利息不符合资本化条件，直接计入当期损益。2016年甲公司实现的净利润为4 500万元，2016年年末甲公司股票的市价为20元/股。

要求：

（1）计算甲公司2016年的基本每股收益；

（2）计算甲公司2016年的稀释每股收益；

（3）计算甲公司2016年年末的每股净资产；

（4）计算甲公司2016年年末的市盈率、市净率。

8.目的：练习偿债能力指标的相关计算并进行相关分析。

资料：甲公司2016年年底的部分账面资料见表3-6。

表3-6 **甲公司账面资料表** 单位：元

项　目	2016年12月31日
货币资金	1 503 600
短期投资——债券投资	30 000
其中：短期投资跌价准备	840
应收票据	60 000
固定资产	24 840 000
其中：累计折旧	300 000
应收账款	210 000
其中：坏账准备	12 000
原材料	450 000
应付票据	90 000
应交税费	60 000
预收款项	1 000 000
长期借款	1 800 000

要求：

（1）计算该企业的流动比率；

（2）计算该企业的速动比率；

（3）计算该企业的现金比率；

（4）根据以上指标，简要说明其短期偿债能力的好坏。

9.目的：练习短期偿债能力指标的相关计算。

资料：某企业全部流动资产为20万元，流动资产比率为2.5，速动比率为1，最近发生以下业务：

（1）销售产品一批，销售收入3万元，款项尚未收到，销售成本尚未结转。

（2）用银行存款归还应付账款0.5万元。

（3）应收账款0.2万元，无法收回，作坏账处理。

（4）购入材料一批，价值1万元，其中60%为赊购，开出应付票据支付。

（5）以银行存款购入设备一台，价值2万元，安装完毕，交付使用。

要求：计算每笔业务发生后的流动比率与速动比率。

10.目的：练习短期偿债能力指标的计算与分析。

资料：某公司2015年年末流动资产为22 086 000元，流动负债为12 618 000元；2016年年末流动资产为20 836 000元，流动负债为12 920 000元。若2015年、2016年的期末存货分别为9 550 000元和9 542 000元，且该公司2015年年末现金余额为1 026 000元，短期证券为2 148 000元；2016年年末现金余额为988 000元，短期证券为2 300 000元。

要求：

（1）分别计算该公司2015年和2016年的速动比率。

（2）若该公司所处行业速动比率一般为1.2，则试对该公司的短期偿债能力作出评价。

（3）计算该公司这两个年度的现金比率。

（4）根据上述几项指标，评价该公司这两个年度的短期偿债能力。

11.目的：练习长期偿债能力指标的计算与分析。

资料：某公司2015年与2016年财务报告中的部分数据见表3-7。

表3-7　**某公司财务报告数据表**　单位：万元

项　目	2016年年末	2015年年末
应付职工薪酬	3 422	4 059
长期借款	4 359	5 293
其他债务	6 867	7 742
所有者权益	4 389	4 038
负债与所有者权益合计	19 037	21 132

要求：

（1）计算该公司2016年度权益乘数，说明该指标的含义（按平均数计算）。

（2）计算该公司2015年和2016年的资产负债率、产权比率，并说明其变动趋势。

12.目的：练习长期偿债能力指标的计算与分析。

资料：某公司2016年年末部分资产负债表的内容见表3-8。

表3-8 **某公司资产负债表（部分）**

2016年12月31日 单位：元

资　产	金　额	权　益	金　额
货币资金	26 890	应付票据	5 634
以公允价值计量且其变动计入当期损益的金融资产	10 478	应付账款	54 258
应收账款净额	176 674	应交税费	9 472
存货	321 830	其他应付款	66 438
预付账款	16 442	应付债券	172 470
固定资产	212 134	长期借款	41 686
无形资产	75 008	实收资本	92 400
其他资产	8 946	未分配利润	406 044
资产总计	848 402	权益总计	848 402

要求：计算该公司的资产负债率、产权比率和权益乘数，并简要说明这三个指标共同的经济含义，指出分析中共同存在的问题。

13.目的：练习长期偿债能力指标的相关计算，根据指标对长期偿债能力进行分析。

资料：A、B两家企业属于同一行业，有关资料见表3-9。

表3-9 **A、B两家企业资料表** 单位：万元

项　目	A企业	B企业
流动负债	12 620	12 985
长期应付款	1 000	1 507
股本	5 445	7 717
资本公积	3 875	35 956
盈余公积	83	956
未分配利润	1 720	9 000
税后净利润	5 196	11 143

要求：计算两企业的资产负债率、产权比率、长期负债占债务总额的比率以及总资产净利率，并对两企业的负债结构及负债经营状况作简要分析。

14.目的：练习周转率的计算。

资料：某公司有关数据见表3-10。

表3-10 **某公司有关数据表** 金额单位：万元

项　目	2015年	2016年
主营业务收入	3 160	5 000
赊销比例	95%	90%
应收账款平均余额	2 000	2 500
主营业务成本	1 800	3 300
存货平均余额	200	220

假定：一年按360天计算，并且周转天数的计算结果取整数。

要求：

（1）计算该公司2015年及2016年应收账款周转率和周转天数。

（2）计算该公司2015年及2016年存货周转率和周转天数。

（3）分析计算得出的结果。

15.目的：练习利用因素替换法分析各因素的影响。

资料：某企业年资产平均占用额、产品销售收入和净利润资料见表3-11。

表3-11 **某企业有关资料表** 单位：万元

项 目	2015年	2016年
资产平均占用额	2 000	2 400
产品销售收入	10 000	9 600
净利润	360	384

要求：根据公式“资产净利率=资产周转率×销售净利率”，用因素替换法分析相关因素对资产净利率的影响。

16.目的：练习流动资产周转速度指标的计算。

资料：某公司年末有关财务数据见表3-12。

表3-12 **某公司年末有关财务数据资料表** 单位：万元

项 目	上 年	本 年
产品销售收入		31 420
产品销售成本		21 994
流动资产合计	13 250	13 846
其中：存货	6 312	6 148
应收账款	3 548	3 216

要求：

（1）计算流动资产周转速度指标。

（2）计算存货周转速度指标。

（3）计算应收账款周转速度指标。

17.目的：练习存货周转率的计算。

资料：某企业年销售额（全部为赊销）为50万元，毛利率为20%，年末流动资产为10万元，流动负债为8万元，存货为4万元。

要求：如果企业的存货周转率达到16次，则该企业的年初存货为多少？

18.目的：练习应收账款周转率的计算。

资料：某公司年初应收账款为30万元，年末应收账款为40万元，本年净利润为30万元，销售净利率为20%，销售收入中赊销收入占70%。

要求：计算该企业本年度应收账款周转次数和周转天数。

19.目的：练习营运能力相关指标的计算与分析。

资料：某企业连续3年的资产负债表中相关资产项目的数额见表3-13。

表3-13　　某企业相关资产项目数额表　　单位：万元

项　目	2014年年末	2015年年末	2016年年末
应收账款	1 024	1 056	1 040
存货	630	954	970
流动资产	2 500	2 680	2 860
固定资产	3 500	3 760	3 600
其他资产	846	310	250
资产总额	8 500	8 760	8 720

已知2016年主营业务收入额为9 600万元，比2015年增长了20%，其主营业务成本为7 700万元，比2015年增长了18%。

要求：试计算并分析：

（1）该企业2015年和2016年的应收账款周转率、存货周转率、流动资产周转率、固定资产周转率、总资产周转率。

（2）对该企业的资产运用效率进行评价。

20.目的：练习营运能力指标的计算与分析。

资料：某公司的有关资料见表3-14。

表3-14　　某公司有关资料表　　单位：万元

项　目	上　年	本　年
产品销售收入	29 312	31 420
总资产	36 592	36 876
流动资产合计	13 250	13 846

要求：

（1）计算上年及本年的总资产周转率指标（计算结果保留3位小数，指标计算中均使用当年数据）；

（2）计算上年及本年的流动资产周转率指标（计算结果保留3位小数，指标计算中均使用当年数据）；

（3）计算上年及本年的流动资产结构比率指标（计算结果保留2位小数，指标计算中均使用当年数据）；

（4）分析总资产周转率变化的原因（计算结果保留4位小数）。

21.目的：练习财务指标计算报表数。

资料：某公司年末资产负债表的相关资料见表3-15。

表3-15　　某公司资产负债表（部分）　　单位：元

资　产	年末数	负债与权益	年末数
货币资金	25 000	应付账款	（3）
应收账款净额	（1）	应交税费	25 000
存货	（2）	非流动负债	（4）
固定资产净值	294 000	实收资本	300 000
—	—	未分配利润	（5）
总计	432 000	总计	—

已知：(1) 期末流动比率为1.5。(2) 期末资产负债率为50%。(3) 本期存货周转次数为4.5次。(4) 本期营业成本为315 000元。(5) 期末存货为60 000元（且等于期初存货）。

要求：根据上述资料，计算并填列资产负债表中带编号的空白项。

22. 目的：练习杜邦分析体系的运用。

资料：已知某企业2015年、2016年的有关资料见表3-16。

表3-16 **某企业有关资料表** 单位：万元

项　目	2015年	2016年
销售收入	280	350
其中：赊销收入	76	80
成本	235	288
其中：制造成本	108	120
管理费用	87	98
财务费用	29	55
销售费用	11	15
利润总额	45	62
所得税	15	21
税后净利润	30	41
资产总额	128	198
其中：固定资产	59	78
库存现金	21	39
应收账款（平均）	8	14
存货（平均）	40	67
负债总额	55	88

要求：运用杜邦分析体系对该企业的总资产利润率及其增减变动原因进行计算分析。

23. 目的：练习杜邦分析体系的运用。

资料：某公司2016年上半年部分财务指标见表3-17。

表3-17 **某公司2016年上半年部分财务指标表**

财务指标	计　划	实　际
销售净利率	7.5%	9.3%
总资产周转率	0.133	0.115
平均资产负债率	50%	53.33%

要求：分别计算该公司2016年上半年计划的和实际的股东权益报酬率，并用杜邦分析法定量分析该公司股东权益报酬率实际偏离计划的原因。

24. 目的：练习财务指标的计算。

资料：某公司2016年资产负债表部分项目见表3-18。

表3-18　　**某公司资产负债表（部分）**

2016年12月31日　　单位：万元

资　产	金　额	负债与所有者权益	金　额
货币资金	30	应付票据	25
应收账款	60	应付账款	55
存货	80	应付职工薪酬	10
预付账款	30	长期借款	100
固定资产净额	300	实收资本	250
		未分配利润	60
总计	500	总计	500

已知，该公司2016年度销售收入为1 500万元，净利润为75万元。

要求：

（1）计算销售净利率；

（2）计算总资产周转率；

（3）计算权益乘数；

（4）计算资本金利润率（有关平均数用期末数代替）。

25.目的：财务指标的计算。

资料：某公司2015年度、2016年度的相关财务资料见表3-19。

表3-19　　**某公司财务资料表**　　单位：万元

项目	2015年度	2016年度
营业外收支净额	25	27
资产总额	1 100	1 300
利息支出净额	12	16

此外，该公司2016年的市盈率为20，每股市价为30元，销售成本为630万元，毛利率为30%，假设全部为赊销，无销售退回折扣与折让，公司发行在外的普通股股数为50万股，无优先股，当年的所得税为36万元。

要求：计算2016年的普通股每股收益、销售净利率、营业利润率和总资产周转率。

26.目的：利用财务指标分析公司问题。

资料：E公司的相关数据见表3-20。

表3-20　　**E公司的相关数据表**

项　目	2016年	2015年	2014年
流动比率	2.1	1.9	1.6
速动比率	0.8	0.9	1.0
存货周转天数	55	45	30
应收账款周转天数	24	28	30

要求：根据上述财务指标分析该公司可能存在的问题。

五、综合题

1.资料：已知某公司2016年财务报表的相关数据见表3-21。

表3-21　　**某公司2016年相关数据表**　　单位：万元

一、资产负债表项目	年初数	年末数
资产	8 000	10 000
负债	4 500	6 000
所有者权益	3 500	4 000
二、利润表项目	上年数	本年数
营业收入	略	20 000
净利润	略	500

要求：

（1）计算杜邦分析体系中的下列指标（凡计算指标涉及资产负债表项目数据的，均按平均数计算）：

①净资产收益率；

②总资产净利率（保留3位小数）；

③销售净利率；

④总资产周转率（保留3位小数）；

⑤权益乘数。

（2）试列出净资产年收益率与上述其他各项指标之间的关系式，并用本题数据加以验证。

2.资料：甲公司是一家五金工具制造商。2015年和2016年年末财务报表的部分项目数据见表3-22、表3-23。

表3-22　　**甲公司利润表（部分）**　　单位：元

项　目	2015年	2016年
销售收入	590 000	600 000
销售成本	340 000	375 000
毛利	250 000	225 000
销售费用	133 000	141 500
利息	略	4 000
税前利润	117 000	79 500
所得税	40 000	24 000
税后利润	77 000	55 500

表 3-23　　资产负债表（部分资料）　　单位：元

资　产	2015年年末	2016年年末	负债及所有者权益	2015年年末	2016年年末
流动资产：			流动负债		
货币资金	16 000	2 000	短期借款	0	14 000
应收账款	51 000	78 000	应付账款	30 000	38 000
存货	74 000	118 000	其他应付款	44 000	44 000
			应交税费	40 000	24 000
合计	141 000	198 000	合计	114 000	119 000
固定资产净值	351 000	343 500	长期借款	0	25 000
			实收资本	250 000	250 000
			留存收益	128 000	146 500
总　计	492 000	541 500	总计	492 000	541 500

要求：

（1）利用以上财务报表的数据，分别计算2015年和2016年的下列财务比率：总资产利润率、速动比率、营业利润率、应收账款周转率、毛利率、存货周转率、流动比率、资产负债率。

（2）运用各项财务比率，就该公司的盈利能力、偿债能力及流动资金管理效果进行对比分析并作出评价。

3.资料：某公司2015年和2016年年末的比较资产负债表有关数据见表3-24。

表 3-24　　某公司2015年和2016年年末比较资产负债表有关数据表　　金额单位：元

项　目	2015年	2016年	差　额	百分比（%）
流动资产：				
速动资产	30 000	28 000		
存货	50 000	62 000		
流动资产合计	80 000	90 000		
固定资产净额	140 000	160 000		
资产总计	220 000	250 000		
负债：				
流动负债	40 000	46 000		
非流动负债	20 000	25 000		
负债合计	60 000	71 000		
所有者权益：				
实收资本	130 000	130 000		
盈余公积	18 000	27 000		
未分配利润	12 000	22 000		
所有者权益合计	160 000	179 000		
负债和权益总计	220 000	250 000		

要求：

（1）将以上比较资产负债表填写完整；

（2）分析资产项目变化的原因；

（3）分析负债项目变化的原因；

（4）分析所有者权益项目变化的原因；

（5）指出该公司应该采取的改进措施。

4.资料：某公司年末报表资料见表3-25。

表3-25 **某公司年末报表资料表** 单位：万元

项 目	金 额
货币资金	450
交易性金融资产	300
应收票据	153
应收账款	147（年初123）
存货	720（年初720）
其他流动资产	12
预付账款	18
固定资产净值	1 929（年初1 929）
无形资产	21
短期借款	450
应付账款	300
长期借款	900
所有者权益	1 537.5（年初1 162.5）
产品销售收入	4 050
产品销售成本	3 600
税前利润	120
税后利润	81

要求：

（1）计算该公司本年的下列指标：

①流动比率；②速动比率；③存货周转率；④应收账款周转天数；⑤资产负债率；⑥总资产净利率；⑦净资产收益率（年初资产总额为3 250万元）。

（2）假设该公司同行业各项比率的平均水平见表3-26，试据此对该公司财务状况作简要评价。

表3-26　　**某公司同行业各项比率平均水平表**

比率名称	同行业平均水平
流动比率	2.0
速动比率	1.0
存货周转率	6次
应收账款周转天数	10天
资产负债率	40%
总资产净利率	6%
净资产收益率	12%

5.资料：某企业2016年的有关资料见表3-27。

表3-27　　**某企业2016年有关资料表**　　单位：万元

资　产	年初	年末	负债及所有者权益	年初	年末
流动资产			流动负债合计	220	218
货币资金	130	130	非流动负债合计	290	372
应收账款净额	135	150	负债合计	510	590
存货	160	170	所有者权益合计	715	720
流动资产合计	425	450			
长期股权投资	100	100			
固定资产原价	1 100	1 200			
减：累计折旧	400	440			
固定资产净额	700	760			
总　计	1 225	1 310	总计	1 225	1 310

已知该企业2016年销售收入净额为1 500万元，销售净利率为20%。假定该企业流动资产仅包括速动资产与存货，非经营收益为60万元，非付现费用为150万元，经营流动现金流量净额为350万元，该企业适用的所得税税率为25%。

要求：根据以上资料计算：

（1）该企业2016年年末的流动比率、速动比率、现金比率。

（2）该企业2016年年末的资产负债率、产权比率、权益乘数。

（3）该企业2016年应收账款周转率、流动资产周转率、总资产周转率。

（4）该企业2016年净资产收益率、总资产增长率。

6.资料：某企业财务数据有关资料见表3-28。

表3-28　**某企业财务数据表**

项　目	2015年	2016年
总资产（万元）	1 500	1 600
销售收入（万元）	3 900	3 500
流动比率	1.2	1.26
存货周转率（次）	7.8	6
平均收现期（天）	20	26
销售毛利率	17%	15%
销售净利率	5%	3%
总资产周转率（次）	2.6	2.3
总资产净利率	13%	6.9%

要求：

（1）利用杜邦分析体系全面分析该企业盈利能力的变化及其原因。

（2）采用因素分析法确定各因素对总资产净利率的影响程度。

（3）根据分析结果提出改进措施。

7.资料：某公司2016年度财务报表部分数据见表3-29、表3-30。

表3-29　**资产负债表**

2016年12月31日　　单位：千元

资　产		负债和股东权益	
货币资金（年初数：400）	500	应付账款	1 000
应收账款（年初数：2 200）	2 000	其他流动负债	750
存货（年初数：900）	1 000	流动负债合计	1 750
流动资产合计	3 500	非流动负债	1 750
固定资产净额（年初数：5 000）	5 000	股本	5 000
资产总计（年初数：8 500）	8 500	负债和股东权益总计	8 500

表3-30　**利润表**

2016年度　　单位：千元

项　目	金　额
销售收入	12 000
销售成本	10 000
毛利	2 000
管理费用	1 160
利息费用	300
税前利润	540
所得税	162
净利润	378

已知：该公司当期对外赊购净额为1 000万元，销售净利率、资产净利率与权益净利率的行业平均值分别为3.5%、5%和8.3%。

要求：

（1）根据资料，编制财务比率计算表（一年按360天计算）。

（2）评价企业的短期偿债能力和长期偿债能力，并指出存在的问题，说明问题产生原因。

（3）计算总资产周转天数，并构建总资产周转天数驱动因素公式，说明总资产周转天数变化的原因。

8.资料：M公司的资产负债表和利润表见表3-31和表3-32，公司采取固定股利支付率股利政策。

表3-31　**资产负债表（部分内容）**

2016年12月31日　单位：元

资　产	金　额	负债和股东权益	金　额
库存现金	155 000	应付账款	258 000
应收账款	672 000	应付票据	168 000
存货	483 000	其他流动负债	234 000
流动资产合计	1 310 000	流动负债合计	660 000
固定资产净额	585 000	非流动负债	513 000
		股东权益	722 000
资产总计	1 895 000	负债和股东权益总计	1 895 000

表3-32　**2016年利润表（部分资料）**　单位：元

项　目	金　额	明细金额
营业收入	3 215 000	
营业成本	2 785 000	
直接材料		1 434 000
直接人工		906 000
燃料动力		136 000
付现制造费用		226 000
折旧		83 000
毛利	430 000	
销售费用	230 000	
管理费用	60 000	
息税前利润	140 000	
利息费用	49 000	
税前利润	91 000	
所得税费用	36 400	
净利润	54 600	

行业平均数据：流动比率为2.0，应收账款平均收账期为35天，存货周转率（按销售收入计算）为6.7次，总资产周转率为2.9次，销售净利率为1.2%，总资产收益率为3.4%，净资产收益率为8.5%，资产负债率为60%。

要求：

（1）计算M公司与行业指标对应的财务比率。

（2）分别为M公司及行业建立杜邦分析的三因素模型。

（3）分析说明M公司的优势与不足。

（4）若2017年M公司的销售收入、净利润、总资产、负债都增加了10%，股利分配政策等其他条件不变，公司不准备增发新股，将如何影响净资产收益率？

第二部分 案例分析题

案例一

滨江集团财务分析

（一）案例资料

1.滨江集团基本情况介绍

杭州滨江房产集团股份有限公司（股票代码：002244；简称“滨江集团”）成立于1996年，具有建设部一级开发资质，是全国民营企业500强企业、中国房地产50强企业、长三角房地产领军企业。公司秉承“创造生活，建筑家”的专业理念，形成了“以品牌为基础、战略为导向、品质为中心、精干高效为手段”的企业核心竞争力。滨江房产业已成为集房地产开发销售、商业地产置业、酒店旅业三大产业板块的大型集团公司。

滨江集团最初于1993年在浙江省杭州市投资创立，主要投资于杭州市区滨江4号地块。公司定名浙江滨江建设有限公司，95%的股份属于港资，是杭州市当时投资最大、规模最大的合资房地产公司。从1996年开始，滨江集团逐步向浙江地区和繁华的县级市投资，于1999年年底进军上海。滨江集团从1993年开始到2001年年底，共完成项目9个，总建筑面积达101万平方米。滨江集团致力于大型住宅、商住项目、城市中心区域的旧城改造、步行街的建设等。该集团对产品一向精益求精，力求以优美的环境、优秀的楼盘品质、完美的配套设施，塑造自己的品牌。

杭州滨江房产集团股份有限公司是由杭州滨江房产集团有限公司整体变更设立。公司股票已于2008年5月29日在深圳证券交易所挂牌交易。

2.房产行业近年变化情况介绍

房地产业是影响国民经济的重要行业，其兴衰直接关系到国民经济的兴衰。近20年来，随着我国城市化、工业化步伐的加快，中国房地产业在总体上对经济社会的发展确实起到了促进作用，房地产业日益显现出国民经济支柱产业的风范。房地产业是我国国民经济发展的支柱产业，确保房地产业健康稳定发展不仅有助于我国抵御经济危机，而且是预防通胀的重要措施。在我国经济复苏这段时期内，国家将对房地产市场进行结构优化，包括支持保障性住房的发展，遏制投机行为，科学测算用地指标，严格规范土地储备，打击“囤地”行为等，以达到房地产市场和谐稳定的发展目标。

2010年可谓国内楼市的“政策年”，各大房企和各级地方政府集体经历了数次大规模政策调控。2009年至2010年年初，“新国十条”使全国房地产市场整体上出现了一些积极的变化，但部分城市房价、地价又出现了过快上涨的势头，投机性购房再度活跃，引起了政府的高度重视。为了使市场得到有效控制，国务院下发通知，从增加土地供给、抑制不合理住房需求、加快保障性住房建设、加强市场监管、完善信息披露制度等几个方面要求坚决遏制部分城市房价过快上涨，切实解决城镇居民住房问题。2010年政府颁布的多项有影响力的政策，推动了房地产市场的健康发展。

2011年楼市受宏观调控影响很大。自号称史上最严的“新国五条”出台以后，限购、限贷、房产税、保障性住房、监督问责，“五大利器”在楼市调控中发挥了积极作用。以往的“金九银十”销售旺季在严厉的调控背景下也并没有来临。成交量下跌、成交价下降、库存量增加、资金短缺、贷款难等等已经成为众多房地产企业面临的一道道难题。自2011年1月26日“新国八条”出台以后，地方细则陆续跟进，新政在限贷、限购方面给楼市成交量带来了直接和巨大的影响。“限购令”使得大多数投资性购房者和部分改善性购房者失去了购房资格，而依然高位运行的房价及贷款成本的提高，也使不少刚性需求购房者力不从心。在双重压力下，市场需求被大大抑制，楼市迅速陷入低迷。除了限购，还有政府所建的保障房。2009年到2011年我国政府共建设保障性住房1 840万套。按照这个数字计算的话，应该是平均每10个家庭中有一套保障房，虽然供给有很大程度的提高，但是结果却是房价依旧居高不下。

2012年是房地产调控政策常态化的一年，是既不放松又不加码的一年。但货币政策的走势对房地产市场的影响很大。在国家“稳中有进”宏观经济政策及相关货币政策等影响下，加上企业“以价换量”的策略，自住性需求不断释放。2011年度中央经济工作会议在对于房地产的表述中强调：“要坚持房地产调控政策不动摇，促进房价合理回归”，奠定了2012年的房地产政策基调。从市场价格发展趋势来看，70个大中城市新建商品房和商品住房的市场价格，有升有降，总体稳中有升，第四季度较为明显。主要是四个一线城市房价上涨的速度非常快，而二、三、四线城市比较稳定。一线城市所占的市场份额虽然不是很大（2012年一线城市房地产市场销售面积占全国总销售面积的3%，销售额占全国总销售额的12%），但一线城市房地产市场的影响力非常大，它的变化会引起二线城市房地产市场的变化，二线城市房地产市场的变化又会引起三线、四线城市的变化，产生房地产市场的波纹效应。

2013年，“宏观稳、微观活”成为房地产政策的关键词，全国整体调控基调贯彻始终，不同城市政策导向出现分化。年初“国五条”及各地细则出台，继续坚持调控不动摇，“有保有压”方向明确。2013年下半年，新一届政府着力建立健全长效机制、维持宏观政策稳定，十八届三中全会将政府工作重心明确为全面深化改革；不动产登记、保障房建设等长效机制工作继续推进，而限购、限贷等调控政策更多地交由地方政府决策。不同城市由于市场走势分化，政策取向也各有不同。就全国来看，商品房销售面积和销售额增速明显好于去年，规模创历史新高；投资额增速高于去年；新开工面积止跌反弹，规模超越2011年高点；资金来源整体增速有所回升，总体高于同期开发投资增速，企业资金状况处于历史较好水平。2013年，龙头企业销售业绩再上新台阶，推动行业集中度进一步提升，十家代表企业销售额和销售面积同比分别增长32%

和26%。拿地方面，十大房地产企业拿地规模和金额均大幅增长，分别同比增长47%和87%，品牌房地产企业回归一、二线城市，一线城市拿地占比明显提高，拿地金额占比由去年的22%上升至29%，导致企业平均拿地成本提高近30%。资金方面，全行业整体偿付能力有所提升，企业融资渠道多样化，债券、票据等直接融资方式明显增多，优质企业融资成本降低。

根据中国房地产业中长期发展动态模型，在宏观经济和货币信贷平稳增长、房地产调控政策整体平稳的背景下，2014年全国房地产市场呈现“销售量、价格继续增长但增速放慢，投资新开工项目增长平稳”的特点。

3.近年房地产行业主要财务指标统计

近年房地产行业主要财务指标统计数据见表3-33。

表3-33 房地产行业主要财务指标统计数据表

房地产业指标	全行业（2013年）		全行业（2014年）		全行业（2015年）	
	优秀值	平均值	优秀值	平均值	优秀值	平均值
一、盈利能力状况						
净资产收益率（%）	215.59	11.52	43.03	5.96	106.73	4.78
总资产报酬率（%）	68.45	5.06	13.91	3.87	21.37	2.53
销售（营业）净利率（%）	10 974.86	93.72	693.62	6.83	296.05	-7.66
二、资产质量状况						
总资产周转率（次）	1.06	0.26	1.0	0.24	0.82	0.22
应收账款周转率（次）	72 464.25	1 004.11	63 587.83	1 052.26	436 139.52	3 680.22
存货周转率（次）	65.21	1.56	59.19	1.37	68.79	1.29
三、债务风险状况						
资产负债率（%）	92.58	63.26	98.84	63.41	113.60	64.86
利息保障倍数	426.15	26.50	436.61	18.86	220.52	52.21
速动比率（%）	485	69	570	69	1 866	88
现金流动负债比率（%）	0.78	-0.03	1.45	-0.02	0.26	0.03

4.滨江集团财务数据（2013年年末至2015年年末）

滨江集团财务数据见表3-34。

表3-34　**滨江集团公司财务数据表**　单位：万元

报告日期	2015年12月31日	2014年12月31日	2013年12月31日
利润表摘要	—	—	—
营业收入	1 261 756.00	1 175 857.00	1 038 192.00
营业成本	854 567.00	911 341.00	722 012.00
营业利润	206 643.00	116 206.00	199 431.00
利润总额	207 164.00	116 128.00	197 063.00
所得税费用	56 779.00	35 527.00	51 435.00
净利润	150 385.00	80 601.00	145 628.00
基本每股收益	0.37	0.61	1.04
资产负债表摘要			
货币资金	357 525.00	187 721.00	203 336.00
⋮	⋮	⋮	⋮
流动资产合计	3 889 097.00	3 614 258.00	3 760 074.00
固定资产净额	30 072.00	35 596.00	39 883.00
⋮	⋮	⋮	⋮
资产总计	4 223 022.00	3 824 577.00	3 956 482.00
流动负债合计	2 509 260.00	2 449 539.00	2 587 376.00
非流动负债合计	620 226.00	454 005.00	520 292.00
负债合计	3 129 486.00	2 903 544.00	3 107 668.00
所有者权益合计	1 093 536.00	921 033.00	848 815.00
现金流量表摘要			
期初现金及现金等价物余额	186 628.00	202 694.00	154 813.00
经营活动产生的现金流量净额	804 861.00	-131 704.00	40 537.00
投资活动产生的现金流量净额	-379 603.00	95 857.00	26 940.00
筹资活动产生的现金流量净额	-255 255.00	19 781.00	-19 596.00
现金及现金等价物净增加额	169 816.00	-16 066.00	47 881.00
期末现金及现金等价物余额	356 444.00	186 628.00	202 694.00

（二）案例分析要求

结合案例，根据案例中所给的杭州滨江房产集团股份有限公司2013年年末至2015年年末的财务报表有关数据，综合分析该公司的财务状况与经营成果。

案例二

苏宁云商集团财务分析

（一）案例资料

苏宁云商集团股份有限公司（股票代码：002024；简称“苏宁”）1990年创立于中国南京，是中国商业领域的领先者，国家商务部重点培育的“全国15家大型商业企业集团”之一，中国最大的商业零售企业。苏宁经营的商品涵盖了传统家电、消费电子、百货、日用品、图书、虚拟产品等综合品类，线下实体门店共1 600多家，线上苏宁易购位居国内B2C领域的前三位，苏宁线上与线下的融合发展引领了零售发展的新趋势。正品行货、品质服务、便捷购物、舒适体验。

2004年7月，苏宁电器（002024）在深圳证券交易所上市。凭借优良的业绩，苏宁电器得到了投资市场的高度认可，是全球家电连锁零售业市场价值最高的企业之一。苏宁电器连锁集团股份有限公司被《巴菲特杂志》、世界企业竞争力实验室、《世界经济学人周刊》联合评为2010年（第七届）中国上市公司100强，排名第61位。2013年胡润民营品牌榜中，苏宁以956.86亿元的品牌价值排名第9位。

围绕市场需求，按照专业化、标准化的原则，苏宁电器形成了旗舰店、社区店、专业店、专门店4大类，18种形态，旗舰店已发展到第7代。

在开发方式上，苏宁电器采取“租、建、购、并”四位一体、同步开发的模式，保持稳健、快速的发展态势，每年新开200家连锁店，同时不断加大自建旗舰店的开发，以店面标准化为基础，通过自建开发、订单委托开发等方式，在全国数十个一、二级市场推进自建旗舰店开发。预计到2020年，网络规模将突破3 000家，销售规模将突破3 500亿元。

2011年以来，苏宁持续推进新十年“科技转型、智慧服务”的发展战略，云服务模式进一步深化，逐步探索出线上与线下多渠道融合、全品类经营、开放平台服务的业务形态，苏宁的管理者认为未来中国的零售模式将是“店商+电商+零售服务商”的模式，并称之为“云商”模式。

苏宁电器2013年2月19日公告称，基于线上与线下多渠道融合、全品类经营、开放平台服务的业务形态，苏宁拟将公司名称变更为“苏宁云商集团股份有限公司”，以更好地与企业经营范围和商业模式相适应。此次更名可以看作苏宁电器在科技转型战略方面迈出的又一大步，也宣告着苏宁“云商”新模式的正式面世。

一方面，苏宁不断拓展经营品类，实施超电器化战略。2009年，苏宁提出“营销变革”，尝试全品类经营、全渠道拓展，推进营销及服务创新；此后在苏宁易购和乐购仕中大力拓展非电器品类，延伸至百货、图书、母婴、虚拟产品等；2012年苏宁推出全新的主力型门店——Expo超级店，在门头上去掉“电器”两个字，标志着苏宁线下实体门店超电器化经营步伐的加速。另一方面，近几年，苏宁持续强化科技创新，转型为云服务模式。2006年公司上线SAP/ERP系统，依托信息系统的支撑，建立内部共享服务平台，有效实现了企业分散经营、集约管理的目标；与此同时，不断优化供应链，提升管理效率；多年经营积累，苏宁已经构建了面向内部员工的管理云、面向供应商的供应云以及面向消费者的消费云，并逐步推进“云服务”模式的全面市场化运作，2011年以来陆续推出苏宁私享家、云应用商店、云阅读等。

由此可以看出，经过前期的创新实践和积累铺垫，苏宁将迎来跨越式的发展。苏宁董事长张近东在工作部署会议中表示，苏宁要做“店商+电商+零售服务商”模式的云商苏宁，并将通过新模式服务全行业、全社会。未来十年，苏宁将不再是传统家电连锁企业，而要做中国的“沃尔玛+亚马逊”。据了解，在部署会议召开的同时，苏宁围绕云商模式，从组织架构、年度计划、经营策略、人员任命等方面进行了全面部署，以确保“云商”模式的全面落地。

（二）案例分析要求

苏宁的上述扩张战略得到财务成果的印证了吗？对公司的风险（长短期偿债能力）造成了什么影响？企业的盈利能力及营运能力又有哪些改变？这些影响和改变对公司价值意味着什么？

有关数据资料见表3-35、表3-36和表3-37。

表3-35　**资产负债表摘要**　单位：元

报表日期	2013年12月31日	2014年12月31日	2015年12月31日
流动资产			
货币资金	24 806 284 000	22 274 468 000	27 115 557 000
应收票据	577 000	0	4 925 000
应收账款	671 075 000	535 579 000	705 617 000
存货	18 258 355 000	16 038 522 000	14 004 797 000
⋮	⋮	⋮	⋮
其他流动资产	2 323 984 000	2 807 402 000	3 724 748 000
流动资产合计	54 312 182 000	50 647 414 000	56 751 867 000
非流动资产			
固定资产净额	10 749 599 000	12 155 378 000	13 253 604 000
⋮	⋮	⋮	⋮
其他非流动资产	742 097 000	1 289 284 000	762 761 000
非流动资产合计	28 731 473 000	31 546 315 000	31 323 805 000
资产总计	83 043 655 000	82 193 729 000	88 075 672 000
流动负债合计	44 224 103 000	42 116 912 000	45 734 659 000
非流动负债			
长期借款	593 838 000	914 214 000	357 918 000
⋮	⋮	⋮	⋮
其他非流动负债	2 915 000	4 873 000	20 499 000
非流动负债合计	10 134 380 000	10 540 015 000	10 415 947 000
负债合计	54 358 483 000	52 656 927 000	56 150 606 000
所有者权益（或股东权益）			
实收资本（或股本）	7 383 043 000	7 383 043 000	7 383 043 000
资本公积	4 679 567 000	4 679 567 000	5 237 740 000
盈余公积	1 160 735 000	1 160 735 000	1 160 735 000
未分配利润	15 264 824 000	16 125 532 000	16 611 341 000
所有者权益（或股东权益）合计	28 685 172 000	29 536 802 000	31 925 066 000
负债和所有者权益（或股东权益）总计	83 043 655 000	82 193 729 000	88 075 672 000

表3-36 **利润表摘要** 单位：元

报表日期	2013年12月31日	2014年12月31日	2015年12月31日
一、营业总收入	105 292 229 000	108 925 296 000	135 547 633 000
营业收入	105 292 229 000	108 925 296 000	135 547 633 000
二、营业总成本	105 225 233 000	110 345 052 000	137 805 498 000
营业成本	89 279 061 000	92 284 572 000	115 981 182 000
营业税金及附加	329 942 000	357 160 000	585 796 000
销售费用	12 739 711 000	14 105 025 000	16 644 676 000
管理费用	2 805 667 000	3 356 570 000	4 291 475 000
财务费用	(149 087 000)	66 770 000	104 282 000
资产减值损失	219 939 000	174 955 000	198 087 000
公允价值变动收益	82 988 000	(9 330 000)	(6 920 000)
投资收益	33 919 000	(29 847 000)	1 654 764 000
其中：对联营企业和合营企业的投资收益	(5 875 000)	(235 232 000)	(41 383 000)
三、营业利润	183 903 000	(1 458 933 000)	(610 021 000)
营业外收入	161 088 000	2 652 150 000	1 665 224 000
营业外支出	200 605 000	220 604 00	166 246 000
非流动资产处置损失	21 743 000	28 824 000	17 882 000
利润总额	144 386 000	972 613 000	888 957 000
所得税费用	40 083 000	148 575 000	131 225 000
四、净利润	104 303 000	824 038 000	757 732 000
五、每股收益			
基本每股收益	0.05	0.12	0.12
稀释每股收益	0.05	0.12	0.12

表3-37 **现金流量表摘要** 单位：元

报表日期	2013年12月31日	2014年12月31日	2015年12月31日
一、经营活动产生的现金流量			
销售商品、提供劳务收到的现金	120 912 384 000	126 542 150 000	157 526 056 000
收到的其他与经营活动有关的现金	2 214 224 000	3 563 699 000	2 434 742 000
经营活动现金流入小计	123 126 608 000	130 105 849 000	159 960 798 000
购买商品、接受劳务支付的现金	102 476 933 000	109 561 787 000	134 203 118 000
支付给职工以及为职工支付的现金	4 684 856 000	5 957 350 000	6 679 276 000
支付的各项税费	2 984 186 000	2 909 594 000	4 077 363 000
支付的其他与经营活动有关的现金	10 742 149 000	13 058 537 000	13 267 702 000
经营活动现金流出小计	120 888 124 000	131 487 268 000	158 227 459 000
经营活动产生的现金流量净额	2 238 484 000	(1 381 419 000)	1 733 339 000

（二）案例分析要求

（1）分别计算苏宁2013年度、2014年度、2015年度的流动比率、速动比率、现金比率。

（2）利用上述比率分析苏宁的资产流动性与短期偿债能力。

（3）请搜集苏宁的相关资料，分析造成短期偿债能力现状的原因以及可能的经济后果，并分析如何防范相关风险。

（4）分别计算苏宁2013年度、2014年度、2015年度的资产负债率、权益乘数、产权比率、长期资本负债率、利息保障倍数。

（5）利用上述比率分析苏宁的资本结构与长期偿债能力。

（6）请搜集苏宁的相关资料，分析造成长期偿债能力现状的原因以及可能的经济后果，并分析如何防范相关风险。

（7）分别计算苏宁2014年度、2015年度应收账款周转率、存货周转率、总资产周转率。利用上述比率分析苏宁营运能力的变化并收集资料分析造成相关变化的原因（假设用营业收入代替赊销收入）。

（8）分别计算苏宁2014年度、2015年度营业利润率、总资产收益率。利用上述比率分析苏宁盈利能力的变化并收集资料分析造成相关变化的原因。

（9）试用杜邦分析法对苏宁进行综合财务分析。

第三部分　参考答案

☆ 练习题参考答案

一、单项选择题

1.D　2.B　3.A　4.C　5.B　6.C　7.A　8.B　9.C　10.B　11.D　12.C　13.D　14.B　15.A　16.B　17.A　18.B　19.D　20.C　21.A　22.D　23.A　24.D　25.A　26.C　27.B　28.A　29.B　30.B　31.A　32.B　33.C　34.C　35.D　36.A　37.B　38.C　39.A　40.D　41.C　42.D　43.A　44.A　45.B　46.A　47.D　48.C　49.C　50.D　51.C　52.D　53.A　54.B　55.D　56.D　57.B　58.D　59.C　60.A　61.B　62.C　63.D　64.A　65.D　66.D　67.A　68.B　69.D　70.D　71.D　72.A　73.B　74.B　75.D　76.C　77.C　78.D　79.A　80.C　81.D　82.B　83.B　84.D　85.D　86.D　87.D　88.C　89.C　90.D　91.D　92.D　93.C　94.D　95.D　96.A　97.B　98.A

二、多项选择题

1.ABC　2.ABCD　3.ABC　4.AB　5.AB　6.ABC　7.ABCD　8.ABCD　9.ABCD　10.ABD　11.ABD　12.ABD　13.ABCD　14.ABC　15.ABCD　16.ABC　17.AD　18.BC　19.BC　20.BCD　21.ABD　22.ABD　23.CD　24.AD　25.ACD　26.ABD　27.ACD　28.AC　29.CD　30.BD　31.ACD　32.ABCD　33.CD　34.AB　35.BCD　36.BC　37.BCD　38.AD　39.ACD　40.ABCD　41.ABCD　42.ACD　43.ACD　44.AD　45.ABD　46.ACD　47.BCD　48.ABC　49.BC　50.ABCD　51.ABCD　52.ABCD　53.ABCD　54.AC　55.AD

三、判断题

1.×　2.×　3.×　4.×　5.√　6.√　7.√　8.√　9.×　10.×　11.√　12.√　13.×　14.×　15.×　16.×　17.√　18.×　19.√　20.×　21.√　22.×　23.√　24.√　25.×　26.×　27.×　28.√　29.×　30.√　31.×　32.×　33.×　34.×　35.×　36.√　37.×　38.√　39.√　40.×　41.√　42.×　43.√　44.√　45.×　46.√　47.√　48.√　49.√　50.×

四、计算分析题

1.（1）2016年度销售净利率=净利润÷销售收入×100%=2 669÷32 168×100%=8.30%

为进行该指标的分析，需要进行比较，可以跟同行业比较也可以和本公司以前年度数据进行比较。根据相关数据，A公司的销售净利率在最近3年逐年下降，见表3-38。

表3-38　　A公司的销售净利率表

年　份	2016	2015	2014
销售净利率（%）	8.3	11.1	11.3

（2）销售毛利率=（销售收入-销售成本）÷销售收入×100%=（32 168-20 281）÷32 168×100%
=36.95%

依据上述公式进行计算，得到A公司在最近3年的销售毛利率，见表3-39。

表3-39　　A公司的销售毛利率表

年　份	2016	2015	2014
毛利率（%）	36.95	39.24	40.29

A公司销售净利率和销售毛利率都在下降。

2.2015年毛利率=（主营业务收入-主营业务成本）÷销售收入×100%=26.09%

2016年毛利率=（主营业务收入-主营业务成本）÷销售收入×100%=27.81%

2015年营业利润率=营业利润÷主营业务收入×100%=7.20%

2016年营业利润率=营业利润÷主营业务收入×100%=9.10%

2015年总资产收益率=收益总额÷平均资产总额×100%=11.62%

2016年总资产收益率=收益总额÷平均资产总额×100%=11.84%

2015年长期资本收益率=收益总额÷（平均长期资本总额+平均所有者权益总额）×100%=17.04%

2016年长期资本收益率=收益总额÷（平均长期资本总额+平均所有者权益总额）×100%=15.53%

3.基本每股收益=（净利润-优先股股利）÷（流通在外的普通股股数+增发的普通股股数+真正稀释的约当股数）
=（31 500 000-900 000÷2×2）÷（18 000 000+1 500 000×6÷12+200 000）
=30 600 000÷18 950 000
=1.61（元/股）

充分稀释的每股收益=（净利润-不可转换优先股股利）÷（流通在外的普通股股数+普通股股票同等权益）
=（31 500 000-900 000÷2×2）÷（18 000 000+1 500 000×6÷12+900 000÷2）
=30 600 000÷19 200 000
=1.59（元/股）

基本每股收益（1.61元/股）大于充分稀释的每股收益（1.59元/股）0.02元/股，该企业的每股收益大于同业水平，因此其盈利能力较强。

4.A公司销售毛利率=（550-420）÷550×100%=23.64%

A公司销售净利率=46.57÷550×100%=8.47%

销售收入是企业利润的源头，主营业务毛利是企业最终利润的基础，销售毛利率越高，最终的利润空间越大；销售净利率可以从总体上考察企业能够从其销售业务上获得的主营业务盈利；销售毛利率和销售净利率都可以进行横向和纵向的比较，以便及时发现企业存在的问题并找出改善的对策。

5.营业利润率=52÷756×100%=6.88%

销售净利率=30÷756×100%=3.97%

总资产利润率=46÷460×100%=10%

6.（1）2015年的销售毛利率高于2014年，其原因可能在于：价格上升或成本控制，但是到2016年，该指标呈现下降趋势，而经营活动利润率变动正好相反。

（2）2015年管理费用不变而销售收入下降导致了当年经营活动利润率的下降。

（3）2015年度税前息后利润率大幅下降，意味着该公司在当年可能有较大的非经营项目损失或较高的财务费用。

（4）销售净利率的变动趋势与税前息后利润率指标保持一致；在2015年大幅下降；2016年有所上升，但未达到2014年的水平。

7.（1）基本每股收益=4 500÷4 400=1.02（元/股）

（2）净利润的增加=800×4%×6÷12×（1-25%）=12（万元）

普通股股数的增加=（800÷100）×90×6÷12=360（万股）

稀释每股收益=（4 500+12）÷（4 400+360）=0.95（元/股）

（3）2016年年末的所有者权益=年初所有者权益总额+本年增加的留存收益

=20 000+（4 500-0.15×4 000）=23 900（万元）

2016年年末每股净资产=23 900÷4 400=5.43（元/股）

（4）2016年年末市盈率=每股市价÷每股收益=20÷1.02=19.61

2016年年末市净率=每股市价÷每股净资产=20÷5.43=3.68

8.（1）流动资产=1 503 600+30 000-840+60 000+210 000-12 000+450 000=2 240 760（元）

流动负债=90 000+60 000+1 000 000=1 150 000（元）

流动比率=2 240 760÷1 150 000=1.95

（2）速动资产=2 240 760-450 000=1 790 760（元）

速动比率=1 790 760÷1 150 000=1.56

（3）现金比率=（1 503 600+30 000-840）÷1 150 000=1.33

（4）流动比率的标准值是2，该企业流动比率为1.95，较为适当；速动比率的标准值为1，该企业速动比率为1.56，高于标准值，说明企业偿还短期负债的能力较好，但货币资金未得到有效利用。

9.业务发生前流动资产为20万元，流动比率为2.5，速动比率为1。

所以，流动负债=流动资产÷流动比率=20÷2.5=8（万元）

速动资产=流动负债×速动比率=8×1=8（万元）

（1）业务发生后，产生应收账款3万元，由于销售成本尚未结转，故账面存货未减少。

所以，流动比率=（20+3）÷8=2.88

速动比率=（8+3）÷8=1.38

（2）业务发生后，银行存款和应收账款同时减少0.5万元。

所以，流动比率=（23−0.5）÷（8−0.5）=3

速动比率=（11−0.5）÷（8−0.5）=1.4

（3）应收账款0.2万元作坏账处理，应收账款减少0.2万元。

所以，流动比率=（22.5−0.2）÷7.5=2.97

速动比率=（10.5−0.2）÷7.5=1.37

（4）业务发生后，材料增加1万元，银行存款减少0.4万元，应收票据增加0.6万元。

所以，流动比率=（22.3+1−0.4）÷（7.5+0.6）=2.83

速动比率=（10.3−0.4）÷（7.5+0.6）=1.22

（5）业务发生后，固定资产增加2万元，但不属于流动资产，银行存款减少2万元。

所以，流动比率=（22.9−2）÷8.1=2.58

速动比率=（9.9−2）÷8.1=0.98

10.（1）速动比率=（流动资产−存货）÷流动负债

2015年速动比率=（22 086 000−9 550 000）÷12 618 000=0.99

2016年速动比率=（20 836 000−9 542 000）÷12 920 000=0.87

（2）2015年与2016年度速动比率均小于行业速动比率，说明公司的短期偿债能力较差，风险较大。

（3）现金比率=（货币资金+短期投资净额）÷流动负债

2015年现金比率=（1 026 000+2 148 000）÷12 618 000=0.25

2016年现金比率=（988 000+2 300 000）÷12 920 000=0.25

（4）企业2015年和2016年的现金比率不高，短期付现能力不强，但这个指标并不能说明企业的短期偿债能力不强。

11.（1）平均总资产=（19 037+21 132）÷2=20 084.5（万元）

平均所有者权益=（4 389+4 038）÷2=4 213.5（万元）

权益乘数=20 084.5÷4 213.5=4.77

该指标为4.77，表明每4.77元的资产中包含1元的权益；该指标越大，说明企业对负债经营利用得越充分，但也说明企业的偿债能力越弱。

（2）2015年资产负债率=（21 132−4 038）÷21 132×100%=80.89%

2016年资产负债率=（19 037−4 389）÷19 037×100%=76.94%

2015年产权比率=负债总额÷所有者权益总额=（21 132−4 038）÷4 038=4.23

2016年产权比率=负债总额÷所有者权益总额=（19 037−4 389）÷4 389=3.34

以上两个指标表明该公司债务占资产的比重有所下降，偿债能力有所提高。

12.负债总额=848 402−（92 400+406 044）=349 958（元）

资产负债率=349 958÷ 848 402×100%=41.25%

产权比率=349 958÷498 444×100%=70.21%

权益乘数=848 402÷498 444=1.70（或：权益乘数=1+产权比率=1.70）

以上3个指标都反映了企业债务的整体保障程度，也就是企业利用财务杠杆和承担财务风险的程度。其中，产权比率和权益乘数是对资产负债率指标的变形。在运用这3个指标进行分析时，应注意它们都是静态指标，都没有考虑负债的偿还期限和资产的结构，因此仅仅根据这几个指标的计算结果可能无法准确反映企业真实的偿债能力。

13.相关指标计算结果见表3-40。

表3-40　　A、B企业指标表

项　目	A企业	B企业
资产负债率	13 620÷（13 620+11 123）×100%=55.05%	14 492÷（14 492+53 629）×100%=21.27%
产权比率	13 620÷11 123=1.22	14 492÷53 629=0.27
长期负债占债务总额的比率	1 000÷13 620×100%=7.34%	1 507÷14 429×100%=10.4%
总资产净利率	5 196÷（13 620+11 123）×100%=21%	11 143÷（14 429+53 629）×100%=16.36%

分析：比较而言，A企业负债比率较高，但长期负债占债务总额的比率较小，表明该企业对流动负债的依赖性较大，追求的是资金成本的节约，因而盈利能力较强。B企业负债比率较低，股东对债权人的保护较强，尽管其效益还算理想，还有潜力可挖，如果适当提高负债比率，充分发挥财务杠杆的正效用，其资产净利率将可能会有较大幅度的提高。

14.（1）2015年应收账款周转率=3 160×95%÷2 000=1.5（次）

2015年应收账款周转天数=360÷1.5=240（天）

2016年应收账款周转率=5 000×90%÷2 500=1.8（次）

2016年应收账款周转天数=360÷1.8=200（天）

（2）2015年存货周转率=1 800÷200=9（次）

2015年存货周转天数=360÷9=40（天）

2016年存货周转率=3 300÷220=15（次）

2016年存货周转天数=360÷15=24（天）

（3）从计算结果可以看出，2016年无论是应收账款还是存货其周转速度都在加快，说明该公司流动资产的利用效率在提高。

15.2015年资产周转率=10 000÷2 000=5（次）

2016年资产周转率=9 600÷2 400=4（次）

2015年销售净利率=360÷10 000×100%=3.6%

2016年销售净利率=384÷9 600×100%=4%

2015年资产净利率=5×3.6%=18%

2016年资产净利率=4×4%=16%

分析：

（1）2016年资产净利率下降2%，主要因素有：

资产周转率减少1次对资产净利率的影响=（4-5）×3.6%=-3.6%

销售净利率增加0.4%对资产净利率的影响=4×（4%-3.6%）=1.6%

（2）资产周转率减少1次的主要因素有：

销售收入减少400万元对资产周转率的影响=（9 600-10 000）÷2 000=-0.2（次）

资产平均占用额增加400万元对资产周转率的影响=9 600÷2 400-9 600÷2 000=-0.8（次）

（3）销售净利率增加0.4%的主要因素有：

净利润增加24万元对销售净利率的影响=（384-360）÷10 000×100%=0.24%

销售收入减少400万元对销售净利率的影响=（384÷9 600–384÷10 000）×100%=0.16%

根据上述的计算分析可知，尽管企业在销售收入减少、净利润增加的情况下，资产净利率还是下降，主要原因还是资产周转率下降，如果企业能够提高资产利用程度，最起码和2015年保持平衡，那么企业的经济效益将有明显的改观。

16.流动资产周转速度指标的计算如下：

（1）流动资产周转率=31 420÷［（13 250+13 846）÷2］=2.32（次）

流动资产周转期=（13 250+13 846）÷2×360÷31 420=155.23（天）

（2）存货周转率=21 994÷［（6 312+6 148）÷2］=3.53（次）

存货周转期=（6 312+6 148）÷2×360÷21 994=101.97（天）

（3）应收账款周转率=31 420÷［（3 548+3 216）÷2］=9.29（次）

应收账款周转期=（3 548+3 216）÷2×360÷31 420=38.75（天）

17.存货周转率=销售成本÷平均存货

销售成本=50×（1–20%）=40（万元）

16=40÷（X+4）÷2

X=1（万元）

18.销售收入=（30÷20）×100=150（万元）

赊销收入=150×70%=105（万元）

应收账款周转次数=105÷［（30+40）÷2］=3（次）

应收账款周转天数=360÷3=120（天）

19.（1）分2015年和2016年进行计算：

①2015年：

总资产周转率=主营业务收入÷总资产平均余额

=［9 600÷（1+20%）］÷［（8 500+8 760）÷2］=8 000÷8 630=0.93

应收账款周转率=主营业务收入÷应收账款平均余额

=8 000÷［（1 024+1 056）÷2］=7.69（次）

存货周转率=主营业务成本÷应收账款平均余额

=［7 700÷（1+18%）］÷［（1 024+1 056）÷2］=6.27（次）

流动资产周转率=主营业务收入÷流动资产平均余额

=8 000÷［（2 500+2 680）÷2］=3.09（次）

固定资产周转率=主营业务收入÷固定资产平均余额

=8 000÷［（3 500+3 760）÷2］=2.20（次）

②2016年：

总资产周转率=主营业务收入÷总资产平均余额

=9 600÷［（8 760+8 720）÷2］=9 600÷8 740=1.098

应收账款周转率=主营业务收入÷应收账款平均余额

=9 600÷［（1 056+1 040）÷2］=9.16（次）

存货周转率=主营业务成本÷应收账款平均余额

=7 700÷［（1 056+1 040）÷2］=7.35（次）

流动资产周转率=主营业务收入÷流动资产平均余额

=9 600÷［（2 680+2 860）÷2］=3.47（次）

固定资产周转率=主营业务收入÷固定资产平均余额

=9 600÷［（3 760+3 600）÷2］=2.60（次）

（2）对资产运用效率进行评价：2016年的总资产周转率较2015年有所上升，原因是总资产平均余额的上升低于销售收入的上升，而资产结构的改变即流动资产比重的上升导致2016年流动资产有所下降，固定资产周转率有所上升。

20.（1）上年总资产周转率=29 312÷36 592=0.801（次）

本年总资产周转率=31 420÷36 876=0.852（次）

（2）上年流动资产周转率=29 312÷13 250=2.212（次）

本年流动资产周转率=31 420÷13 846=2.269（次）

（3）上年流动资产的结构比率=13 250÷36 592×100%=36.21%

本年流动资产的结构比率=13 846÷36 876×100%=37.55%

（4）分析对象=0.852−0.801=0.051

流动资产周转加速的影响=（2.269−2.212）×36.21%=0.0206

流动资产结构变化的影响=2.269×（37.55%−36.21%）=0.0304

两因素的影响合计数=0.0206+0.0304=0.051

21.（1）存货周转次数=315 000÷平均存货=4.5（次）

期初存货=期末存货=315 000÷4.5=70 000（元）

（2）应收账款净额=432 000−294 000−70 000−25 000=43 000（元）

（3）流动比率=流动资产÷流动负债=（432 000−294 000）÷流动负债=1.5

流动负债=138 000÷1.5=92 000（元）

应付账款=92 000−25 000=67 000（元）

（4）资产负债率=50%

负债总额=216 000元

非流动负债即长期负债=216 000−92 000=124 000（元）

（5）未分配利润=216 000−300 000=−84 000（元）

22.（1）2015年：

净资产收益率=销售净利率×资产周转率×权益乘数

=（30÷280）×（280÷128）×［1÷（1−55÷128）］

=0.11×2.19×1.75

=0.24×1.75

=0.42

（2）2016年：

净资产收益率=销售净利率×资产周转率×权益乘数

=（41÷350）×（350÷198）×［1÷（1−88÷198）］

=0.12×1.77×1.79

=0.21×1.77

=0.37

分析：2016年的净资产收益率比2015年有所下降，主要原因是资产周转率的显著降低，从相关资料中可以分析出：2016年总资产明显增大，导致资产周转率降低。本年负债比例有所上升，因而权益乘数上升。综合以上分析可以看出，本年净资产收益率降低了。

23. 计划的股东权益报酬率=7.5% × 0.133 × 1÷（1-50%）×100%=2.00%

实际的股东权益报酬率=9.3% × 0.115 × 1 ÷（1-53.33%）×100%=2.29%

分析：销售净利率影响=（9.3%-7.5%）× 0.133 ×1 ÷（1-50%）×100%=0.48%

总资产周转率影响=9.3% ×（0.115-0.133）× 1 ÷（1-50%）×100%=-0.33%

资产负债率影响=9.3% × 0.115 × [1÷（1-53.33%）-1 ÷（1-50%）] ×100%=0.15%

合计=0.48% +（-0.33%）+ 0.15%=0.30%

由上述计算可见，销售净利率提高引起股东权益报酬率提高0.48个百分点，资产负债率提高引起股东权益报酬率提高0.15个百分点，总资产周转率降低引起股东权益报酬率下降0.33个百分点。所以，该公司股东权益报酬率实际比计划提高0.30个百分点，主要是由其资产负债率和销售净利率提高引起的。

24.（1）销售净利率=75÷1 500×100%=5%

（2）总资产周转率=1 500÷300=5（次）

（3）权益乘数=500÷（250+60）=1.6

（4）资本金利润率=75÷250×100%=30%

25. 普通股每股收益=30÷20=1.5（元/股）

销售收入=630÷（1-30%）=900（万元）

销售净利率=1.5×50÷900×100%=8.33%

营业利润率=（1.5×50+36-27+16）÷900×100%=11.11%

总资产周转率=900÷（1 100+1 300）÷2=0.75（次）

26.（1）从表3-20可知，流动比率由2014年的1.6增加为2016年的2.1；速动比率却由1.0下降为0.8。这表明流动比率和速动比率呈相反的变化趋势。

原因：某些计入流动资产但不计入速动资产的项目（比如存货），其金额增加且占流动资产比重也增加。

（2）存货周期天数由2014年的30天上升到2016年的55天，分析结论：相对于销售收入来说，该公司持有的存货大大增加。

（3）应收账款周期天数的下降意味着公司收账速度加快，如果收到的款项以现金状态存在，这不会影响流动比率和速动比率；如果收到的现金用于购买存货，这会影响速动比率但不会影响流动比率。因而，该公司可能存在一定的存货积压问题。

五、综合题

1.（1）相关结果计算如下：

①净资产收益率=500÷[（3 500+4 000）÷2] ×100%=13.33%

②总资产净利率=500÷[（8 000+10 000）÷2] ×100%=5.556%

③销售净利率=500÷20 000×100%=2.5%

④总资产周转率=20 000÷[（8 000+10 000）÷2] ×100%=2.222（次）

⑤权益乘数=（8 000+10 000）÷2÷（3 500+4 000）÷2=2.4

（2）净资产年收益率=销售净利率×总资产周转率×权益乘数

=2.5% × 2.222 × 2.4=13.33%

2.（1）相关计算如下：

2015年总资产利润率=（117 000+0）÷492 000×100%=23.78%

2016年总资产利润率=（79 500+4 000）÷541 500×100%=15.42%

2015年速动比率=（16 000+51 000）÷114 000×100%=58.77%

2016年速动比率=（2 000+78 000）÷119 000×100%=67.23%

2015年营业利润率=（117 000+0）÷590 000×100%=19.83%

2016年营业利润率=（79 500+4 000）÷600 000×100%=13.92%

2015年应收账款周转率=590 000÷51 000=11.6（次）

2016年应收账款周转率=600 000÷78 000=7.7（次）

2015年毛利率=250 000÷590 000×100%=42.4%

2016年毛利率=225 000÷600 000×100%=37.5%

2015年存货周转率=340 000÷74 000=4.6（次）

2016年存货周转率=375 000÷118 000=3.2（次）

2015年流动比率=141 000÷114 000=1.2

2016年流动比率=198 000÷119 000=1.6

2015年资产负债率=114 000÷492 000×100%=23.17%

2016年资产负债率=（119 000+25 000）÷541 500×100%=26.59%

（2）相关分析如下：

首先，该公司总资产利润率、营业利润率、毛利率都明显下降，说明该公司盈利能力在减弱。

其次，该公司流动比率、速动比率有所上升，说明短期偿债能力有一定增强，但是随着资产负债率的上升该公司的长期偿债风险加大，该公司两个周转率指标都在下降，说明资产运营能力下降，使得流动资产沉淀较多，同时也引起了流动性比率的升高。

该公司应进一步开拓市场，加快销售步伐，从而使各方面指标有所好转。

3.（1）补充后的表格见表3-41。

表3-41 **某公司2015年和2016年年末有关数据表** 单位：元

项　目	2015年	2016年	差　额	百分比（%）
流动资产				
速动资产	30 000	28 000	−2 000	−6.67
存货	50 000	62 000	12 000	24.00
流动资产合计	80 000	90 000	10 000	12.50
固定资产净额	140 000	160 000	20 000	14.29
资产总计	220 000	250 000	30 000	13.64
负债				
流动负债	40 000	46 000	6 000	15.00
非流动负债	20 000	25 000	5 000	25.00
所有者权益				
实收资本	130 000	130 000	0	0
盈余公积	18 000	27 000	9 000	50.00
未分配利润	12 000	22 000	10 000	83.33
所有者权益合计	160 000	179 000	19 000	11.88
负债和所有者权益总计	220 000	250 000	30 000	13.64

（2）从总资产变动的角度来看：总资产有较快的增长。总资产增长的主要原因是固定资产增长较快，流动资产中存货有较大的增长，可能是新设备投产引起的，但速动资产下降，说明购买固定资产和存货等使企业现金和有价证券大量减少。

（3）从负债变动的角度来看：长期负债增加，是企业筹措资金的来源之一。流动负债增长，速动资产下降，会使企业短期偿债能力下降。

（4）从所有者权益变动的角度来看：实收资本不变，企业扩充生产能力，投资人没有追加投资，资金主要来源于负债和留存收益的增长；盈余公积金和未分配利润大幅度增长，说明留存收益是企业权益资金的主要来源。

（5）总之，该企业2016年与2015年相比规模有了较大的扩充。筹措资金的主要来源是内部积累，辅之以长期贷款，情况比较好，但是企业短期偿债能力下降，应加速存货周转率，适当增加现金持有量，以便及时偿还短期借款。

4.（1）流动资产=450+300+153+147+720+12+18=1 800（万元）

速动资产=流动资产-预付账款-其他流动资产-存货

=1 800-18-12-720=1 050（万元）

流动负债=450+300=750（万元）

资产总额=流动资产+固定资产净值+无形资产

=1 800+1 929+21=3 750（万元）

负债总额=短期借款+应付账款+长期借款

=450+300+900=1 650（万元）

流动比率=流动资产÷流动负债=1 800÷750=2.4

速动比率=速动资产÷流动负债=1 050÷750=1.4

存货周转率=销售收入÷平均存货

=4 050÷［（720+720）÷2］

=4 050÷720=5.625（次）

应收账款周转次数=销售收入÷平均应收账款

=4 050÷［（147+123）÷2］=30（次）

应收账款周转天数=$\dfrac{360}{\text{应收账款周转率}}$=360÷30=12（天）

资产负债率=负债总额÷资产总额×100%

=1 650÷3 750×100%=44%

总资产净利率=净利润÷平均资产总额×100%

=81÷［（3 750+3 250）÷2］×100%=2.31%

净资产收益率=净利润÷平均净资产总额×100%

=81÷［（1 537.5+1 162.5）÷2］×100%=6%

（2）从表3-26可知，企业的流动比率和速动比率均大于同行业平均水平，表明企业的短期偿债能力较强，资产流动性较好。

从存货周转率和应收账款周转天数来看，企业指标低于同行业平均水平，表明企业对存货和应收账款的管理存在一定问题，有可能是存货积压或坏账较多，应进一步找出原因，采取措施加以改进。

企业的资产负债率高于同行业平均水平，表明企业的财务负担较重，财务风险较大，会影响到企业未来的筹资。企业的总资产净利率和净资产收益率均显著低于同行业平均水平，表明企业的盈利能力很低。这是由于企业资产周转速度慢、资产负债率高所致。此外，企业还可能存在销售收入低、经营成本高、利息负担重等问题。

5.（1）2016年年末流动比率=450÷218=2.06

速动比率=（450−170）÷218=1.28

现金比率=130÷218×100%=59.63%

（2）产权比率=590÷720=0.82

资产负债率=590÷1 310×100%=45.04%

权益乘数=1÷（1−45.04%）=1.82

（3）2016年应收账款周转率=1 500÷［（135+150）÷2］=10.53（次）

流动资产周转率=1 500÷［（425+450）÷2］=3.43（次）

总资产周转率=1 500÷［（1 225+1 310）÷2］=1.18（次）

（4）净资产收益率=1 500×20%÷［（715+720）÷2］×100%=41.81%

总资产增长率=（1 310−1 225）÷1 225×100%=6.94%

6.（1）利用杜邦分析体系全面分析该企业运用资产盈利能力的变化及其原因如下：

①该企业总资产净利率从13%下降到6.9%，说明其资产的获利能力在下降，原因是总资产周转率和销售净利率都在下降。

②总资产周转率从2.6次下降到2.3次，是由于平均收现期延长和存货周转率下降的原因。

③销售净利率从5%下降到3%，具体原因计算分析如下：

2015年的销售毛利=3 900×17%=663（万元）

销售净利润=3 900×5%=195（万元）

2016年的销售毛利=3 500×15%=525（万元）

销售净利润=3 500×3%=105（万元）

由于“销售净利率=净利润÷销售额”，2016年的销售额从3 900万元下降到3 500万元，所以，销售净利率下降的直接原因是净利润的下降，而净利润下降的间接原因是销售毛利率的下降。

（2）总资产净利率=销售净利率×总资产周转率

总资产净利率的变动数=6.9%−13%=−6.1%

销售净利率降低对总资产净利率的影响=（3%−5%）×2.6=−5.2%

总资产周转率降低对总资产净利率的影响=3%×（2.3−2.6）=−0.9%

总影响=−5.2%−0.9%=−6.1%

（3）该企业应该扩大销售、减少存货，提高存货的周转率；扩大销售、减少应收账款，提高应收账款周转率，缩短平均收现期；降低进货成本，提高销售毛利率。

7.（1）填列好的财务比率计算表见表3−42。

（2）该公司的流动比率和速动比率分别为2和1.43，且都比行业值略好，说明其短期偿债能力较强。

该公司的资产负债率为41.18%，利息保障倍数为2.8，从长期看，该公司具有正常的债务偿付能力。虽然如此，但是与行业相比，资产负债率大于行业值且利息保障倍数小于行业值，说明该公司的长期偿债能力在行业中相对较弱。其原因不是负债过大，而是盈利能力较低，其销售净利率、资产净利率与权益净利率分别为3.15%、4.45%、7.56%，都低于行业值。

表3-42 **财务比率计算表**

比率名称	A公司	行业平均
流动比率	2	1.98
速动比率	1.43	1.33
资产负债率	41.18%	40%
利息保障倍数	2.8	3.8
存货周转率	10.53次	10次
平均收现期	63天	35天
应付账款周转率	10次	8次
现金周期	61.19天	26天

（3）相关计算如下：

总资产周转天数=360÷总资产周转率=总资产平均余额×360÷销售收入=255（天）

或：总资产周转天数=360÷总资产周转率

=总资产平均余额×360÷销售收入

=流动资产平均余额×360÷销售收入+固定资产平均余额×360÷销售收入

=流动资产周转天数+固定资产周转天数

=105+150

=255（天）

根据上述因素驱动公式，我们可知总资产周转天数受到流动资产周转天数和固定资产周转天数的影响，任何会导致流动资产周转天数和固定资产周转天数发生变动的因素，都会使得总资产周转天数发生变动。

8.（1）相关计算结果如下：

流动比率=1 310 000÷660 000=1.98

应收账款平均收账期=360×672 000÷3 215 000=72.25（天）

存货周转率=3 215 000÷483 000=6.66（次）

总资产周转率=3 215 000÷1 895 000=1.70（次）

销售净利率=54 600÷3 215 000×100%=1.70%

总资产收益率=54 600÷1 895 000×100%=2.88%

净资产收益率=54 600÷722 000×100%=7.56%

资产负债率=（660 000+513 000）÷1 895 000×100%=61.90%

（2）杜邦分析模型为：

净资产收益率=销售净利率×总资产周转率×权益乘数

行业净资产收益率=1.2%×2.9×2.5=8.7%

其中，权益乘数=1÷（1−60%）=2.5

M公司净资产收益率=1.7%×1.7×2.62=7.57%

其中，权益乘数=1 895 000÷722 000=2.62

（3）M公司的流动性状况及财务杠杆水平与行业平均一致，说明公司有一定的偿债能力。公司的应收账款平均收账期是行业平均水平的两倍多，总资产周转率低于行业平均水平，说明公司营运能力有待提高。公司的获利能力比率也低于行业平均水平，说明在特定的销售收入、权益和资产条件下需提高净利润水平。

（4）相关计算结果如下：

销售净利率=54 600×（1+10%）÷［3 215 000×（1+10%）］×100%=1.7%

总资产周转率=3 215 000×（1+10%）÷［1 895 000×（1+10%）］=1.70（次）

由于股利支付率不变，且不增发新股，所以净利润增长与股东权益增长同步。权益乘数=1 895 000×（1+10%）÷［722 000×（1+10%）］=2.62。

则，净资产收益率=1.7%×1.70×2.62=7.57%，保持不变。

☆ 案例分析题要点与提示

案例一

杜邦分析法，又称杜邦财务分析体系，简称杜邦体系，它是利用各主要财务比率指标间的内在联系，对企业财务状况及经济利益进行综合系统分析评价的方法。该体系以净资产收益率为龙头，以资产净利率和权益乘数为核心，重点揭示企业盈利能力，资产投资收益能力及权益乘数对净资产收益率的影响，以及各相关指标间的相互作用关系。

杜邦分析法中涉及的几种主要财务指标关系为：

净资产收益率=总资产净利率×权益乘数

总资产净利率=销售净利率×总资产周转率

净资产收益率=销售净利率×总资产周转率×权益乘数

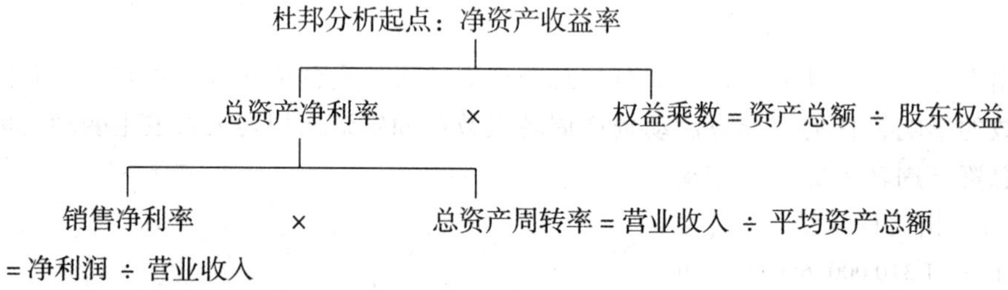

滨江集团杜邦分析指标计算结果见表3-43。

数据分析结果：

（1）盈利能力分析。净资产收益率是一个综合性很强的与公司财务管理目标相关性最大的指标，而净资产收益率由公司的销售净利率、总资产周转率和权益乘数所决定。从上面的数据可以看出，滨江集团的净资产收益率较高，从纵向比较的角度而言，2013年至2015年净资产收益率有下降，说明企业的盈利能力有所下降。从横向比较的角度而言，滨江集团近三年的净资产收益率均大大超过同行业的平均净资产收益率，这说明滨江集团在房地产行业中拥有较强的盈利能力。销售净利率反映了企业利润总额与销售收入的关系，从这个意义上看，提高销售净利率是提高企业盈利能力的关键所在。通过纵向比较，滨江集团的销售净利率在2014年有所下降，说明了该企业的盈利能力的提升受到局限，但是这种情况在2015年有所改善。同时，相对于净资产收益率的显著优势来说，滨江集团的销售净利率在2013年显著低于同行业的平均水平，2014年及2015年有所改善，但是仍未达到行业优秀值，故而滨江集团应在降低成本、促进销售等方面加强关注以扩大利润空间、提高盈利能力。

表3-43　　　　杜邦分析指标计算表

项　目	2013年	2014年	2015年
盈利能力			
净资产收益率（%）	19.37	10.41	11.44
营业利润率（%）	19.21	9.88	16.38
销售净利率（%）	14.03	6.85	11.92
销售毛利率（%）	30.45	22.50	32.27
总资产利润率（%）	3.68	2.11	3.56
营运能力			
总资产周转率（次）	0.27	0.30	0.31
应收账款周转率（次）	380.46	188.74	166.95
存货周转率（次）	0.23	0.29	0.27
固定资产周转率（次）	24.92	31.16	38.43
偿债能力			
流动比率	1.45	1.48	1.55
速动比率	0.29	0.13	0.33
资产负债率（%）	78.55	75.92	74.11
权益乘数	4.66	4.15	3.86

（2）偿债能力分析。权益乘数主要受资产负债率影响。负债比率越大，权益乘数越高，说明企业有较高的负债程度，给企业带来较多的杠杆利益，同时也给企业带来了较大的风险。该企业权益乘数较大，说明负债程度较高，企业风险较大。但在上述财务报告期间权益乘数有所下降，纵向比较而言，这说明滨江集团在此期间降低了负债程度，减少了企业风险。

从横向比较的角度看，滨江集团近三年的资产负债率为均大于同行业平均水平，其企业风险相对较大，而速动比率均远低于同行业平均水平，说明其资产变现能力较弱，财务风险很大。2015年速动比例虽有所上升，但仍处于财务风险非常大的危险区域，因此滨江集团应适当增加速动资产或者降低负债程度以降低财务风险。

（3）营运能力分析。纵向比较滨江集团2014年至2015年的总资产、存货以及固定资产的周转速度都在加快，说明企业在存货、固定资产方面的管理较好，而应收账款周转速度在上述两年间下降较快，企业应注意是何原因造成的，应加强对应收账款的管理。从横向比较来看，存货周转率虽有所上升，但相较于同行业的平均水平而言还是偏低，因此企业还需加强对于销售方面的管理。

案例二

（1）各年指标计算结果如下：

①2013年：

流动比率=54 312 182 000÷44 224 103 000=1.23

速动比率=（54 312 182 000－18 258 355 000）÷44 224 103 000=0.82

现金比率=24 806 284 000÷44 224 103 000=0.56

②2014 年：

流动比率=50 647 414 000÷42 116 912 000=1.20

速动比率=（50 647 414 000－16 038 522 000）÷42 116 912 000=0.82

现金比率=22 274 468 000÷42 116 912 000=0.53

③2015 年：

流动比率=56 751 867 000÷45 734 659 000=1.24

速动比率=（56 751 867 000－14 004 797 000）÷45 734 659 000=0.93

现金比率=27 115 557 000÷45 734 659 000=0.59

（2）、（3）略。

（4）各年指标计算结果如下：

①2013 年：

资产负债率=54 358 483 000÷83 043 655 000=0.65

权益乘数=83 043 655 000÷28 685 172 000=2.90

产权比率=54 358 483 000÷28 685 172 000=1.90

长期资本负债率=10 134 380 000÷（10 134 380 000+28 685 172 000）=0.26

利息保障倍数=（144 386 000－149 087 000）÷ 149 087 000

=－0.032（利息保障倍数为负说明偿债能力好）

②2014 年：

资产负债率=52 656 927 000÷82 193 729 000=0.64

权益乘数=82 193 729 000÷29 536 802 000=2.78

产权比率=52 656 927 000÷29 536 802 000=1.78

长期资本负债率=10 540 015 000÷（10 540 015 000+29 536 802 000）=0.26

利息保障倍数=（972 613 000+66 770 000）÷（－66 770 000）=－15.57

③2015 年：

资产负债率=56 150 606 000÷88 075 672 000=0.64

权益乘数=88 075 672 000÷31 925 066 000=2.76

产权比率=56 150 606 000÷31 925 066 000=1.76

长期资本负债率=10 415 947 000÷（10 415 947 000+31 925 066 000）=0.25

利息保障倍数=（888 957 000+104 282 000）÷（－104 282 000）

=－9.52

（5）、（6）略。

（7）各年指标计算结果如下：

①2014 年：

应收账款周转率=108 925 296 000÷［（535 579 000+671 075 000）÷2］=180.54

存货周转率=92 284 572 000÷［（16 038 522 000+18 258 400 000）÷2］=5.38

总资产周转率=108 925 296 000÷［（82 193 729 000+82 251 700 000）÷2］=1.32

②2015 年：

应收账款周转率=135 547 633 000 ÷［（705 617 000+ 535 579 000）÷2］=218.41

存货周转率=115 981 182 000÷［（14 004 797 000+16 038 522 000）÷2］=7.72

总资产周转率=135 547 633 000 ÷［（88 075 672 000+ 82 193 729 000）÷2］=1.59

（8）各年指标计算结果如下：

①2014年：

营业利润率=-1 458 933 000÷108 925 296 000=-0.01

总资产净利率=824 038 000÷［（82 193 729 000+82 251 700 000）÷2］=0.01

②2015年：

营业利润率=-610 021 000÷135 547 633 000=-0.0045

总资产净利率=757 732 000÷［（88 075 672 000+82 193 729 000）÷2］=0.0089

（9）略。

第四章 筹资方式

第一部分 练习题

一、单项选择题

1.下列筹资方式形成债务资本的是（　　）。

A.吸收直接投资　　B.发行股票　　C.利用留存收益　　D.融资租赁

2.关于表内筹资与表外筹资，表述正确的是（　　）。

A.应收票据贴现属于表内筹资

B.分类标准是按所筹资本是否形成资产负债表项目

C.经营租赁属于表内筹资

D.融资租赁属于表外筹资

3.下列各项符合筹资原则的是（　　）。

A.为了保障资本及时到位，企业越早筹集到所需资金越好

B.为了减少企业的财务风险，企业应尽可能少利用负债资金

C.为了减少企业的财务风险，企业筹集资金越多越好

D.应综合考虑各种筹资方式的资本成本和筹资风险

4.关于长期资本与短期资本，表述错误的是（　　）。

A.各种权益资本属于长期资本来源

B.短期资本是一种高成本、低风险的资本来源

C.利用商业信用形成的是短期资本

D.长期资本是一种高成本、低风险的资本来源

5.关于直接筹资与间接筹资，表述正确的是（　　）。

A.发行股票属于间接筹资

B.融资租赁筹资方式属于直接筹资

C.间接筹资的筹资效率较低，筹资费用较高

D.间接筹资是目前我国中小企业最常用的筹资方式

6.下列筹资方式能使企业权益资本增加的是（　　）。

A.认股权证行权　　B.发行公司债券

C.利用商业信用　　D.留存收益转增资本

7.与长期借款筹资相比较，普通股筹资的优点是（　　）。

A.筹资速度快　　B.筹资风险小　　C.筹资成本低　　D.筹资弹性大

8.公司发行优先股筹资可以克服普通股筹资的不足是（　　）。

A.资本成本高　　B.容易分散公司控制权

C.财务风险高　　D.需到期还本付息

9.相对于股票、留存收益筹资，吸收直接投资筹资最大的好处是（　　）。

A.能尽快形成生产能力　　　B.有利于降低财务风险

C.有利于增强企业信誉　　　D.能扩大公司知名度

10.某股票现行市场价格为50元/股，认股权证规定认购价为40元/股，每张权证可认购2股普通股，则每张认股权证的理论价值为（　　）元。

A.5　　B.10　　C.15　　D.20

11.关于认股权证，表述不正确的是（　　）。

A.对发行公司而言，发行认购证是一种筹资方式

B.认股权证所附的证券可以是普通股，也可以是公司债券

C.认股权证持有人必须是公司股东

D.认股权证可以同债券分离，也可以同债券联结在一起

12.对于补偿性余额，说法正确的是（　　）。

A.补偿性余额的比例一般在20%左右

B.银行要求补偿性余额的目的是增加贷款收益

C.存在补偿性余额条件下的名义利率高于实际利率

D.存在补偿性余额条件下的实际利率高于名义利率

13.下列属于短期借款缺点的是（　　）。

A.筹资成本高　　B.筹资速度慢　　C.财务风险较大　　D.借款弹性差

14.下列属于长期借款的例行性限制条款的是（　　）。

A.不准在正常情况下出售较多的资产　　　B.企业需持有一定金额的流动资产

C.限制资本支出规模　　　D.限制支付现金股利

15.关于担保借款，表述正确的是（　　）。

A.担保借款是以借款人的信用取得的借款

B.将应收账款、存货等作担保属于保证担保方式

C.机器设备、交通运输工具可作为贷款抵押物

D.保证人只能是借款公司的关联企业

16.关于债券的发行价格，表述正确的是（　　）。

A.当票面利率低于市场利率时，债券的发行价格一般低于其面值

B.当票面利率高于市场利率时，债券的发行价格一般低于其面值

C.当票面利率与市场利率一致时，债券的发行价格一般低于其面值

D.当票面利率低于市场利率时，债券的发行价格一般高于其面值

17.下列属于债券筹资缺点的是（　　）。

A.资本成本较高　　　B.筹资额受到一定的限制

C.不能发挥财务杠杆作用　　　D.需要完全公开公司财务信息

18.关于可转换债券的基本要素，表述正确的是（　　）。

A.可转换债券的转换股票是本公司持有其他上市公司的股票

B.转换比率=债券面值÷发行价格

C.可转换债券的转换期必须短于债券的期限

D.回售条款有利于保障债券持有人的权益

19.下列属于可转换债券筹资优点的是（　　）。

A.发行可转换债券有利于提高债券发行价格，降低债券利率

B.发行可转换债券不存在任何财务风险

C.发行可转换债券有利于马上提升公司股价

D.发行可转换债券可以从根本上解决委托代理问题

20.关于商业信用筹资，表述正确的是（　　）。

A.企业任何时候都应该考虑资金时间价值，到信用期最后一天付款

B.企业放弃现金折扣不存在任何成本

C.利用商业信用相对其他筹资方式限制条件少，筹资便利

D.放弃现金折扣的成本与信用期限的长短呈同方向变化

21.关于融资租赁，表述正确的是（　　）。

A.融资租赁不需要一次性大量支出现金，承租人筹资成本较小

B.由于融资租赁不能中途解约，所以承租人设备淘汰风险很大

C.由于存在固定租金，所以承租企业财务压力较大

D.融资租赁的租金包括设备价款与租赁手续费两部分

22.长期借款与长期债券相比，其特点是（　　）。

A.利息能节税　　B.筹资弹性大　　C.筹资费用多　　D.债务利息高

23.关于短期融资券，表述正确的是（　　）。

A.发行短期融资券的上市公司可以豁免信用评级

B.短期融资券的最长期限是365天

C.短期融资券的利率由发行企业确定

D.社会公众可以是短期融资券的购买者

24.下列项目不属于股票无偿增发行为的是（　　）。

A.配股　　B.资本公积转增股本

C.发放股票股利　　D.股票分割

25.上市公司向特定对象增发股票的行为，称为（　　）。

A.股票公开增发　　B.股票非公开增发

C.股票公开间接发行　　D.股票公募发行

二、多项选择题

1.下列各项属于权益资本属性的有（　　）。

A.其所有权属于企业所有者

B.是企业依法取得并依约运用、按期偿还的资本

C.财务风险较低

D.被视为“永久性资本”

2.下列各项属于直接筹资方式的有（　　）。

A.吸收直接投资　　B.发行股票　　C.银行借款　　D.发行债券

3.企业筹资必须遵循的原则有（　　）。

A.合理性原则　　B.及时性原则　　C.效益性原则　　D.适度性原则

4.关于销售百分比法，表述正确的有（　　）。

A.销售百分比法是在预测期销售收入一定的条件下对外部筹资需求量的预测

B.销售百分比法通常认为应付债券、实收资本项目随销售额的增加而自动增加

C.销售百分比法假设企业部分资产项目、负债项目与销售收入之间存在稳定的百分比关系

D.销售百分比法通常认为应付账款、应付费用会随销售额的增加而减少

5.企业销售增长时需要补充资金，假设每元销售所需资金不变，说法正确的有（　　）。

A.在销售净利率大于0的情况下，股利支付率越高，外部筹资需求越大

B.在股利支付率小于1的情况下，销售净利率越高，外部筹资需求越小

C.资产与销售收入的比率越高，在其他因素不变的情况下，外部筹资需求越小

D.如果外部筹资销售增长比为负数，说明企业有剩余资金，可以增加股利支出

6.关于债务资本，表述正确的有（　　）。

A.是一种高成本、低风险的资本来源

B.是企业依法取得并依约运用、按期偿还的资本

C.体现了企业和债权人之间的债权债务关系

D.是企业财务风险的主要根源

7.负债经营被认为是一种精明的举动，因为负债具有的优点包括（　　）。

A.负债可以取得节税利益

B.负债在一定条件下可以使企业获得财务杠杆利益

C.负债在任何条件下均可以使企业获得财务杠杆利益

D.负债可以增强企业经营的灵活性

8.股票上市的优点在于（　　）。

A.便于筹措新的资金　　B.提高股权的流动性和变现能力

C.有助于确定公司的价值　　D.有利于提高公司决策效率

9.普通股筹资的特点有（　　）。

A.没有固定的利息负担　　B.筹资数量有限

C.资本成本较高　　D.能增强公司信誉

10.股票内在价值是股票发行价格的定价基础，股票内在价值通常可以（　　）计算。

A.市盈率法　　B.每股净资产　　C.未来净利润　　D.未来股利的现值

11.以公开间接发行方式发行股票的特点有（　　）。

A.发行范围广，易募足资本　　B.股票变现性强，流通性好

C.有利于提高公司知名度　　D.发行成本低

12.关于股票发行，表述正确的有（　　）。

A.由证券经营机构承销股票的做法，属于股票的公开直接发行

B.不公开直接发行方式的弹性较大，发行成本较低，但发行范围小，股票变现性差

C.投资银行承担股票推介、承销股票的业务

D.投资银行作为上市公司的保荐人履行相应的责任和义务

13.关于股票上市与终止交易，说法正确的有（ ）。

A.上市公司股本总额为4.2亿元，公开发行的股份为0.5亿元，不符合股票上市条件

B.上市公司的财务会计报告作虚假记载且拒绝纠正，其股票会被终止上市交易

C.上市公司有重大违法行为，其股票会被暂停上市交易

D.上市公司近3年连续亏损，其股票会被终止上市交易

14.优先股筹资的优点有（ ）。

A.不用偿还本金　　B.股利支付既固定，又有一定弹性

C.降低资本成本　　D.有利于增强公司信誉，提高举债能力

15.在境内A股市场，股票上市的方式有（ ）。

A.IPO　　B.买壳上市　　C.借壳上市　　D.造壳上市

16.股票在境外上市的方式有（ ）。

A.买壳上市　　B.造壳上市　　C.利用存股证上市　　D.境外直接上市

17.关于认股权证，表述正确的有（ ）。

A.认股权证筹资有利于降低筹资成本

B.认股权证的持有人拥有公司股权

C.用认股权证购买普通股票，其价格一般低于现行市价

D.认股权证的行权会增加公司资本总量，增强公司实力

18.长期借款的一般性限制条款包括（ ）。

A.限制借款企业借入其他长期债务　　B.禁止应收账款的转让

C.贷款专款专用　　D.限制支付现金股利

19.可转换债券的发行需要符合的条件有（ ）。

A.公司净资产不低于人民币5 000万元

B.最近3个会计年度实现的年均可分配利润不少于公司债券1年的利息

C.最近3个会计年度加权平均净资产收益率平均不低于6%

D.本次发行后累计公司债券余额不超过最近期末净资产额的40%

20.设备购买租赁决策应考虑的因素有（ ）。

A.设备折旧方式和残值　　B.租赁设备的每期租金

C.企业所得税税率　　D.银行贷款利率

21.放弃现金折扣的成本大小与（ ）。

A.折扣率大小呈反向变动　　B.信用期长短呈反向变化

C.折扣率大小呈同向变动　　D.折扣期长短呈同向变化

22.债券发行价格由两部分组成，即（ ）。

A.到期票面金额按市场利率折算的现值　　B.到期票面金额按票面利率折算的现值

C.各期利息按市场利率折算的现值　　D.各期利息按票面利率折算的现值

23.补偿性余额的约束，使得借款企业所受的影响有（ ）。

A.减少了可用资金　　B.提高了筹资成本　　C.减少了应付利息　　D.增加了应付利息

24.关于担保借款，表述正确的有（ ）。

A.短期借款中用作担保的资产通常是房屋、建筑物、机器设备等实物资产

B.借款人不能偿还贷款时保证人有连带责任

C.长期借款中用作担保的资产通常是应收账款和存货等易于变现的流动资产

D.担保的主要方式有保证、抵押、质押、留置和定金等

25.关于可转换债券，表述正确的有（ ）。

A.设置强制性转换条款在于保证可转换债券顺利地转换成股票

B.设置赎回条款有利于保护债券投资人的利益

C.赎回条款中的赎回价格一般低于可转换债券的面值

D.我国可转换公司债券自发行结束之日起6个月后方可转换为公司股票

三、判断题

1.相对于长期资本，短期资本是一种高成本、低风险的资本来源。（ ）

2.合理安排权益资本和债务资本的比例关系是企业筹资管理的核心问题之一。（ ）

3.直接筹资过程简单，筹资效率高，筹资费用低。（ ）

4.负债资本成本一般低于权益资本成本。（ ）

5.企业内部筹资不发生筹集资金的各种成本和费用。（ ）

6.负债经营可能产生逆向财务杠杆作用。（ ）

7.股利支付率越高，外部筹资需求量越小。（ ）

8.当公司发行新的普通股票时，会导致股票价格的上涨。（ ）

9.对股东而言，优先股比普通股有更优厚的回报，有更大的吸引力。（ ）

10.发行优先股的上市公司如不能按规定支付优先股股利，优先股股东有权要求公司破产。（ ）

11.借壳上市可以不取得壳公司的控制权而直接上市。（ ）

12.从本质上看，权证是以股票或其他类型的证券为标的物的一种长期买进期权，期权的买方为投资者，期权的卖方为发行公司。（ ）

13.认购权证是一种债权和股权混合证券。（ ）

14.信用额度是银行对借款人规定的有担保贷款的最高限额。（ ）

15.在贴现法借款利息支付方式中，贷款的实际利率要高于名义利率。（ ）

16.长期借款用作担保的资产只能是房屋、建筑物、机器设备等实物资产。（ ）

17.在债券面额一定的情况下，可转换债券的转换价格越高，转换比率越高。（ ）

18.资产证券化是指将缺乏流动性的资产转换为在金融市场上可以自由买卖的证券的行为。（ ）

19.短期融资券是在A股债券市场发行和交易并约定在一定期限内还本付息的有价证券。（ ）

20.对发行公司而言，提高债券等级可以降低筹资成本。（ ）

21.可转换债券转换成普通股后，公司不再支付债券利息，因此综合资本成本会下降。（ ）

22.某企业计划购入原材料，供应商给出的付款条件是“1/20，N/50”。若银行短期借款的利率为10%，则企业应该在折扣期内支付货款。（ ）

23.可转换债券的转换不增加公司资本总量，不改变公司资本结构。（ ）

24.借款合同的一般性保护条款包括借款企业必须定期向银行提交财务报表。（ ）

25.国内应收账款保理业务中的回购型保理，银行不承担买方的商业信用风险。（ ）

四、计算分析题

1.目的：练习运用销售百分比法预测外部筹资需求量。

资料：某企业基年资产负债表（简表）见表4-1。

表4-1 **资产负债表（简表）**

基年12月31日 单位：万元

资产		负债与股东权益	
项目	金额	项目	金额
现金	40	应付账款	18
应收账款	100	应付费用	32
存货	100	短期借款	46
预付账款	15	长期负债	67
固定资产净值	65	股本	32
		资本公积	90
		留存收益	35
资产总额	320	负债与股东权益总额	320

根据上述资料可知，现金、应收账款、存货、固定资产净值、应付账款、应付费用等项目与销售收入变化成正比，其他资产、负债项目不随销售收入变动而变动。该企业基年销售收入4 000万元，实现净利100万元，支付股利60万元。预测年度预计销售收入5 000万元，销售净利润率增长10%，股利支付率保持上年水平。

要求：

（1）运用销售百分比法预测计划年度外部筹资需要量。

（2）假设其他条件不变，预测年度销售净利润率与上年相同，股利支付率比上年提高10%以稳定股价。如果从外部筹资25万元，你认为是否可行？

2.目的：练习普通股筹资的相关问题。

资料：X公司拟改制为独家发起的股份有限公司。经评估，现有净资产价值为6 000万元，全部投入新公司，折股比率为1。按其计划经营规模需要总资产3亿元，合理的资产负债率为30%。预计改制后第1年的税后利润为4 500万元。

要求：回答下列互不关联的问题：

（1）通过发行股票应筹集多少股权资本？

（2）如果市盈率不超过15倍，每股盈利按0.4元规划，最高发行价格是多少？

（3）若按每股5元发行，至少要发行多少社会公众股？发行后每股收益是多少？市盈率是多少？

（4）不考虑资本结构要求，按公司法规定，如果X公司股票上市，至少要发行多少社会公众股？

3. 目的：练习银行借款相关问题的计算方法。

资料：某公司向银行借入短期借款10 000元，财务经理向你咨询以下问题：

要求：

（1）如采用利随本清法，则利息率为13%；如采用贴现法，则利息率为12%；如采用补偿性余额，则利息率降为10%，银行要求的补偿性余额比例为20%。公司应选择哪种支付方式？

（2）假设公司与银行商定的周转信贷额为16 000元，承诺费率为1%。由于公司年度内只借了10 000元，则公司应向银行支付多少承诺费？

如果采用补偿性余额方法借入款项，公司实际需要使用的资金是10 000元，则公司应向银行借款的金额是多少？

（3）公司采用（1）、（2）中最有利的方式借入款项，如果目的是支付货款，此时卖方提供的信用条件为“1/10，N/30”。公司是否应借入款项来支付货款？

4. 目的：练习应付账款成本的计算与决策方法。

资料：某公司计划购入500万元A种材料，销货方提供的信用条件为“2/20，N/60”。

要求：针对以下几种情况，为该公司是否享受现金折扣提供决策依据：

（1）公司现金不足，需从银行借入资金支付购货款，银行借款年利率为12%。

（2）公司有支付能力，但现有一个短期投资机会，预计投资报酬率为20%。

（3）公司资金短缺，暂不能取得银行借款，但预计信用期后30天能收到一笔款项，故延期付款至90天。该公司一贯重合同，守信用。

5. 目的：练习融资租赁租金的计算方法。

资料：英菲特公司拟采用融资租赁方式于2016年1月1日从租赁公司租入一台设备，设备款为50 000元，租期为5年，到期后设备归企业所有。双方商定，如果采取后付等额租金方式付款，则折现率为16%；如果采取先付等额租金方式付款，则折现率为14%。企业的资本成本率为10%。

要求：

（1）计算后付等额租金方式下的每年等额租金额。

（2）计算后付等额租金方式下的5年租金终值。

（3）计算先付等额租金方式下的每年等额租金额。

（4）计算先付等额租金方式下的5年租金终值。

（5）比较上述两种租金支付方式下的终值大小，说明哪种租金支付方式对企业更为有利。（以上计算结果均保留整数）

6. 目的：练习购买与租赁设备的决策方法。

资料：A公司在经营过程中需要设备C，该设备的购买价格为60万元，可使用年限为3年，且引入该设备能为公司带来每年30万元的现金收入（税前）。现有两种方案可供选择：

（1）向银行贷款购买，贷款年利率为10%，期限为3年，每年年末等额偿还。该设备按直线法折旧，无残值。公司每年为设备维修保养支出2万元。

（2）向租赁公司租赁该设备，每年年末支付租金28万元，租期为3年。该设备的维修保养费用由租赁公司承担。

假设A公司所得税税率为40%。

要求：为A公司选择购买还是租赁设备进行决策。

五、综合题

1.资料：某公司上年的资产负债表项目见表4-2。

表4-2　　**上年资产负债表项目**　　金额单位：万元

资　产	金　额	占销售百分比	负债与股东权益	金　额	占销售百分比
现金	2 000	2%	应付费用	5 000	5%
应收账款	28 000	28%	应付账款	13 000	13%
存货	30 000	30%	短期借款	12 000	无比率关系
长期资产	40 000	无比率关系	应付债券	20 000	无比率关系
			股本	30 000	无比率关系
			留存收益	20 000	无比率关系
资产总额	100 000		负债与股东权益总额	100 000	

该公司上年的销售收入为10亿元，销售净利润率为10%，分配的股利为5 000万元。假设本年的销售增长率为20%，销售净利润率与上年相同。公司采用固定股利支付率政策，公司的目标资本结构即资产负债率为50%。

要求：

（1）计算本年的净利润及其应分配的股利。

（2）预测本年需要从外部追加的资金。

（3）假设企业从外部追加的资金可选择发行债券或发行股票，若保持企业的目标资本结构，应采用哪种方式追加？

（4）若本年所需从外部追加的资金采用发行面值为1 000元，票面利率为8%，期限为5年，每年付息，到期还本的债券。发行时的市场利率为10%，债券的筹资费率为2%，计算债券的发行价格以及应发行的债券总数。

（5）根据以上计算结果，填列该公司本年的预计资产负债表（见表4-3）。

表4-3　　**预计资产负债表**

本年12月31日　　单位：万元

资　产	金　额	负债与股东权益	金　额
现金		应付费用	
应收账款		应付账款	
存货		短期借款	
长期资产		应付债券	
		股本	
		留存收益	
资产总额		负债与股东权益总额	

2.资料：武汉钢铁股份有限公司发行认股权和债券分离交易的可转换公司债券[①]。

2007年3月21日，武汉钢铁股份有限公司发布了认股权和债券分离交易的可转换公司债券募集说明书。发行要点如下：

（1）核准情况。本次发行经2006年7月11日召开的公司第四届董事会第八次会议审议通过，并经2006年7月28日召开的2006年度第一次临时股东大会表决通过。本次发行已经中国证监会证监发行字〔2007〕53号文核准。

（2）证券类型：分离交易的可转换公司债券。

（3）发行规模、票面金额、发行价格。本次分离交易可转债发行规模为750 000万元，每张公司债券面值100元，按面值发行，共计发行7 500万张。所有认购公司分离交易可转债的投资者每张公司债券可无偿获配9.7份认股权证，认股权证共计发行72 750万份。

（4）预计募集资金。本次发行分离交易可转债拟募集资金两次，分别为发行募集和行权募集。本次发行募集资金750 000万元，行权募集资金根据认股权证到期行权价格及到期行权份数确定。本次发行分离交易可转债拟募集资金不超过项目投资资金需求。

（5）担保事项。本次拟发行的分离交易可转债由武钢集团提供连带责任保证担保。

（6）认股权证（武钢CWB1）。

认股权证的存续期：自认股权证上市之日起24个月。

认股权证的行权期：认股权证存续期最后5个交易日，即2009年4月10日至16日为认股权证的行权期。

认股权证的行权价格：本次发行所附每张认股权证的初始行权价格为10.20元。因转增、送股等导致股本变动，2008年6月23日调整行权价格，新行权价格为9.58元。

认股权证的行权比例：本次发行所附认股权证的行权比例为1：1，即每1份认股权证代表1股公司发行的股票的认购权利。

2009年4月9日为武钢权证的最后交易日。截至4月8日收盘，武钢权证价格为0.242元，武钢股票价格为7.24元。4月15日，武钢股份收盘价格为7.67元。

2007年4月13日，武钢股份正式发布可转债发行公告（见表4-4）。

表4-4　**武钢股份可转债发行公告**

发行方式	优先配售，网上定价和网下配售
发行规模	750 000万元
发行数量	7 500万张
发行费用	157 500 000.00元
面值	100元
货币名称	人民币元
发行日期	2006-12-31
债券期限	5年
起息日	2007-03-26
到期日	2012-03-25

① 资料来源：武汉钢铁股份有限公司的相关公告。

续表

上市日期	2007-04-17
利率类型	固定利率
利率	1.2%
上网发行日期	2007-03-26
上网发行数量	6 664 050张
上网发行超额认购倍数	80.8600
利率说明	票面利率为1.2%
付息说明	每年付息一次，到期一次还本，最后一期利息随本金的兑付一起支付

要求：

（1）为什么武钢股份发行可转换债券需要附认股权证？

（2）持有武钢股份认股权证的投资者是否行权？为什么？

（3）如果持有武钢股份认股权证的投资者在行权日具备行权条件且选择行权，至少能够为公司筹集多少资金？

第二部分　案例分析题

华能国际的筹资之路

（一）案例资料

截至2015年12月31日，华能国际电力股份有限公司（股票代码600011，以下简称华能国际）的总资产规模达2 997亿元，其中负债总额2 038亿元，股东权益总额959亿元，股本数量达152亿股。公司的主要业务是利用现代化的技术和设备，利用国内外资金，在全国范围内开发、建设和运营大型发电厂，其为中国最大的发电上市公司之一。回顾华能国际的筹资之路，先后采用了境外直接上市、境外存股证上市、国内IPO、定向增发、银行贷款、公司债券、短期融资券和中期票据等筹资方式。这种多元化的筹资方式和筹资渠道为华能国际募集了大量的资金，使得华能国际自2001年以来进行了近20次并购，支撑华能国际经营规模的不断壮大。

公司成立于1994年6月30日，同年10月在全球首次公开发行了12.5亿股境外上市外资股（外资股），并以3 125万股美国存托股份（ADR）形式在美国纽约证券交易所上市。1998年1月，公司外资股在香港联合交易所有限公司（香港联交所）以介绍方式挂牌上市，此后于1998年3月成功地完成了2.5亿股外资股的全球配售和4亿股内资股的定向配售。2001年11月，公司在国内成功发行了3.5亿股A股，其中2.5亿股为社会公众股。2001年12月，公司完成了15亿股以人民币计价的普通股（A股）和5亿股境外上市普通股（H股）的非公开发行。

1.华能国际权益资本的筹资之路

公司成立于1994年6月30日，其股权筹资活动十分丰富（见表4-5），其中最有代表性的有1994年在美国发行存托股（ADR），1998年香港上市以及2001年上海上市。

表4-5 **华能国际权益资本的筹资之路**

时间	地点	方式	金额
1994.10	美国纽约	存托股	6.25亿美元
1998.3	中国香港	普通股	30.04亿港元
2001.11	中国上海	普通股	27.83亿元
2010.12	中国上海	定向增发	83.55亿元
2010.12	中国香港	定向增发	4.73亿港元

（1）1994年在美国发行存托股（ADR）

1994年6月30日，华能国际成立之初的股本是37.5亿元，华能国际在技术和资本方面没有突出的优势，但电力供应当时是制约经济发展的瓶颈之一，行业前景非常广阔。为了壮大自身的资本和获得可持续发展的资金，华能国际于1994年10月选择了美国存托股（ADR）形式（美国存托股代表40股外资股）在美国纽约证券交易所上市。

（2）1998年华能国际香港上市

1998年1月，华能国际以介绍上市方式在香港联交所挂牌，实现两地上市。同年3月，它以国际配售及以H股或美国存托股的形式增资扩股，公开发行并配售境外上市外资股2.5亿股，并向华能国电发行内资股4亿股。

（3）2001年华能国际国内A股市场上市及后续股票增发

2001年11月15日及16日，华能国际在国内成功发行3.5亿股A股，股本总额达60亿股，共筹资27.8亿元人民币。其中，向社会公开发行2.5亿股，向华能国电定向配售国有法人股1亿股。12月6日，华能国际在上海证券交易所上市交易。

2.华能国际债务资本的筹资之路

华能国际债务资本的筹集方式主要有银行贷款、公司债券、短期融资券和中期票据等。其中，银行借款是债务资本的主要筹集方式，占债务资本总量的50%以上（2001年除外）；银行借款又可以分为短期借款和长期借款，华能国际的借款以长期借款为主，近年来长期借款一直超过短期借款。

（1）银行贷款的构成及比例（见表4-6）

表4-6 **华能国际2001—2015年银行贷款构成及比例** 金额单位：万元

年份	短期借款	长期借款	负债总额	借款占负债比例（%）
2001	4 000	957 576	1 961 788	49.02
2002	55 000	918 480	1 811 075	53.75
2003	160 000	915 360	1 740 018	61.80
2004	809 900	1 595 529	3 156 818	76.20
2005	658 087	2 886 226	5 093 174	69.59
2006	782 372	3 509 862	6 064 570	70.78
2007	1 167 040	3 343 865	7 137 361	63.20
2008	2 874 549	5 902 718	12 301 486	71.35
2009	2 472 982	7 126 675	14 528 025	66.08
2010	4 404 718	6 518 490	16 309 353	66.98
2011	4 397 920	7 984 487	19 620 553	63.11
2012	2 744 208	7 256 482	19 194 363	52.10
2013	3 793 700	6 051 370	18 623 000	52.87
2014	4 352 900	5 763 846	18 874 505	53.60
2015	4 988 349	6 602 802	20 378 987	56.88

（2）除银行借款外的债务筹资方式

除了银行借款，短期融资券、公司债券、可转换债券、中期票据等也是公司重要的债务筹资渠道，这些筹资方式所募集的债务资金占债务资本总额的40%~50%。与银行借款相比，这些债务筹资方式具有差异化的优点。

① 1997年发行可转债

1997年5月14日，华能国际计划在纽约证券交易所及卢森堡证券交易所按面值发行本金总值为2亿美元，年利率为1.75%，于2004年到期的可转换债券。主承销商按惯例行使了3 000万美元的“超额认购权”，致使本次发行的总额达2.3亿美元。该等可转换债券分别于2002年、2003年、2004年转换为境外上市外资股273 960股、27 397 240股、41 040股。

② 2005—2015年发行短期融资券

2005—2015年，短期或超短期融资券的主要用途和目的是趁着国内金融市场资金充裕、资本成本波动不大的现状，继续采用成本较低的短期融资券和其他新型筹资产品，以抵减利率上涨带来的冲击以及锁定筹资风险。华能国际短期融资券的筹资情况见表4-7。

表4-7　**华能国际2005—2015年短期融资券筹资情况表**

时间（年份）	地点	方式	期限	票面利率（%）	金额	同期银行贷款基准利率（%）（6个月—1年）
2005	上海	短期融资券	1年、9个月	2.92、2.70	50亿元	5.58
2006	上海	短期融资券	1年	3.12、3.35	50亿元	5.85
2007	上海	短期融资券	364天	3.84	50亿元	6.81
2008	上海	短期融资券	365天	4.83	50亿元	6.53
2009	上海	短期融资券	365天、270天	1.88、2.32	100亿元	5.31
2010	上海	短期融资券	270天、365天	2.55、3.2	100亿元	5.56
2011	上海	短期融资券	365天、366天	3.95、6.04	100亿元	6.06
2012	上海	短期融资券	365天	4.41、4.42、4.58	150亿元	6.19
2013	上海	短期融资券	270天	3.35、3.32、3.70、3.99	200亿元	6.19
2014	上海	短期融资券	365天、270天	4.90、4.63、4.00	130亿元	5.60
2015	上海	短期融资券	366天、365天、270天	3.17、3.38、3.05、3.10、4.44	170亿元	5.60 ~ 4.60

从表4-7可以看出，华能国际通过发行短期融资券，满足了部分资金的需求，其筹资成本比同期银行贷款基准利率低得多。华能国际通过经常性的短期融资券发行，客观上达到了与长期债券相同的筹资效果，同时降低了筹资成本。

③2007—2008年发行公司债券

2007年，华能国际（7.230，0.13，1.83%）发行公司债券（第一期）：本期债券的基本发行规模为500 000万元，根据市场情况可超额增发不超过100 000万元。票面金额及发行价格：本期债券面值100元，按面值平价发行。基本发行数量为500万手（5 000万张），根据市场情况可超额增发不超过100万手（1 000万张）。债券品种的期限及规模：本期债券分为5年期品种、7年期品种和10年期品种。其中，5年期品种预设的基本发行规模为100 000万元，7年期品种和10年期品种预设的基本发行规模均为200 000万元，在债券存续期内固定不变。本期债券5年期品种的票面年利率询价区间为5.45%～5.75%，7年期品种的票面年利率询价区间为5.55%～5.85%，10年期品种的票面年利率询价区间为5.70%～6.00%。

2008年，华能国际发行公司债券（第一期）：发行总额400 000万元，发行数量400万手（4 000万张）。债券期限：本期债券为10年期固定利率债券。票面金额及发行价格：本期债券面值100元，按面值平价发行。本期债券的票面年利率询价区间为5.10%～5.40%。还本付息的期限和方式：本期债券按年付息，到期一次还本，利息每年支付一次，最后一期利息随本金一起支付。

④2014年发行中期票据

华能国际于2014年7月14日完成了公司2014年度第一期中期票据（“本期中票”）的发行。本期中票发行额为40亿元人民币，期限为5年，单位面值为100元人民币，发行利率为5.30%。

（二）案例分析要求

（1）华能国际筹资的动机。

（2）华能国际筹资的特点。

（3）华能国际回归A股对其投资战略的影响。

第三部分　参考答案

☆ 练习题参考答案

一、单项选择题

1.D　2.B　3.D　4.B　5.D　6.A　7.B　8.B　9.A　10.D　11.C　12.D　13.C　14.A　15.C　16.A　17.B　18.D　19.A　20.C　21.C　22.B　23.B　24.A　25.B

二、多项选择题

1.ACD　2.ABD　3.ABCD　4.AC　5.ABD　6.BCD　7.ABD　8.ABC　9.ACD　10.ABD　11.ABC　12.BCD　13.ABC　14.ABD　15.ABC　16.ABCD　17.AD　18.AD　19.BCD　20.ABCD　21.BCD　22.AC　23.AB　24.BD　25.AD

三、判断题

1.×　2.√　3.×　4.√　5.×　6.√　7.×　8.×　9.×　10.×　11.×　12.×　13.×　14.×　15.√　16.×　17.×　18.√　19.×　20.√　21.×　22.√　23.×　24.×　25.√

四、计算分析题

1.（1）外部筹资额=8.75万元。

（2）外部筹资需求=21.25万元，其小于25万元，可行。

2.（1）筹集权益资本=1.5亿元。

（2）发行价格=6元/股。

（3）社会公众股数=0.3亿股，每股收益 = 0.5元，市盈率=10倍。

（4）社会公众股数=0.2亿股。

3.（1）采用利随本清法的实际利率为13%；采用贴现法的实际利率为13.6%；采用补偿性余额的实际利率为12.5%。应选择第三种方式。

（2）承诺费为60元，需要向银行借款的金额为12 500元。

（3）放弃现金折扣的成本为18.18%。由于放弃现金折扣的成本大于借款的利率，所以应该借入款项，享受现金折扣。

4.（1）放弃折扣成本大于12%，应享受折扣。

（2）放弃折扣成本小于20%，应放弃折扣。

（3）延期付款放弃折扣成本为10.5%，如不影响信用，可与购货方协商延期付款。

5.（1）后付等额租金方式下的每年等额租金额=15 271.84元。

（2）后付等额租金方式下的5年租金终值=93 234.50元。

（3）先付等额租金方式下的每年等额租金额=12 774.66元。

（4）先付等额租金方式下的5年租金终值=85 794.62元。

（5）因为先付等额租金方式下的5年租金终值小于后付等额租金方式下的5年租金终值，所以选择先付等额租金支付方式更为有利。

6.购买：

息税前利润=30−2−60÷3−60×0.1=2（万元）

净利润=2×（1−0.4）=1.2（万元）

NCF=1.2+60÷3=21.2（万元）

NPV=21.2×（P/A，10%，3）−60=−7.28（万元）

租赁：

息税前利润=30−28=2（万元）

净利润=2×（1−0.4）=1.2（万元）

NCF=1.2万元

NPV=1.2×（P/A，10%，3）=2.98（万元）

由于2.98万元大于−7.28万元，所以应选择租赁该设备。

五、综合题

1.（1）净利润与应分配的股利分别为12 000万元、6 000万元。

（2）外部追加的资金为2 400万元。

（3）追加2 400万元资金应采用发行债券方式。

（4）债券发行价格为924.28元，发行26 496张。

（5）预计资产负债表（略）。

2.（1）从认股权证筹资的优点来分析。

（2）投资者会选择弃权。

（3）如果具备行权条件，武钢股份将增加权益资本696 945万元。

☆ **案例分析题要点与提示**

（1）从国家的电力政策变化、电力生产的行业特征和行业发展、华能国际的企业战略等方面分析其筹资的战略动机。

（2）从多元化筹资工具、筹资构成、筹资成本、筹资风险等方面分析其筹资特点。

（3）从回归A股后在资本市场募集的资金对其投资规模的影响分析。

第五章　资本成本与资本结构

第一部分　练习题

一、单项选择题

1.从资本成本的本质与应用价值看，资本成本属于（　　）。

A.实际发生的成本　B.标准成本　C.沉没成本　D.机会成本

2.投资人要求的最低报酬率，也就是投资于本公司的资本成本，它在数量上相当于（　　）。

A.被放弃投资机会中报酬率最低的一个

B.被放弃投资机会中报酬率最高的一个

C.被放弃投资机会中报酬率的算术平均数

D.被放弃投资机会中报酬率的加权平均数

3.公司的资本成本取决于（　　）。

A.筹资量　B.资本来源

C.投资人的期望报酬率　D.资产配置结构

4.无风险资产是指投资者可以确定预期报酬率的资产，通常认为无风险利率用（　　）来表示。

A.公司债券利率　B.企业债券利率　C.政府债券利率　D.可转换债券利率

5.利用资本成本比较法进行企业资本结构分析时，应选择（　　）为相对最优的资本结构。

A.加权平均资本成本最小的融资方案　B.边际资本成本最小的融资方案

C.债务资本成本最小的融资方案　D.算数平均资本成本最小的融资方案

6.某种股票当前的市场价格为每股20元，每股股利是1元，预期的股利增长率是5%，则其普通股资本成本为（　　）。

A.15%　B.15.5%　C.10%　D.10.25%

7.某公司普通股当前市价为每股25元，拟按当前市价增发新股100万股，增发第1年年末预计每股股利为2.5元，以后每年股利增长率为6%，则该公司本次增发普通股的资本成本为（　　）。

A.17%　B.15%　C.16%　D.18%

8.下列资本结构的调整，不影响债务成本的事项是（　　）。

A.利用税后留存归还债务，以降低债务比重

B.将可转换债券转换为普通股

C.以公积金转增资本

D.筹集权益资本，提前偿还长期债务

9.利用每股收益无差别点进行企业资本结构分析，若不考虑财务风险，当预计销售额

高于每股收益无差别点时，(　　)。

A.采用权益筹资方式比采用负债筹资方式有利

B.采用负债筹资方式比采用权益筹资方式有利

C.两种筹资方式的每股收益相同

D.无法进行判断

10.在计算个别资本成本时，需要考虑所得税抵减作用的筹资方式是（　　）。

A.发行债券　　B.留存收益　　C.发行优先股　　D.发行普通股

11.某企业的产权比率为0.6，债务平均税前资本成本为15.15%，权益资本成本为20%，所得税税率为25%，则加权平均资本成本为（　　）。

A.16.76%　　B.15.76%　　C.18.76%　　D.17.76%

12.企业预计在筹资计划中确定期望的加权平均资本成本，为此需要计算个别资本占全部资本的比重。此时，最适宜采用的计算基础是（　　）。

A.清算价值　　B.实际市场价值　　C.目标市场价值　　D.账面价值

13.不需要考虑发行成本影响的筹资方式是（　　）。

A.发行债券　　B.发行普通股　　C.发行优先股　　D.留存收益

14.某企业的经营杠杆系数为4，计划息税前利润增长率达到40%，假定其他因素不变，则预计的销售增长率为（　　）。

A.40%　　B.30%　　C.20%　　D.10%

15.在不考虑筹款限制的前提下，下列筹资方式中，个别资本成本最高的通常是（　　）。

A.发行普通股　　B.留存收益筹资　　C.长期借款筹资　　D.发行公司债券

16.若某企业债务资本与权益资本的比例为55：45，据此可断定该企业（　　）。

A.经营风险大于财务风险　　B.仅仅存在经营风险

C.经营风险小于财务风险　　D.同时存在经营风险和财务风险

17.XYZ公司2016年的财务杠杆系数为2，息税前利润的计划增长率为20%，假定其他因素不变，则该年普通股每股收益的增长率为（　　）。

A.50%　　B.30%　　C.20%　　D.40%

18.下列各项中，在不考虑优先股的情况下，不会同时影响经营杠杆系数和财务杠杆系数的因素是（　　）。

A.产品销售数量　　B.产品销售价格　　C.固定成本　　D.利息费用

19.ABC公司本年息税前利润为150 000元，每股收益为6元，不存在优先股，下年财务杠杆系数为1.67，息税前利润为200 000元，则下年每股收益为（　　）元。

A.9.35　　B.9.34　　C.9.36　　D.9.38

20.一般情况下，下列关于杠杆系数的说法，正确的是（　　）。

A.经营杠杆系数越小，总杠杆系数就越大

B.财务杠杆系数越大，总杠杆系数就越小

C.总杠杆系数越大，经营杠杆系数不一定越大

D.总杠杆系数越大，财务杠杆系数就越大

21.下列关于经营杠杆系数的说法，正确的是（　　）。

A.在产销量的相关范围内，提高固定成本总额，能够降低企业的经营风险

B.在相关范围内，产销量上升，经营风险加大

C.在相关范围内，经营杠杆系数与产销量呈反方向变动

D.对某一特定企业而言，经营杠杆系数是固定的，不随产销量的变动而变动

22.若企业无负债（不考虑优先股），财务杠杆效应（　　）。

A.不存在　　B.加大　　C.减少　　D.存在

23.下列筹资方式中，通常资本成本最低的是（　　）。

A.债务成本　　B.融资租赁　　C.发行股票　　D.留存收益资本成本

24.下列关于财务杠杆的表述，正确的是（　　）。

A.财务杠杆越高，抵税的价值越高

B.如果企业的融资结构中包括负债和普通股，则在其他条件不变的情况下，提高公司所得税税率，财务杠杆系数不变

C.企业对财务杠杆的控制力要弱于对经营杠杆的控制力

D.资本结构发生变动通常不会改变企业的财务杠杆系数

25.某企业财务杠杆系数为2，息税前利润为20万元，则利息费用为（　　）万元。

A.14　　B.8　　C.5　　D.10

26.某企业发行新股，已知每股市价为55元，本年每股股利为5元，股利的固定年增长率为10%，则发行新股的资本成本为（　　）。

A.10%　　B.11%　　C.21%　　D.20%

27.某公司年营业收入为500万元，变动成本率为40%，经营杠杆系数为1.5，财务杠杆系数为2。如果固定成本增加50万元，那么总杠杆系数将变为（　　）。

A.7　　B.5　　C.6　　D.8

28.关于企业资本结构，下列说法不正确的是（　　）。

A.拥有大量固定资产的企业主要通过长期债务资本和权益资本筹资

B.少数股东为了避免控制权旁落他人，更倾向负债筹资

C.如果企业的销售不稳定，更倾向较多地筹措负债资金

D.如果预计未来利率水平上升，则企业应选择筹集长期资本

29.某企业销售收入为500万元，变动成本率为65%，固定成本为80万元（其中利息15万元），则经营杠杆系数为（　　）。

A.1.57　　B.1.58　　C.1.59　　D.1.55

30.某公司的经营杠杆系数为1.8，财务杠杆系数为1.5，则该公司销售额每增长1倍，就会造成每股收益增加（　　）倍。

A.3.3　　B.4.3　　C.0.3　　D.2.7

31.某公司普通股目前的股价为10元/股，筹资费率为6%，刚刚支付的每股股利为2元，股利固定增长率为2%，则该企业利用留存收益的资本成本为（　　）。

A.22.4%　　B.22%　　C.23.7%　　D.23.28%

32.资本成本在企业筹资决策中的作用不包括（　　）。

A.是企业选择资本来源的基本依据　　B.是企业选择筹资方式的参考标准

C.作为计算净现值指标的折现率使用　　D.是确定最优资本结构的主要参数

33.某企业发行5年期债券，债券面值为1 000元，票面利率为10%，每年付息一次，发行价为1 100元，筹资费率为3%，所得税税率为30%，则该债券的资本成本为（　　）。

A.9.37%　　B.6.56%　　C.7.36%　　D.6.66%

34.下列说法错误的是（　　）。

A.拥有大量固定资产的企业主要通过长期负债和发行股票筹集资金

B.资产适用于抵押贷款的公司举债额较多

C.信用评级机构降低企业的信用等级会提高企业的资本成本

D.以技术研究开发为主的公司负债往往很多

35.财务杠杆说明（　　）。

A.增加息税前利润对每股利润的影响　　B.企业经营风险的大小

C.销售收入的增加对每股利润的影响　　D.可通过扩大销售影响息税前利润

36.A公司发行总面额1 000万元、票面利率20%、偿还期限4年、发行费率4%、所得税税率50%的债券，该债券发行价格为1 075.3854万元，则该债券的资本成本为（　　）。

A.8%　　B.8.74%　　C.9%　　D.9.97%

37.要使资本结构达到最佳，应使（　　）最低。

A.综合资本成本率　　B.边际资本成本率

C.债务资本成本率　　D.自有资本成本率

38.当财务杠杆系数为1时，下列表述正确的是（　　）。

A.息税前利润增长率为零　　B.息税前利润为零

C.利息与优先股股息为零　　D.固定成本为零

39.下列各项中，通常不会导致企业资本成本增加的是（　　）。

A.通货膨胀加剧　　B.投资风险上升

C.经济持续过热　　D.证券市场流动性增强

40."当负债达到100%时，企业价值最大"，持有这种观点的资本结构理论是（　　）。

A.代理理论　　B.有税的MM理论　　C.无税的MM理论　　D.权衡理论

41.产生经营杠杆作用的主要原因是（　　）。

A.经营成本中固定成本总额不变　　B.经营成本中单位变动成本不变

C.资本结构中债务利息费用不变　　D.产销规模不变

42.在固定成本不变的情况下，销售额与经营杠杆系数的关系是（　　）。

A.经营杠杆系数的大小与销售额的大小呈正方向同比例变化

B.经营杠杆系数的大小与销售额的大小呈反方向同比例变化

C.销售额越大，经营杠杆系数越大

D.销售额越大，经营杠杆系数越小

43.降低财务风险的主要措施是（　　）。

A.降低固定成本总额　　B.合理安排资本结构，适度负债

C.降低变动成本总额　　D.提高获利能力

44.利用每股收益分析法进行资本结构决策时，选择筹资方案的主要依据是筹资方案（　　）的大小。

A.综合资本成本水平　　B.每股收益值

C.筹资风险　　D.企业总价值

45.资本结构理论是基于研究（　　）而提出的。

A.负债对企业总价值的影响

B.权益资本对企业总价值的影响

C.负债与权益资本比例变化对企业总价值的影响

D.资本成本对企业总价值的影响

46.C公司年营业收入为500万元，边际贡献率为60%，经营杠杆系数为1.5，财务杠杆系数为2。如果固定成本增加50万元，那么总杠杆系数将变为（　　）。

A.2.4　　B.3　　C.6　　D.8

47.根据风险收益对等原则，在一般情况下，各筹资方式资本成本由小到大依次为（　　）。

A.银行借款、企业债券、普通股　　B.普通股、银行借款、企业债券

C.企业债券、银行借款、普通股　　D.普通股、企业债券、银行借款

48.只要企业存在固定成本，当企业息税前利润大于零时，经营杠杆系数（　　）。

A.与销售量呈正比　　B.与固定成本呈反比　　C.与风险呈反比　　D.恒大于1

49.财务杠杆利益是指（　　）。

A.提高债务比例导致的所得税降低　　B.利用现金折扣获取的利益

C.利用债务筹资给企业带来的额外收益　　D.降低债务比例所节约的利息费用

50.通过调整资本结构，可以（　　）。

A.降低经营风险　　B.影响财务风险　　C.提高经营风险　　D.不影响财务风险

二、多项选择题

1.当企业息税前利润大于零时，只要企业存在固定经营成本，那么经营杠杆系数必（　　）。

A.恒大于1　　B.与销售量呈反比

C.与固定成本呈反比　　D.与风险呈反比

2.下列筹资活动中，会加大企业财务杠杆作用的有（　　）。

A.增发普通股　　B.增发优先股　　C.增发公司债券　　D.增加银行借款

3.下列有关财务杠杆的表述，正确的有（　　）。

A.财务杠杆系数越高，每股收益也越高

B.财务杠杆效益是指利用债务筹资给企业自有资金带来的额外收益

C.财务杠杆与财务风险无关

D.财务杠杆系数越大，财务风险越大

4.在边际贡献超过固定成本的情况下，下列措施有利于降低企业总风险的有（　　）。

A.增加产品销量 B.提高产品单价 C.提高产权比率 D.减少固定成本支出

5.每股收益无差别点法的决策原则是（ ）。

A.如果预期的息税前利润大于每股收益无差别点的息税前利润，则运用负债筹资方式

B.如果预期的息税前利润小于每股收益无差别点的息税前利润，则运用负债筹资方式

C.如果预期的息税前利润小于每股收益无差别点的息税前利润，则运用权益筹资方式

D.如果预期的息税前利润大于每股收益无差别点的息税前利润，则运用权益筹资方式

6.下列关于资本成本的说法，正确的有（ ）。

A.资本成本的本质是企业为筹集和使用资金而实际付出的代价

B.企业的加权平均资本成本由资本市场和企业经营者共同决定

C.资本成本的计算主要以年度的相对比率为计量单位

D.资本成本可以视为项目投资或使用资金的机会成本

7.下列关于财务杠杆的表述，正确的有（ ）。

A.财务杠杆越高，抵税的价值越高

B.如果企业的融资结构中包括负债和普通股，则在其他条件不变的情况下，提高公司所得税税率，财务杠杆系数不变

C.企业对财务杠杆的控制力要弱于对经营杠杆的控制力

D.资本结构发生变动通常会改变企业的财务杠杆系数

8.若不考虑财务风险，下列关于利用每股收益无差别点进行企业资本结构分析的表述，正确的有（ ）。

A.当预计EBIT高于每股收益无差别点时，采用权益筹资方式比采用负债筹资方式有利

B.当预计EBIT高于每股收益无差别点时，采用负债筹资方式比采用权益筹资方式有利

C.当预计EBIT低于每股收益无差别点时，采用负债筹资方式比采用权益筹资方式有利

D.当预计EBIT等于每股收益无差别点时，两种筹资方式的每股收益相同

9.下列关于最佳资本结构的表述，不正确的有（ ）。

A.最佳资本结构是使企业筹资能力最强的资本结构

B.最佳资本结构是加权平均资本成本最低、企业价值最大的资本结构

C.当每股收益最高时的资本结构是最佳资本结构

D.当财务风险最小时的资本结构是最佳资本结构

10.当企业债务成本过高时，可以调整其资本结构的方式有（ ）。

A.利用内部留存归还债务，以降低债务比重

B.将可转换债券转换为普通股

C.以公积金转增资本

D.筹集相应的权益资本，提前偿还长期债务

11.若企业的经营处于盈亏临界状态，正确的说法有（ ）。

A.销售收入正处于销售收入线与总成本线的交点

B.经营杠杆系数趋近于无穷小

C.销售利润率（息税前利润率）等于零

D.边际贡献等于固定成本

12.下列关于经营杠杆系数的表述，正确的有（　　）。

A.如果生产单一产品，经营杠杆系数和安全边际率互为倒数

B.盈亏临界点销售量越小，经营杠杆系数越大

C.边际贡献与固定成本相等时，经营杠杆系数趋近于无穷大

D.经营杠杆系数表示经营风险程度

13.下列各项中，导致经营风险下降的有（　　）。

A.产品销售数量提高　　B.产品销售价格下降

C.固定成本下降　　D.利息费用下降

14.在边际贡献大于固定成本的情况下，下列措施有利于降低企业总杠杆系数的有（　　）。

A.增加产品销量　　B.提高产品单价　　C.提高资产负债率　　D.节约固定成本支出

15.融资决策中的总杠杆具有的性质包括（　　）。

A.总杠杆能够起到财务杠杆和经营杠杆的综合作用

B.总杠杆能够表达企业边际贡献与税前盈余的比率

C.总杠杆能够估计出销售额变动对每股收益的影响

D.总杠杆系数越大，企业经营风险越大

16.资本结构中的负债比例对企业有重要影响，表现在（　　）。

A.负债比例影响财务杠杆作用的大小　　B.适度负债有利于降低企业资本成本

C.负债有利于提高企业净利润　　D.负债比例反映企业财务风险的大小

17.关于留存收益的成本，正确的说法有（　　）。

A.其不存在成本

B.其成本是一种机会成本

C.其成本计算不考虑筹资费用

D.其成本相当于股东投资某种股票所要求的必要收益率

18.下列各项中，影响资本结构的内部因素有（　　）。

A.利率　　B.行业特征　　C.管理层偏好　　D.成长性

19.资本结构的决策方法包括（　　）。

A.资本成本比较法　　B.每股收益无差别点法

C.企业价值比较法　　D.利润最大化的方法

20.普通股成本的确定方法有（　　）。

A.股利增长模型法　　B.资本资产定价模型法

C.债券收益加风险报酬率法　　D.数理统计法

21.在计算下列各项资金的筹资成本时，需要考虑筹资费用的有（　　）。

A.普通股　　B.债券　　C.长期借款　　D.留存收益

22.下列筹资活动中，会减弱企业财务杠杆作用的有（　　）。

A.增发普通股　　B.增发优先股　　C.增发公司债券　　D.增加银行借款

23.下列个别资本成本中，属于权益资本成本的有（　　）。

A.优先股成本　　B.长期债券成本　　C.普通股成本　　D.留存收益成本

24.在确定企业资本结构时，处理正确的有（　　）。

A.如果企业的销售不稳定，一般应较多筹措权益资本

B.为了保证原有股东的绝对控制权，一般应尽量避免普通股筹资

C.若预期市场利率会上升，企业应尽量利用短期负债

D.一般而言，成长性好的企业要比成长性差的企业的负债水平低

25.下列资本结构的调整，有助于降低债务成本的有（　　）。

A.利用税后留存归还债务，以降低债务比重

B.将可转换债券转换为普通股

C.以公积金转增资本

D.筹集权益资本，提前偿还长期债务

26.下列成本费用中，属于资本成本主要费用的有（　　）。

A.借款手续费　　B.股票发行费　　C.利息　　D.股利

27.影响企业加权平均资本成本的因素有（　　）。

A.资本结构　　B.个别资本成本高低

C.筹资总额　　D.筹资期限长短

28.下列各项中，影响经营杠杆系数的有（　　）。

A.产品销售数量　　B.产品销售价格　　C.固定成本　　D.利息费用

29.在个别资本成本中，需考虑所得税因素的有（　　）。

A.债券成本　　B.银行借款成本　　C.优先股成本　　D.普通股成本

30.从企业内部看，影响资本结构的因素有（　　）等。

A.企业管理人员的偏好　　B.企业的资本成本水平

C.企业的获利能力　　D.企业的现金流量状况

31.下列事项中，会导致加权平均资本成本降低的有（　　）。

A.因总体经济环境变化，导致无风险报酬率降低

B.公司固定成本占全部成本的比重降低

C.公司股票上市交易，增强了股票的流动性

D.发行公司债券，增加了长期负债占全部资本的比重

32.总杠杆系数（　　）。

A.为每股收益变动率相当于销售量变动率的倍数

B.等于财务杠杆系数与经营杠杆系数的乘积

C.反映息税前利润随业务量变动的剧烈程度

D.反映每股收益随息税前利润变动的剧烈程度

33.在边际贡献大于固定成本的情况下，下列措施有利于降低企业总风险的有（　　）。

A.增加产品销售量　B.节约固定资本支出 C.提高资产负债率　D.提高产品售价

34.在稳健型筹资政策下，临时性流动资产的资金来源可以是（　　）。

A.临时性负债 B.非流动负债 C.自然性负债 D.权益资本

35.下列关于营运资本政策的表述，正确的有（ ）。

A.采用激进型筹资政策时，企业的风险和收益均较高

B.如果企业在季节性低谷，除了自然性负债没有其他流动负债，则其所采用的政策是配合性的筹资政策

C.采用配合性筹资政策最符合股东财富最大化的目标

D.采用稳健性筹资政策，企业的变现能力比率最高

36.下列关于营运资本政策的表述，正确的有（ ）。

A.营运资本政策和筹资政策都是通过对收益和风险的权衡来确定的

B.宽松的营运资本持有政策其机会成本高，紧缩的持有政策会影响其支付能力

C.适度的持有政策下，一般企业不进行短期有价证券投资

D.稳健型筹资政策下，除自然性负债外，在季节性低谷时也可以有其他流动负债

三、判断题

1.有经营风险不一定有财务风险，有财务风险一定有经营风险。（ ）

2.关于加权平均资本成本计算，需要知道每种资本要素的权重，理想的做法是按照以市场价值计量的目标资本结构的比例计量每种资本要素的权重。（ ）

3.使用资本成本比较法时，难以区别不同融资方案之间的财务风险因素差异。（ ）

4.在资本成本决策中，每股收益无差别点法没有考虑风险因素。（ ）

5.在资本成本决策中，在公司价值比较法确定的最佳资本结构下，公司资本成本最低。（ ）

6.每股收益无差别点法中，每股收益最大时，企业价值最大。（ ）

7.在市场经济环境中，多方面因素的综合作用决定着企业资本成本的高低，其中主要有利率、市场风险、税率、资本结构、股利政策和投资政策。（ ）

8.通常情况下，发行普通股筹资要考虑筹资费用，因此其资本成本要高于留存收益的资本成本。（ ）

9.总杠杆系数反映每股收益随销售量变动的剧烈程度。（ ）

10.关于经营杠杆系数，在相关范围内，产销量上升，经营风险加大。（ ）

11.忽略优先股因素，若企业无负债，则没有财务杠杆效应，其财务杠杆系数等于零。（ ）

12.当销售额达到盈亏临界点时，经营杠杆系数趋近于无穷大。（ ）

13.企业一般可以通过增加销售金额、降低产品单位变动成本、降低固定成本比重等措施使经营风险降低。（ ）

14.总杠杆系数越大，企业经营风险越大。（ ）

15.根据每股收益无差别点，可以分析判断在什么样的EBIT水平下每股收益高。例如，当预计EBIT高于每股收益无差别点时，采用负债筹资方式可以获得较高的每股收益。（ ）

16.留存收益的成本是一种机会成本，它相当于股东投资于某种股票要求的收益率，但不必考虑筹资费用。 ( )

17.某企业借入资本和权益资本的比例为1：1，则该企业没有风险，因为经营风险和财务风险可以相互抵消。 ( )

18.某企业固定成本为25万元，全部资本均为自有资本，其中普通股占90%，其余为优先股，则该企业同时存在经营杠杆效应和财务杠杆效应。 ( )

19.财务杠杆与财务风险无关。 ( )

20.以公积金转增资本，将影响债务成本。 ( )

21.利润表中财务费用金额可以从大体上反映企业资本成本的实际数额。 ( )

22.增加负债比重，虽然会影响信用评级机构对企业的评价，但却可以降低资本成本。 ( )

23.总杠杆的作用是能用来估计销售的变动对每股利润所造成的影响。 ( )

24.在各种资金来源中，凡是需支付固定性资本成本的资金都能产生财务杠杆作用。 ( )

25.当考虑货币时间价值计算债务成本时，债务的税前资本成本就是使债务的现金流入现值等于现金流出现值的贴现率。 ( )

26.当筹资额和利息（股息）率相同时，企业借款筹资产生的财务杠杆作用与发行优先股产生的财务杠杆作用不同，其原因是借款利息和优先股股息并不相等。 ( )

27.只要在企业的筹资方式中有固定财务支出的债务和优先股，就存在财务杠杆作用。 ( )

28.债转股可以提高资产负债率，优化资本结构。 ( )

29.经营杠杆本身并不是利润不稳定的根源。 ( )

30.当经营杠杆系数和财务杠杆系数都为1.5时，总杠杆系数为3。 ( )

31.在计算债券成本时，债券筹资额应按发行价确定，而不应按面值确定。 ( )

32.如果企业负债资金为零，则财务杠杆系数为1。 ( )

33.每股利润无差别点法只考虑了资本结构对每股利润的影响，并假定每股利润最大，股票价格也最高，但是把资本结构对风险的影响置之度外。 ( )

34.节约固定成本开支，降低变动成本率，可以降低经营杠杆系数，降低经营风险。 ( )

35.减少产品销售量，会增大经营风险；提高资产负债率与经营风险无关，只影响财务风险。 ( )

36.以公积金转增资本是所有者权益内的此增彼减，不会影响债务比重，所以不会影响债务成本。 ( )

37.若预期市场利率上升，企业应尽量举借长期负债，从而在若干年内把利率固定在较低水平。 ( )

38.无税的MM理论认为企业价值与资本结构无关。 ( )

39.一般而言，成长性好的企业因其快速发展，对外部资金需求比较大，要比成长性差的类似企业的负债水平高。 ( )

40.企业存在负债，所以存在财务风险；只要企业经营，就存在经营风险。可以根据权益资本和负债资本占总资本的比例判断出财务风险和经营风险的大小。（ ）

41.资本成本是投资人对投入资本所要求的最低收益率，也是判断投资项目是否可行的取舍率。（ ）

42.从资本结构的理论分析可知，企业加权平均资本成本最低时的资本结构与企业价值最大化时的资本结构是不一致的。（ ）

43.资本成本从内容上包括筹资费用和用资费用两部分，两者都需要定期支付。（ ）

44.资本成本一般用资本成本率表示，它是筹资费用与用资费用之和与筹资总额的百分比。（ ）

45.资本成本的正确与否，通常会影响企业的筹资决策，不会影响投资决策。（ ）

46.考虑货币时间价值因素时，债券资本成本与借款资本成本的计算步骤完全相同，所不同的只是债券筹资额可能大于或小于面值，而借款筹资额一般按借款本金计算。（ ）

47.当经营杠杆系数趋近于无穷大时，企业的总资产报酬率为零。（ ）

48.通过每股收益无差别点分析，可以准确地确定一个公司已存在的财务杠杆、每股收益、资本成本与企业价值之间的关系。（ ）

49.一般情况下，公司通过发放股票股利增加普通股股本，普通股股本增加前后，资本成本不变。（ ）

50.在经营杠杆系数一定的条件下，权益乘数与总杠杆系数呈反比。（ ）

四、计算分析题

1.目的：练习加权平均资本成本的计算。

资料：ABC公司按平均市场价值计量的目标资本结构是：40%的长期债务、10%的优先股、50%的普通股。长期债务的税后成本是3.90%，优先股的成本是8.16%，普通股的成本是11.8%。

要求：计算加权平均资本成本。

2.目的：练习个别资本成本的计算。

资料：某企业计划筹集资本100万元，所得税税率为25%。有关资料如下：

（1）向银行借款10万元，借款年利率为7%，期限为3年，每年支付一次利息，到期还本。

（2）溢价发行债券，债券面值总额为14万元，发行价格总额为15万元，票面利率为9%，期限为5年，每年支付一次利息，到期还本。

（3）发行普通股募资40万元，每股发行价格为10元，预计第1年每股股利为1.2元，以后每年按3%递增。

（4）其余所需资本通过留存收益取得。

要求：计算个别资本成本。

3.目的：练习加权平均资本成本的计算与应用。

资料：杭州发达公司需筹集5 000万元长期资本，可以从贷款、发行债券、发行普通股三种方式筹集，其个别资本成本已分别测定，有关资料见表5-1。

表5-1 发达公司资本成本与资本结构数据表

筹资方式	资本结构			个别资本成本
	A方案	B方案	C方案	
贷款	40%	30%	20%	6%
发行债券	10%	15%	20%	8%
发行普通股	50%	55%	60%	9%
合计	100%	100%	100%	

要求：

(1) 计算加权平均资本成本。

(2) 应选择哪一个方案？

4. 目的：练习经营杠杆、财务杠杆和总杠杆的计算与应用。

资料：某公司资产总额为5 000万元，资产负债率为40%，负债平均利息率为5%，全部固定成本和费用为300万元，净利润为750万元，公司适用的所得税税率为25%。

要求：

(1) 计算DOL、DFL、DTL。

(2) 当销售收入增长15%时，预计公司每股收益增长率为多少？

5. 目的：练习财务杠杆和总杠杆的计算。

资料：某企业资产总额为2 000万元，负债和权益筹资额的比例为2∶3，债务利率为12%，当前销售额为1 000万元，息税前利润为200万，经营杠杆系数为2。

要求：计算总杠杆系数。

6. 目的：练习每股收益无差别点分析法的运用。

资料：某公司原有资本700万元，其中债务资本200万元（每年负担利息24万元），普通股资本500万元（发行普通股10万股，每股面值50元）。由于公司扩大业务，需追加资金300万元，假设没有筹资费用。公司的筹资方式有三种：

方案一：全部按面值发行普通股，增发6万股，每股发行价50元。

方案二：全部增加长期借款，借款利率仍为12%，利息36万元。

方案三：增发新股4万股，每股发行价47.5元；剩余部分通过发行债券筹集，债券按10%溢价发行，票面利率为10%。

公司的变动成本率为60%，固定成本为180万元，所得税税率为25%。

要求：使用每股收益无差别点法计算确定公司应当采用哪种筹资方式。

7. 目的：运用综合分析法进行资本结构决策。

资料：大运河公司2016年度的普通股和长期债券资金分别为8 400万元和5 600万元，资本成本分别为14%和8%。本年度拟增加资金1 250万元，现有以下两个方案：

方案一：保持原有资本结构筹集普通股资金和长期债券资金，预计普通股资本成本为15%，长期债券资本成本仍为8%。

方案二：平价发行长期债券1 250万元，票面年利率为12%，没有筹资费用。预计债券发行后，企业的股票价格为每股18元，每股股利为2.7元，股利增长率为3%，适用的所得税税率为25%。

要求：

（1）计算采用方案一时，大运河公司的平均资本成本。

（2）计算采用方案二时，大运河公司的平均资本成本。

（3）利用资本成本比较法，判断大运河公司应采用哪一个方案？

8.目的：练习加权平均资本成本的计算与应用。

资料：ABC公司拟采用普通股、银行贷款和债券三种方式筹资新建一条生产线，预计筹资总额2 000万元，其中：发行股票100万股，每股发行价10元，已知第1年股利为1元，以后每年按5%的比例递增；银行贷款500万元，年利率为10%，期限为5年，每年付息一次，借款手续费率为0.1%；债券面值480万元，发行价为500万元，票面年利率为13%，期限为5年，每年付息一次，发行费用率为2%。假设该公司所得税税率为40%。预计该生产线投产后每年可增加净收益250万元。

要求：按照加权平均资本成本分析该筹资项目是否可行。

五、综合分析题

1.资料：ABC公司正在着手编制明年的财务计划，公司财务主管请你协助计算其加权平均资本成本。有关资料如下：

（1）公司银行借款利率当前是9%，明年将下降为8.93%。

（2）公司债券面值为1元，票面利率为8%，期限为10年，分期付息，当前市价为0.85元。如果按公司债券当前市价发行新的债券，发行成本为市价的4%。

（3）公司普通股面值为1元，当前每股市价为5.5元，本年派发现金股利0.35元，预计每股收益增长率维持在7%，并保持25%的股利支付率。

（4）公司当前的资本结构为：银行借款150万元、长期债券650万元、普通股400万元、保留盈余420万元。

（5）公司所得税税率为40%。

（6）公司普通股的β值为1.1。

（7）当前国债的收益率为5.5%，市场上普通股平均收益率为13.5%。

要求：

（1）计算银行借款的税后资本成本。

（2）计算债券的税后资本成本。

（3）分别使用股票股利估价模型和资本资产定价模型估计内部股权资本成本，并计算两种结果的平均值作为内部股权成本。

（4）如果仅靠内部融资，明年不增加外部融资规模，计算其加权平均资本成本。

（计算时的单项资本成本百分数，保留2位小数）

2.资料：黄河集团公司目前的资金来源包括：每股面值2元的普通股380万股和平均年利率为8%的1 000万元债务。该公司2017年拟投产一条生产线，需要投资400万元，预期投产后每年可增加息税前利润220万元。该项目备选的筹资方案有三个：

方案一：按10%的利率发行债券（平价发行）。

方案二：按面值发行股利率为12%的优先股。

方案三：按20元/股的价格增发普通股。

该公司目前的息税前利润为580万元，适用的所得税税率为25%，证券发行费忽略不计。

要求：

（1）计算按不同方案筹资后的普通股每股收益（结果保留2位小数）。

（2）计算增发普通股和债券筹资的每股（指普通股，下同）收益无差别点（用息税前利润表示，下同），以及增发普通股和优先股筹资的每股收益无差别点。

（3）计算筹资前的财务杠杆系数和按三个方案筹资后的财务杠杆系数。

（4）根据以上计算结果分析，该公司应选择哪一种筹资方式？理由是什么？

（5）如果新生产线可提供450万元新增息税前利润，在不考虑财务风险的情况下，公司应选择哪一种筹资方式？

第二部分　案例分析题

案例一

惠泉啤酒、重庆啤酒与青岛啤酒的资本结构决策分析

（一）案例资料

目前，我国啤酒行业集团化、规模化趋势明显，国际啤酒行业已经在国内啤酒行业纵深发展。在大集团之间的相互渗透促使竞争加剧，前些年大规模投入的行业新增产能有待继续释放等有可能导致低价竞争的诸多不利因素影响下，未来啤酒市场的激烈竞争格局仍将继续。进入21世纪以来，中国啤酒市场不断加快行业整合。通过并购重组，当前的中国啤酒市场已经是由几家啤酒巨头主导。

2015年，啤酒行业前五大企业市场占有率达到75.33%。当前全球经济格局深度调整，国内经济依然存在下行压力，消费不足仍将继续，但居民消费价格仍将保持合理的增长速度。作为快速消费品的啤酒，随着消费者消费理念趋于成熟，对产品的选择也更趋向于个性化，啤酒细分市场展现商机。同时，由于长期的低价竞争不但未能给啤酒经营企业带来盈利，反而因过度的价格战而大伤元气。在低档啤酒市场无利可图的情况下，大多啤酒企业将目光集中在开发中高档啤酒市场上。

1.惠泉啤酒

福建省燕京惠泉啤酒股份有限公司（以下简称惠泉啤酒）是中国十佳啤酒企业之一，也是福建省唯一的啤酒股票上市公司。公司现有四个啤酒生产基地（本埠南厂、北厂，福鼎，江西抚州），总生产规模设计年产能超过80万吨，现年产能超过60万吨。公司总资产超过15亿元，年销售额超过10亿元，年纳税总额超过2亿元，拥有一流的啤酒生产设备和雄厚的科技力量。公司始终坚持立足东南市场，努力打造区域性强势品牌的发展战略。

公司坚持走差异化竞争道路，重点扣准“品质”与“终端”两个发展命脉，以品质的提升来实现产品盈利能力的提高，以终端的深耕来实现市场销量的回稳，促进公司的健康持续协调发展。

2.重庆啤酒

重庆啤酒股份有限公司（以下简称重庆啤酒）是经重庆市经济体制改革委员会渝改委〔1993〕109号文批准，以重啤集团为独家发起人，通过募集方式于1993年12月23日成立。公司于1997年经中国证监会批准，在上海证券交易所成功上市。现在公司的股本结构为：重庆啤酒（集团）有限责任公司持有9 679.424万股；嘉士伯啤酒厂香港有限公司持有5 929.4万股。现公司下辖19个分、子公司，主要分布于重庆、四川、广西、安徽、湖南、浙江等地。2015年度，公司实现啤酒销售量98.95万千升，与2014年度实现啤酒销售量104.76万千升相比下降了6%；实现营业收入33.24亿元，与2014年度实现营业收入31.69亿元相比上升了5%；实现归属于上市公司股东的净利润-6 567.84万元，与2014年度实现归属于上市公司股东的净利润7 343.52万元相比下降了189%。公司的主要产品为“重庆”“山城”系列啤酒，“山城”商标更是被认定为“中国驰名商标”。公司的现在的实际控制人是嘉士伯公司，该公司是国际啤酒行业领先者之一。在我国啤酒市场日趋饱和的影响下，啤酒消费市场将迎来多元化的消费升级阶段，公司将和嘉士伯一起融合与整合现有资源，同心同行，凝心聚力，努力将公司发展成为全国领先的啤酒企业。

3.青岛啤酒

青岛啤酒股份有限公司（以下简称青岛啤酒）的前身是1903年8月由德国商人和英国商人合资在青岛创建的日耳曼啤酒公司青岛股份公司，成为2008年北京奥运会官方赞助商，跻身世界品牌500强。1993年7月15日，青岛啤酒股票（0168）在香港交易所上市，是中国内地第一家在海外上市的企业。同年8月27日，青岛啤酒股票（600600）在上海证券交易所上市，成为中国首家在两地同时上市的公司。上世纪90年代后期，运用兼并重组、破产收购、合资建厂等多种资本运作方式，青岛啤酒在中国19个省、市、自治区拥有50多家啤酒生产基地，基本完成了全国性的战略布局。青啤品牌在世界品牌价值实验室（World Brand Value Lab）编制的2012年度《中国品牌500强》显示，品牌价值已达631.68亿元。青岛啤酒远销美国、日本、德国、法国、英国、意大利、加拿大、巴西、墨西哥等世界70多个国家和地区。全球啤酒行业权威报告Barth Report依据产量排名，显示青岛啤酒为世界第六大啤酒厂商。

2015年，公司实现啤酒销售量848万千升，实现营业收入276.35亿元，实现归属于上市公司股东的净利润17.13亿元。面对国内啤酒市场竞争仍呈现加剧和严酷的态势，特别是大企业之间竞争、国际化竞争激烈程度加大的发展态势，2016年，青岛啤酒的经营目标是力争实现啤酒销量增长高于行业增长率2个百分点，继续保持在国内市场的领先地位。公司将继续坚守既定发展战略，巩固核心基地市场、突破新兴市场，在努力稳定国内市场份额的基础上，围绕“品牌成长和能力提升”实现双轮驱动；致力于产品结构的优化提升和管理提升，充分发挥青岛啤酒的品牌和品质优势，以消费者为中心，提升差异化品质竞争优势，以差异化竞争战略在国内中高端市场不断取得新的增长态势。

三家啤酒公司2010—2015年主要财务指标见表5-2。

表5-2　　三家啤酒公司2010—2015年主要财务指标　　金额单位：亿元

公司名称	项　目	2015	2014	2013	2012	2011	2010
惠泉啤酒	净利润	0.22	0.31	0.20	-0.72	0.32	0.53
	营业收入	7.52	8.29	7.96	6.91	8.80	9.09
	净资产收益率	2.11%	3.02%	1.93%	-6.60%	2.84%	4.78%
	资产负债率	6.16%	7.34%	7.00%	7.10%	8.30%	11.90%
	流动资产	5.80	5.50	4.95	4.59	5.00	5.00
	流动负债	0.68	0.83	0.76	0.78	1.03	1.38
	营运资本	5.12	4.67	4.19	3.81	3.97	3.62
	非流动负债	0.04	0.03	0	0	0	0
重庆啤酒	净利润	-1.54	-0.32	1.59	1.59	1.54	3.62
	营业收入	33.24	31.69	33.87	31.49	26.95	23.75
	净资产收益率	-5.43%	5.22%	10.64%	11.06%	10.98%	28.10%
	资产负债率	67.24%	63.85%	58.51%	60.20%	58.70%	57.88%
	流动资产	14.38	13.74	16.94	18.84	14.10	13.41
	流动负债	21.82	22.00	25.38	28.04	20.56	19.56
	营运资本	-7.44	-8.26	-8.44	-9.20	-6.46	-6.15
	非流动负债	3.20	3.06	0	0	0.50	1.00
青岛啤酒	净利润	16.12	20.20	19.73	17.59	17.38	15.20
	营业收入	276.35	290.49	282.91	257.82	231.58	198.98
	净资产收益率	10.76%	13.53%	14.87%	14.91%	16.78%	16.90%
	资产负债率	43.28%	43.39%	50.70%	54.00%	52.00%	54.60%
	流动资产	118.87	103.52	122.74	101.42	95.83	98.95
	流动负债	97.53	92.28	111.14	73.36	71.56	60.16
	营运资本	21.34	11.24	11.60	28.06	24.27	38.79
	非流动负债	25.82	24.88	23.78	35.42	32.01	20.42

资料来源：根据三家啤酒公司年报数据整理。

（二）案例分析要求

1.分析上述三家啤酒公司的营运资本政策，判断其属于哪种类型的短期筹资决策？

2.结合公司的其他相关信息，分析上述三家啤酒公司的资本结构与发展战略是否匹配？

3.结合案例，说明公司资本结构的形成受到哪些因素的影响？

4.针对重庆啤酒资本结构存在的问题，提出解决问题的建议。

案例二

漳州片仔癀药业股份有限公司

（一）案例资料

1.公司概况

漳州片仔癀药业股份有限公司是国有控股医药类上市公司，主营业务包括中成药制造和医药流通，并兼营特色化妆品、日化和护理用品。公司股票（600436）于2003年6月16日在上海证券交易所成功上市。公司主导产品片仔癀牌片仔癀已连续20年位居中国中成药单项出口创汇第一名，注册的“片仔癀”商标于1999年元月被评为“中国驰名商标”，继1995年被原国家国内贸易部认定为“中华老字号”之后，于2006年再次被商务部认定为首批“中华老字号”，于2007年7月被评为“中华老字号”品牌价值20强。该公司是国家大型二档企业、国家科技部认定的火炬计划重点高新技术企业、福建省20家重点联系和重点扶持的骨干企业，居中国中成药行业50强企业行列，连续多年入选全国500家经济效益工业企业。公司以生产名贵中成药——片仔癀而享誉海内外，“片仔癀制作技艺”于2011年被国务院公布为“国家级非物质文化遗产”。片仔癀及其系列产品、心舒宝片、片仔癀茵胆平肝胶囊通过国家首批“原产地标记认证”。公司多次被省、市工商管理部门授予“重合同、守信用”单位，更是有幸成为首批全国“重合同、守信用”企业。公司被福建省工商局认定为2001年度检验免审企业，被省、市认定为重点工业企业，经国家人事部批准设立为“博士后科研工作站”，并荣获全国模范职工之家，蝉联三届省、市文明单位等荣誉称号。

公司主要产品为片仔癀系列产品及其他中成药品，其中核心产品片仔癀的处方、工艺均被国家中医药管理局和国家保密局列为国家绝密，并由公司独家生产。片仔癀在疗效上除了作为百病克星具有独特药效外，还具有突出的保肝护肝、降火清毒、提高免疫力等综合性保健功能，有着广泛的市场和良好的声誉。片仔癀于1979年荣获国家质量银质奖，1984年、1989年两次荣获国家质量金质奖，1988年荣获全国首届百病克星大赛金奖，1993年荣获印尼雅加达中医药卫生科技成就展览会金奖；1994年被列为国家中药一级保护品种，是最早获得国家一级保护的极少数中药品种之一；1995年荣获国家中医药管理局颁发的中国中药名牌产品证书；1995年被原国家国内贸易部认定为中华老字号；1989年片仔癀商标获准在国家工商总局注册；2002年片仔癀系列产品被国家质量监督检验检疫总局认定为原产地标记保护产品；2006年入选商务部首批中华老字号；2007年7月被评为中华老字号品牌价值20强；2009年再次获得消费者最喜爱的中华老字号品牌；2011年片仔癀制作技艺被评为国家级非物质文化遗产，直到现在其秘方还未公开，为漳州片仔癀药业所有。虽然源自于宫廷秘方，但片仔癀的功效一直都有在民间发光发热，治愈了许多病症，在古时一直被称为“神药”。

2.公司行业前景看好

21世纪初，我国医药工业的销售利润率仅为8.17%，在此后的7年间，销售利润率一直处于8%~10%之间。从2006年开始，政府从药品研发、生产、流通到使用环节相继出台了严控措施，进行全方位的治理整顿，全行业出现了整体业绩下滑的情况。经过几年的规范化发展，尤其是2007年之后新医改政策的酝酿实施，医药工业的利润水平稳步提高。截至2014年12月，中成药行业（规模以上企业）总资产达5 409亿元，同比增长17.84%，2014年实现主营业务收入5 806亿元，同比增长13.14%。截至2015年6月，中成药行业（规模以上企业）总资产达5 528亿元，同比增长12.78%，2015年1—6月实现主营业务收入2 796亿元，同比增长5.20%。另外，从毛利率情况来看，中成药行业在医药制造行业中技术密集程度相对较高，因此主营业务毛利率高于医药制造行业整体水平。2014年，中成药行业主营业务毛利率为32.30%，2015年上半年为32.16%。2016年1—4月，医药工业规模以上企业实现利润总额576.78亿元，同比增长16.30%，高于全国工业整体增速9.8个百分点，较上年同期提高4.66个百分点。各子行业中，利润增长最快的是化学原料药、医疗仪器设备及器械。

3.再次股票融资

2013年7月，公司成功增发（配股）股票，募资7.75亿元，用于建设片仔癀产业园，项目总投资为61 072.22万元，其中主要包括固定资产投资41 659.19万元、土地费用4 500万元、铺底流动资金5 552.02万元等。该项目建设期为3.5年，项目达产后，预计年均销售收入16.5亿元，年均税后利润3.27亿元，税后财务内部收益率24.87%，税后投资回收期为6.07年。

4.公司主要财务指标

片仔癀公司2010—2015年主要财务指标见表5-3。

表5-3　片仔癀公司2010—2015年主要财务指标

项目 \ 年度	2015	2014	2013	2012	2011	2010
基本每股收益（元）	1.16	2.73	2.73	2.49	1.82	1.39
净利润（亿元）	4.63	4.37	4.29	3.49	2.55	1.94
净利润同比增长率（%）	5.95	1.86	23.31	36.75	31.29	49.72
营业总收入（亿元）	18.85	14.53	13.96	11.71	10.21	8.67
营业总收入增长率（%）	29.73	4.08	19.19	14.64	17.78	24.84
每股净资产（元）	7.85	18.08	15.58	10.72	8.22	7.50
净资产收益率（%）	15.39	16.21	21.92	27.47	22.91	22.17
净资产收益率（摊薄）（%）	14.79	15.09	17.15	23.23	22.14	18.50
资产负债率（%）	18.54	18.15	20.47	30.27	24.20	25.09
每股未分配利润（元）	3.58	7.23	5.94	4.84	3.28	2.33
每股经营现金流（元）	0.76	1.64	1.71	1.16	1.66	1.47
销售毛利率（%）	47.01	49.92	54.57	52.92	45.54	38.54
存货周转率	1.13	0.86	0.97	1.19	1.58	1.59

资料来源：根据公司年报和同花顺数据库资料整理。

（1）公司资产负债率一直处在较低水平，2010—2015年维持在18%~30%左右。

（2）公司每股收益在六年内大幅度增长，净资产收益率不断提升，2012年高达27%左右，近两年销售毛利率在50%左右，公司的盈利能力处于较高水平。

（3）公司销售平均增长幅度在16%左右，净利润增长幅度高于销售增长，平均增长幅度为30%。

（4）公司未分配利润逐年递增，即留存收益越来越多。

（二）案例分析要求

（1）公司具有非常好的发展前景、良好的经营业绩，且资产负债率也很低（意味着有选择债务筹资的空间）。投资项目所需筹资，为什么没有依靠内部积累（每股留存收益逐年递增），没有首选资本成本较低的银行借款，也没有发行可以抵税的企业债券，而是选择了高成本的增发股票筹资方案呢？

（2）结合上述案例和国内的创业板或中小板企业，分析尽管股票融资成本较高，为什么我国民营企业还是首选股票融资，而把银行借款、债券等融资放在其后考虑。

第三部分　参考答案

☆ **练习题参考答案**

一、单项选择题

1.D　2.B　3.C　4.C　5.A　6.D　7.C　8.C　9.B　10.A　11.A　12.C　13.D　14.C　15.A　16.D　17.D　18.D　19.B　20.C　21.C　22.A　23.A　24.B　25.D　26.D　27.C　28.C　29.C　30.D　31.A　32.C　33.B　34.D　35.A　36.C　37.A　38.C　39.D　40.B　41.A　42.D　43.B　44.B　45.C　46.C　47.A　48.D　49.C　50.B

二、多项选择题

1.AB　2.BCD　3.BD　4.ABD　5.AC　6.BCD　7.BD　8.BD　9.ACD　10.ABD　11.ACD　12.ACD　13.AC　14.ABD　15.ABC　16.ABD　17.BCD　18.CD　19.ABC　20.ABC　21.ABC　22.AB　23.ACD　24.AB　25.ABD　26.CD　27.AB　28.ABC　29.AB　30.ABCD　31.ABC　32.AB　33.ABD　34.ABCD　35.AD　36.ABC

三、判断题

1.√　2.√　3.√　4.√　5.√　6.×　7.√　8.√　9.√　10.×　11.×　12.√　13.√　14.×　15.√　16.√　17.×　18.√　19.×　20.×　21.×　22.×　23.√　24.√25.√　26.×　27.√　28.×　29.√　30.×　31.√　32.×　33.√　34.√　35.√　36.√　37.√　38.√　39.√　40.×　41.√　42.×　43.×　44.×　45.×　46.√　47.√48.×　49.√　50.×

四、计算分析题

1.该公司的加权平均成本=（40%×3.9%）+（10%×8.16%）+（50%×11.8%）

=1.56%+0.816%+5.9%=8.276%

2.各种资本的个别资本成本：

①借款成本的计算：7%×（1-25%）=5.25%

②债券成本的计算：NPV=14×9%×（P/A，I，5）+14×（P/F，I，5）-15

当I=6%时，

NPV=14×9%×（P/A，6%，5）+14×（P/F，6%，5）-15

=1.26×4.2124+14×0.7473-15=5.3076+10.4622-15=0.7698（万元）

当I=8%时，

NPV=14×9%×（P/A，8%，5）+14×（P/F，8%，5）-15

=1.26×3.9927+14×0.6806-15=5.0308+9.5284-15=-0.4408（万元）

计算可得：

I=7.27%

债券税后资本成本=7.27%×（1-25%）=5.45%

③普通股成本的计算：1.2÷10+3%=15%

④留存收益成本的计算：1.2÷10+3%=15%

3.（1）加权平均资本成本

A方案加权平均资本成本=0.4×6%+0.1×8%+0.5×9%=7.70%

B方案加权平均资本成本=0.3×6%+0.15×8%+0.55×9%=7.95%

C方案加权平均资本成本=0.2×6%+0.2×8%+0.6×9%=8.20%

（2）A方案加权平均资本成本最低，应选择A方案。

4.（1）税前利润=750÷（1-25%）=1 000（万元）

利息=5 000×40%×5%=100（万元）

EBIT=1 000+100=1 100（万元）

固定成本=300-100=200（万元）

边际贡献=1 100+200=1 300（万元）

DOL=1 300÷1 100=1.18

DFL=1 100÷1 000=1.10

DTL=1 300÷1 000=1.30

（2）每股收益增长率=1.3×15%=19.50%

5.债务资本=2 000×（1-60%）=800（万元）

债务利息（I）=800×12%=96（万元）

财务杠杆系数（DFL）=EBIT÷（EBIT-I）=200÷（200-96）=1.92

总杠杆系数=2×1.92=3.84

6.方案一和方案二比较：

（EBIT-24）×（1-25%）÷（10+6）=（EBIT-24-36）×（1-25%）÷10

计算可得：

EBIT=120万元

方案一和方案三比较：

方案三的利息=（300-4×47.5）÷（1+10%）×10%=10（万元）

（EBIT-24）×（1-25%）÷（10+6）=（EBIT-24-10）×（1-25%）÷（10+4）

计算可得：

EBIT=104万元

方案二和方案三比较：

（EBIT-24-36）×（1-25%）÷10=（EBIT-24-10）×（1-25%）÷（10+4）

计算可得：

EBIT=125万元

当EBIT小于104万元时，应该采用方案一；当EBIT介于104万元~125万元之间时，应采用方案三；当EBIT大于125万元时，应采用方案二。

7.方案一：

原有资本结构：

普通股比重=8 400÷（8 400+5 600）=60%

负债比重=5 600÷（8 400+5 600）=40%

平均资本成本=15%×60%+8%×40%=12.2%

方案二：

股票同股同酬，都要按最新股价计算：

普通股资本成本=2.7÷18+3%=18%

新旧债券利率不同，要分别计算各自的资本成本：

原债券资本成本=8%

新债券资本成本=12%×（1-25%）=9%

企业总资金=8 400+5 600+1 250=15 250（万元）

债券发行后企业的平均资本成本=18%×（8 400÷15 250）+8%×（5 600÷15 250）+9%×（1 250÷15 250）=13.59%

由于方案一的平均资本成本低，所以应采用方案一。

8.加权平均资本成本=1 000÷2 000×（1÷10+5%）+500÷2 000×10%×（1-40%）÷（1-0.1%）+500÷2 000×13%×480×（1-40%）÷500×（1-2%）=10.84%

加权平均资本成本10.84%<投资报酬率12.5%（250÷2 000），筹资可行。

五、综合分析题

1.（1）银行借款成本=8.93%×（1-40%）=5.36%

资本成本用于决策，与过去的举债利率无关；平价发行，无发行费，可直接采用简算法。

（2）债券成本=0.85×（1-4%）=1×8%×（1-40%）×（P/A，kdt，10）+1×（P/S，kdt，10）

分别用7%、8%进行测试，计算可得：

kdt=7.489%

发行成本是不可省略的，以维持不断地发新债、还旧债；存在折价和溢价时，筹资额按市价而非面值计算。

（3）普通股成本和保留盈余成本：

股利增长模型=D_1÷P_0+g=［0.35×（1+7%）］÷5.5+7%=6.81%+7%=13.81%

资本资产定价模型：

预期报酬率=5.5%+1.1×（13.5%-5.5%）=5.5%+8.8%=14.30%

普通股平均成本=（13.81%+14.3%）÷2=14.06%

（4）保留盈余数额：

明年每股净收益=（0.35÷25%）×（1+7%）=1.498（元）

保留盈余数额=1.498×400×（1-25%）+420=449.4+420=869.4（万元）

加权平均成本计算见表5-4。

表5-4　　加权平均成本计算表

项　目	金额（万元）	占百分比	单项成本	加权平均成本
银行借款	150	7.25%	5.36%	0.39%
长期债券	650	31.41%	7.489%*	2.35%
普通股	400	19.33%	14.06%	2.72%
保留盈余	869.4	42.01%	14.06%	5.91%
合 计	2 069.4	100%	—	11.37%

*保留3位小数。

2.（1）计算按不同方案筹资后的普通股每股收益（结果保留两位小数），筹资方案比较见表5-5。

表5-5　　筹资方案比较表　　金额单位：万元

筹资方案	方案一	方案二	方案三
息税前利润	800	800	800
现有债务利息	80	80	80
新增债务利息	40	0	0
税前利润	680	720	720
所得税费用	170	180	180
税后利润	510	540	540
优先股红利	0	48	0
普通股收益	510	492	540
普通股股数（万股）	380	380	400
每股收益（元）	1.34	1.29	1.35

（2）债务筹资与普通股筹资的每股收益无差别点：

［（EBIT-80-40）×（1-25%）］÷380=［（EBIT-80）×（1-25%）］÷400

EBIT=880万元

优先股筹资与普通股筹资的每股收益无差别点：

［（EBIT-80）×（1-25%）-48］÷380=［（EBIT-80）×（1-25%）］÷400

EBIT=1 360万元

（3）财务杠杆系数的计算：

筹资前的财务杠杆系数=580÷（580-80）=1.16

债务筹资的财务杠杆系数=800÷（800-80-40）=1.18

优先股筹资的财务杠杆系数=800÷［800-80-48÷（1-25%）］=1.22

普通股筹资的财务杠杆系数=800÷（800-80）=1.11

（4）该公司应当采用增发普通股筹资。该方式在新增息税前利润为220万元时，每股收益较高，风险（财务杠杆系数）较低，最符合财务目标。

（5）当项目新增息税前利润为450万元时，应选择债务筹资方案。

☆ 案例分析题要点与提示

案例一

1.营运资本政策即营运资本融资政策，是公司的重要财务政策之一，是指如何安排永久性流动资产和临时性流动资产的资金来源问题的政策。主要有三种可供选择的营运资本政策类型：适度型融资政策、激进型融资政策和稳健型融资政策。根据上述原理可知：惠泉啤酒、重庆啤酒与青岛啤酒分别属于稳健型、激进型和适度型融资政策。惠泉啤酒的营运资本较大，长期性的资金来源安排了大量的流动资产。

2.（1）三家啤酒公司的发展战略是：差异化和成本领先两种战略。青岛啤酒将推进"双轮驱动"发展战略，巩固核心基地市场，突破新兴市场，不断提升国内市场份额，包含了差异化和成本领先两种战略。重庆啤酒希望不断整合资源，在激烈的竞争中扩大规模，努力成为全国领先的啤酒企业，属于成本领先战略。惠泉啤酒坚持走差异化竞争道路，重点扣准"品质"与"终端"两个发展命脉，以品质的提升来实现产品盈利能力的提高，以终端的深耕来实现市场销量的回稳，促进公司的健康持续协调发展，属于差异化战略。

（2）企业执行成本领先战略，通常是依靠生产规模的扩张，企业债务的增加能够使生产规模不断扩大，能够继续带来成本的不断降低，进而将带来的利润大幅度提高。因此，重庆啤酒在企业的成本领先战略下，财务高杠杆本身已经成为了一项竞争优势因素，在资本结构中增加负债比例，使其与企业的竞争战略相匹配。当企业要提高顾客的认知利益、满足其个性化需求时，需要对企业独有的、难以被对手模仿的专有资产进行投资，比如专有技术、企业形象、声誉等。对这些资产投资时，出于对风险的控制和经营灵活性的需求，企业会优先选择留存收益或权益融资，而不会选择负债投资。惠泉啤酒与青岛啤酒的稳健型、适度型资本结构与其战略是基本相符的。

3.公司资本结构的影响因素：

（1）内部因素：营业收入、成长性、资产结构、盈利能力、管理层偏好、财务灵活性、股权结构等。

（2）外部因素：税率、利率、资本市场、行业特征等。

（3）简要分析：可用啤酒行业的特征以及三大啤酒公司的发展战略去分析。

4.解决问题的建议：提高非流动负债比例，比如发行企业债券等。在总负债率不变的情况下，降低流动性风险。

案例二

1.（1）从大的市场环境来看。由于我国的证券市场还没有发展成熟，在许多方面还不规范，并不具备西方资本结构理论中要求的半强式以上的资本市场状态。在这样的市场中，信息的披露和传递机制都不完善，而且中小投资者的素质也并不高，很多投资者考虑的是"投机"而不是"投资"。在这种情况下，市场对企业的评价并不是以企业披露的各项决策所暗含的信号为依据的，企业在选择筹资方式的时候也就不会过多考虑这些问题。同时，我国的债券市场也很不完善。债券市场基本被国债垄断，金融债券和其他企业债券数量和种类都非常少，很难形成规模，所以也就不会成为企业筹资的首选。

（2）从委托代理关系来看。由于一股独大，中小投资者股权分散，对企业来说基本上没有约束力。企业的股权成本没有固定的限制，发行新股筹集的资金几乎相当于是无偿使用的。这样，筹集来的资金扣除一部分发行成本后，可以在未来期间全部为企业所用。

（3）从收益和风险来看。企业的负债是有固定的财务费用支出的，不会因企业的经营状况而有所改变。这样，通过负债方式筹集资金就隐含了一部分未来固定费用的支出，使筹集的资金出现漏损。虽然负债筹资有杠杆效应，在企业的回报率高于资本成本率的时候会带来超额收益，但企业未来的发展也存在很大的不确定性，一旦出现经营失败，杠杆效应就成了一杯苦酒，会产生巨大的损失。

2.（1）我国民营企业利用银行借款、债券等融资方式的金融环境不完善。

（2）许多民营企业一股独大，上市后，中小投资者因股权分散而对控股股东的约束较少。

第六章 项目投资

第一部分 练习题

一、单项选择题

1.现金净流量是指（　　）。

A.现金流入量现值　　B.现金流入量与现金流出量的差额

C.净现值　　D.净利润

2.某项目经营期为5年，预计投产第一年流动资产需用额为30万元、流动负债为20万元，预计从投产第二年开始以后每年的流动资产需用额均为50万元、流动负债均为35万元，则该项目终结点回收的营运资本为（　　）万元。

A.15　　B.25　　C.50　　D.85

3.某投资方案的年营业收入为120 000元，年营业成本为80 000元，其中年折旧额为15 000元，所得税税率为25%，该方案的年营业现金净流量为（　　）元。

A.15 000　　B.30 000　　C.40 000　　D.45 000

4.在项目投资决策中，完整的项目计算期是指（　　）。

A.建设期　　B.生产经营期

C.建设期-生产经营期　　D.建设期+生产经营期

5.在考虑所得税因素以后，（　　）能够计算出营业现金净流量。

A.营业现金净流量=营业收入-付现成本-税金

B.营业现金净流量=税后净利-折旧

C.营业现金净流量=收入×（1-税率）+付现成本×（1-税率）+折旧×税率

D.营业现金净流量=税后收入-税后成本

6.某投资方案的年营业收入为240万元，年付现成本为170万元，年折旧额为70万元，所得税税率为25%，则该方案年营业现金净流量为（　　）万元。

A.17.5　　B.52.5　　C.70　　D.122.5

7.在项目生产经营阶段，最主要的现金流出量项目是（　　）。

A.固定资产投资　　B.营运资金投资　　C.付现成本　　D.无形资产投资

8.下列指标中没有直接利用现金净流量的是（　　）。

A.平均会计收益率　　B.获利指数　　C.净现值　　D.内部收益率

9.下列项目投资决策评价指标中，没有考虑货币时间价值的指标是（　　）。

A.净现值　　B.现值指数　　C.内含报酬率　　D.平均会计收益率

10.某投资项目原始投资额为100万元，使用寿命为10年，已知该项目第10年的营业现金净流量为25万元，期满处置固定资产的残值收入及回收流动资金共8万元，则该投资项目第10年的净现金流量为（　　）万元。

A.8　　B.10　　C.25　　D.33

11.在存在所得税的情况下，以“利润+折旧”估计经营期现金净流量时的“利润”是指（　　）。

A.利润总额　　B.净利润　　C.营业利润　　D.息税前利润

12.下列各项中，属于项目投资决策非贴现评价指标的是（　　）。

A.平均会计收益率　B.获利指数　　C.净现值　　D.内部收益率

13.下列说法中不正确的是（　　）。

A.按收付实现制计算的现金流量比按权责发生制计算的净收益更可靠

B.利用净现值不能揭示投资方案可能达到的实际报酬率

C.分别用净现值、现值指数、回收期、内含报酬率对同一项目进行评价时，评价结果可能不一致

D.回收期法和内含报酬率法均没有考虑回收期满后的现金流量状况

14.已知某投资项目的原始投资额为100万元，建设期为2年，投产后第1~8年每年的现金净流量为25万元，第9~10年每年的现金净流量为20万元。则该项目包括建设期的回收期为（　　）。

A.4年　　B.5年　　C.6年　　D.7年

15.不考虑建设期的投资回收期恰好是（　　）。

A.净现值为零时的年限　　B.净现金流量为零时的年限

C.累计净现值为零时的年限　　D.累计净现金流量为零时的年限

16.某企业拟新建一项目，需投资100万元，按直线法计提折旧，使用寿命为10年，期末无残值。该项工程于当年投产，预计投产后每年可获净利10万元。假定贴现率为10%，则其净现值为（　　）万元。

A.22.9　　B.100　　C.122.9　　D.200

17.在一般投资项目中，当一项投资方案的净现值等于零时，即表明该方案（　　）。

A.现值比率小于零

B.不具备经济可行性

C.获利指数等于1

D.内含报酬率小于设定贴现率或行业基准收益率

18.对于原始投资额不同的互斥方案的比较决策，最适用的方法是（　　）。

A.回收期法　　B.净现值法

C.现值比率法　　D.平均会计收益率法

19.能使投资方案的净现值等于零的贴现率，叫作（　　）。

A.现值比率　　B.净现值率　　C.内含报酬率　　D.平均会计收益率

20.某方案贴现率为16%时，净现值为6.12万元，贴现率为18%时，净现值为-3.17万元，则该方案的内含报酬率为（　　）。

A.14.68%　　B.17.32%　　C.18.32%　　D.16.68%

21.进行投资项目评价时，如果其他因素不变，只有贴现率提高，则下列指标的计算结果不会改变的是（　　）。

A.净现值　　B.内含报酬率

C.现值指数　　　　　　　　　　　　D.未来现金流量总现值

22.下列评价指标中，其数值越小越好的是（　　）。

A.净现值率　　B.回收期　　C.内含报酬率　　D.投资利润率

23.现值指数与净现值相比，其优点是（　　）。

A.便于投资额相同方案的比较　　　　B.便于独立投资机会获利能力的比较

C.考虑了投资项目现金流量的时间价值　　D.考虑了投资项目的投资风险

24.某投资项目的原始投资为12 000元，当年完工投产，有效期为3年，每年可获得现金净流量4 600元，则该项目的内含报酬率为（　　）。

A.7.32%　　B.7.58%　　C.8.45%　　D.8.69%

25.若净现值为负数，表明该投资项目（　　）。

A.为亏损项目，经济不可行

B.投资报酬率小于0，经济不可行

C.投资报酬率没有达到预定的贴现率，经济不可行

D.投资报酬率不一定小于0，因此也有可能是经济可行的方案

26.已知某固定资产投资项目的计算期为13年，固定资产投资为120万元，建设期资本化利息为10万元。包括建设期的回收期为5年，不包括建设期的回收期为2年。如果该固定资产采用直线法计提折旧，净残值为20万元，则年折旧额为（　　）万元。

A.10　　B.11　　C.12　　D.13

27.下列表述中不正确的是（　　）。

A.净现值是投产后现金净流量现值与初始投资额现值之差

B.当净现值为零时，说明此时的贴现率为内含报酬率

C.当净现值大于零时，获利指数小于1

D.当净现值大于零时，说明该方案经济可行

28.在进行投资项目风险分析时，风险调整贴现率易夸大远期现金流量风险，其原因是（　　）。

A.用以贴现的贴现率高于反映资金时间价值的贴现率

B.此方法调整了现金流量的分母

C.此方法过于强调现金流量的风险，把它放在首要位置

D.把时间价值与风险价值综合起来，并以此为贴现率进行贴现

29.运用风险调整贴现率法进行投资项目风险分析，需要调整的项目是（　　）。

A.有风险的贴现率　　　　　　　　B.无风险的贴现率

C.有风险的现金收支　　　　　　　D.无风险的现金收支

30.在肯定当量法下，变异系数（标准离差率）与肯定当量系数的关系是（　　）。

A.变异系数越大，肯定当量系数越大　　B.变异系数越小，肯定当量系数越小

C.变异系数越小，肯定当量系数越大　　D.变异系数与肯定当量系数呈同向变化

二、多项选择题

1.下列关于投资项目营业现金净流量估计的各种方法中，不正确的有（　　）。

A.营业现金净流量=净利润+折旧与摊销

B.营业现金净流量=营业收入-付现成本-税金

C.营业现金净流量=营业利润+折旧与摊销

D.营业现金净流量=营业收入-营业成本-税金

2.下列各项中构成初始现金流量的有（ ）。

A.固定资产投资　B.无形资产投资　C.营运资金垫支　D.其他投资

3.在经营期内的任何一年中，该年的现金净流量等于（ ）。

A.原始投资额的负值　B.原始投资与资本化利息之和

C.该年现金流入量与流出量之差　D.该年净利润、折旧与摊销之和

4.投资回收期评价指标的主要缺点是（ ）。

A.不能衡量企业的投资风险　B.没有考虑货币时间价值

C.没有考虑回收期后的现金流量　D.回收期标准的确定带有一定的主观性

5.净现值法的优点包括（ ）。

A.考虑了货币时间价值　B.考虑了项目计算期的全部净现金流量

C.考虑了投资风险　D.可以从动态上反映项目的实际收益率

6.某公司拟投资10万元建设一个项目，无建设期，投产后年均现金流入为48 000元，年均付现成本为13 000元，预计有效期为5年，按直线法计提折旧，无残值，所得税税率为25%，贴现率为10%，则该项目的（ ）。

A.回收期为2.86年　B.回收期为3.20年

C.NPV为1.85万元　D.NPV为11.85万元

7.判断一个投资项目具有经济可行性应具备的条件有（ ）。

A.净现值小于0　B.净现值大于等于0

C.现值指数大于等于1　D.内含报酬率大于等于资本成本

8.下列关于现值指数的表述中，正确的说法有（ ）。

A.现值指数=未来现金流入的现值÷未来现金流出的现值

B.它能揭示项目本身的实际报酬率

C.它忽视了现金流量的风险

D.现值指数的优点是可以进行独立投资机会获利能力的比较

9.净现值法与现值指数法的主要区别包括（ ）。

A.前者是绝对数，后者是相对数

B.前者考虑了货币时间价值，后者没有考虑货币时间价值

C.前者所得出的结论总是与内含报酬率法一致，后者所得出的结论有时与内含报酬率法不一致

D.前者不便于在投资额不同的方案之间比较，后者便于在投资额不同的方案之间比较

10.下列有关表述中正确的有（ ）。

A.利用内含报酬率法评价投资项目时，计算出的内含报酬率是方案本身的投资报酬率，因此不需要再估计投资项目的资本成本或最低报酬率

B.投资项目评估的基本原理是，当投资项目的报酬率超过资本成本时，企业的价值将

增加；当投资项目的报酬率小于资本成本时，企业的价值将减少

C.一般情况下，使某投资方案的净现值小于零的贴现率，一定大于该投资方案的内含报酬率

D.投资项目评价的现值指数法和内含报酬率法都是根据相对比率来评价投资方案的，因此两种方法的评价结论也是相同的

11.若A、B两个项目的现金流量见表6-1，则（　　）。

表6-1　A、B项目的现金流量　单位：万元

年　限	0	1	2	3
项目A	-100	20	30	100
项目B	-100	80	30	20

A.项目A的回收期为2.5年　　B.项目B的回收期为1.67年

C.项目A的回收期一定大于2.5年　　D.项目B的回收期一定小于1.67年

12.如果某投资项目的风险与企业当前资产的平均风险相同，（　　）。

A.可以使用企业当前的加权平均资本成本作为该项目的贴现率

B.若资本市场是完善的，则可以使用企业当前的加权平均资本成本作为该项目的贴现率

C.若公司继续采用相同的资本结构为新项目筹资，则可以使用企业当前的资本成本作为该项目的贴现率

D.可以使用无风险利率作为资本成本

13.下列关于评价投资项目净现值法的说法中，正确的有（　　）。

A.它考虑了货币时间价值

B.净现值指标不受贴现率高低的影响

C.理论上它比其他方法更完善

D.若净现值为正数，则方案经济可行

14.下列关于投资项目评价方法的表述中，正确的有（　　）。

A.净现值指标受贴现率高低的影响

B.回收期法虽然没有考虑货币时间价值，但是能够衡量项目的盈利性

C.内含报酬率是项目本身的投资报酬率，不随投资项目预期现金流的变化而变化

D.内含报酬率法不能直接评价两个投资规模不同的互斥项目的优劣

15.投资项目的内含报酬率是（　　）。

A.净现值为0的贴现率　　B.现值指数为0的贴现率

C.现值指数为1的贴现率　　D.银行借款利率

16.已知某投资项目运营期某年的有关资料如下：营业收入为300万元，不含财务费用的总成本费用为150万元，付现成本为120万元，所得税前净现金流量为120万元，该年所得税后净现金流量为100万元，所得税税率为25%。则下列各项说法中正确的有（　　）。

A.该年折旧与摊销为30万元　　B.该年所得税调整额为20万元

C.该年息税前利润为80万元　　D.该年税金及附加为70万元

17.下列关于肯定当量系数的说法中，正确的有（　　）。

A.它可以把有风险的现金流量换算为无风险的现金流量

B.肯定当量系数越大，说明风险越大

C.利用肯定当量系数可以把现金流量中的全部风险剔除

D.利用肯定当量系数只能把现金流量中的系统风险剔除

18.下列有关调整现金流量法和风险调整贴现率法的表述中，正确的有（　　）。

A.调整现金流量法对时间价值和风险价值分别进行调整

B.风险调整贴现率法根据资本资产定价模型对贴现率进行调整

C.风险调整贴现率夸大了远期现金流量的风险

D.运用风险调整贴现率法克服了调整现金流量法夸大远期风险的缺点

19.在调整现金流量法下，有关变异系数与肯定当量系数的关系，不正确的表述有（　　）。

A.变异系数越大，肯定当量系数越大

B.变异系数越小，肯定当量系数越小

C.变异系数越小，肯定当量系数越大

D.变异系数与肯定当量系数呈同向变化

20.下列关于肯定当量系数的表述中，正确的有（　　）。

A.它是指不肯定的1元现金流量期望值相当于使投资者满意的肯定金额的系数

B.肯定当量系数的取值在0~1之间

C.通过它可以把不肯定的现金流量换算成肯定的现金流量

D.肯定当量系数可以由投资风险专家凭主观经验判断确定

三、判断题

1.估计投资项目的现金流量是分析投资方案时最重要、最困难的步骤。（　　）

2.付现成本是指需要支付现金的成本，在数量上等于销售收入减税后利润后，再与折旧相加之和。（　　）

3.在确定投资方案的相关现金流量时，应遵循的最基本的原则是：只有增量现金流量才是与项目相关的现金流量。（　　）

4.若某个企业是免税企业，则无论采用何种折旧方法，折旧对现金流量均无影响。（　　）

5.在考虑所得税因素时，计算营业现金净流量的利润是指营业利润。（　　）

6.在投资方案评价中，折旧既不是流入量因素也不是流出量因素，因而不必考虑。（　　）

7.项目投资非贴现评价方法由于不考虑货币时间价值，是过去最常用的方法，目前只作为辅助方法使用。（　　）

8.投资方案的回收期越长，表明该方案的风险程度越小。（　　）

9.在多个投资项目中，净现值最大的项目为最优的投资项目。（　　）

10.现值指数是一个相对数指标，反映投资的效率；而净现值是一个绝对数指标，反

映投资的效果。 ( )

11. 当评价两个相互排斥的投资方案时，应当着重比较其各自的内含报酬率，而把其净现值放在次要位置。 ( )

12. 比较任何两个投资方案时，内含报酬率较高的方案较优。 ( )

13. 如果投资方案出现了非正常现金流量（即现金流量正负符号的改变超过一次），则可能出现多个内含报酬率。 ( )

14. 某个贴现率可以使某投资方案的净现值等于零，则该贴现率称为该方案的内含报酬率。 ( )

15. 在项目投资决策中，内含报酬率与项目设定贴现率的高低无关。 ( )

16. 内含报酬率是指使投资方案的净现值为零时的贴现率，或者说，是使未来现金流入量等于未来现金流出量时的报酬率。 ( )

17. 采用逐次测试法计算内含报酬率时，如果净现值大于零，说明该方案的内含报酬率比估计的报酬率要低，应以更低的贴现率测试。 ( )

18. 内含报酬率是指现值指数为零时的报酬率。 ( )

19. 根据肯定当量系数可以把各年不肯定的现金流量换算成肯定的现金流量，其取值与管理层对风险的好恶有关。 ( )

20. 风险调整贴现率法比较符合逻辑，但把货币时间价值和风险价值合在一起，隐含着风险随着时间的推移而加大的假设，这与事实是相符的。 ( )

四、计算分析题

1. 目的：练习项目投资现金流量的估算。

资料：某公司准备购入一套设备以扩充生产能力，现有甲、乙两个方案可供选择。甲方案需投资60 000元，使用寿命为5年，采用直线法计提折旧，5年后设备无残值，5年中每年的销售收入为30 000元，每年的付现成本为10 000元。乙方案需投资72 000元，采用直线法计提折旧，使用寿命为5年，5年后有残值收入12 000元，5年中每年的销售收入为34 000元，付现成本第1年为12 000元，以后每年增加600元，另需垫支流动资金6 000元。假设所得税税率为25%。

要求：估算两个方案各个时点的现金净流量。

2. 目的：练习项目投资营运资本垫支的估算。

资料：某公司的销售部门预计，如果企业投产的新产品每台定价为3万元，销售量每年可以达到10 000台，销售量不会逐年上升，但价格可以每年提高2%。生产该产品需要的营运资本随销售额而变化，预计为销售额的10%。假设这些营运资本在年初投入，项目结束时收回，产品的适销期为5年。

要求：计算第5年年末回收的营运资本。

3. 目的：练习项目投资确定性决策方法。

资料：中华公司准备购入一台设备以扩充生产能力，现有A、B两个方案可供选择。假定贴现率为10%，所得税税率为25%，固定资产按直线法计提折旧，各年有关的现金流量分布见表6-2。

表6-2　　**A、B方案现金流量分布表**　　单位：万元

项　目	0	1	2	3	4	5
A方案						
固定资产投资	-10 000					
营业现金净流量		3 200	3 200	3 200	3 200	3 200
现金净流量合计	-10 000	3 200	3 200	3 200	3 200	3 200
B方案						
固定资产投资	-12 000					
流动资金垫支	-3 000					
营业现金净流量		3 800	3 560	3 320	3 080	2 840
固定资产残值						2 000
流动资金回收						3 000
现金净流量合计	-15 000	3 800	3 560	3 320	3 080	7 840

要求：计算A、B方案的回收期、平均会计收益率、净现值、现值指数及内含报酬率。

4. 目的：练习项目投资确定性决策方法。

资料：高达公司拟与时光公司合作生产甲产品，通过调查研究提出以下方案：

（1）设备投资：设备买价为400万元，预计可使用10年，报废时无残值收入；按税法要求该类设备折旧年限为8年，使用直线法计提折旧，残值率为10%，计划在2017年1月1日购进并立即投入使用。

（2）厂房装修：装修费用预计10万元，在2017年2月1日装修完工时支付，预计在5年后还要进行一次同样的装修。

（3）购买该产品的商标使用权10年，一次性支付使用费100万元，按照直线法摊销。

（4）收入和成本预计：预计每年收入为300万元；每年付现成本为200万元。该项目的上马会导致该企业其他同类产品的收益减少10万元，如果该公司不上该项目，时光公司会立即与其他企业合作。

（5）营运资金：投产时垫支50万元。

（6）所得税税率为25%。

（7）项目加权平均资本成本为5%。

要求：

（1）计算项目各年度现金流量。

（2）用净现值法评价该企业应否投资此项目。

5. 目的：练习项目投资风险性决策方法——肯定当量法。

资料：某公司准备投资一个项目，现正在研究该项目的经济可行性，有关资料见表6-3。

表6-3　　　　投资项目资料表

年　限	现金净流量（万元）	概率分布
0	-1 500	1
1	600	0.2
	800	0.6
	1 000	0.2
2	700	0.2
	900	0.4
	1 000	0.4
3	500	0.3
	900	0.4
	1 300	0.3

变异系数与肯定当量系数之间的经验关系如下：

变异系数	肯定当量系数
0 ~ 0.07	1
0.08 ~ 0.15	0.9
0.16 ~ 0.23	0.8
0.24 ~ 0.32	0.7
0.33 ~ 0.42	0.6
0.43 ~ 0.54	0.5
0.55 ~ 0.70	0.4

要求：假设无风险投资报酬率为8%，用肯定当量法评价该项目是否经济可行。

6.目的：练习项目投资风险性决策方法——风险调整贴现率法。

资料：某企业投资31 200元购入一台设备。该设备预计净残值为1 200元，可使用3年，按直线法计提折旧。该设备投产后各年的营业收入分别为20 000元、40 000元、30 000元，除折旧外的费用分别为8 000元、24 000元、10 000元。所得税税率为25%，无风险收益率为10%，风险系数为0.5，市场平均投资收益率为14%。

要求：

（1）计算该投资方案不含有风险的净现值。

（2）进行该投资方案的风险分析，计算风险调整后的净现值。

五、综合题

1.资料：某工业投资项目的A方案情况如下：项目原始投资额为650万元，其中：固定资产投资500万元，流动资金垫支100万元，其余为无形资产投资。该项目建设期为2年，经营期为10年。除流动资金垫支发生在项目建设期结束时（第2年年末）外，其余投资均于建设起点一次投入。固定资产的寿命期为10年，按直线法计提折旧，期满有40万元的净残值；无形资产从投资年份起分10年摊销，流动资金于终结点一次收回。预计项目投产后，每年发生的相关营业收入和付现成本分别为380万元和129万元。假设所得税税率为25%。

要求：

（1）计算A方案的下列指标：项目计算期、固定资产折旧、无形资产投资额、经营期每年的总成本、经营期每年的净利润。

（2）计算A方案的下列现金净流量指标：建设期各年的现金净流量、投产后每年的营业现金净流量、项目终结点的现金净流量。

（3）按10%的行业基准贴现率计算A方案的净现值，并评价该方案的经济可行性。

（4）该项目的B方案情况如下：在第1年年初投入700万元的固定资产，无建设期，经营期不变，仍为10年，净残值为0，每年的现金净流量为200万元，请计算B方案的净现值。

2.资料：黑杰克公司研制成功新产品A，现在需要决定是否大规模投产，有关资料如下：

（1）公司的销售部门预计，如果每台定价5万元，销售量每年可以达到8 000台；如果价格不变，销售量会逐年上升5%。生产部门预计，变动制造成本为每台3万元，每年保持不变；每年不含折旧费的固定制造成本为8 000万元，每年增加1%。新业务将在2018年1月1日开始，假设经营现金流发生在每年年底。

（2）为生产该产品，需要添置一台生产设备，预计其购置成本为6 000万元。该设备可以在2017年年底以前安装完毕，并在2017年年底支付设备购置款。该设备按税法规定的折旧年限为6年，净残值率为10%；经济寿命为5年，5年后即2022年年底该项设备的市场价值预计为1 000万元。如果决定投产该产品，公司将连续生产5年，预计不会出现提前中止的情况。

（3）生产该产品所需的厂房可以用10 000万元购买，在2017年年底付款并交付使用。该厂房按税法规定的折旧年限为20年，净残值率为10%。5年后该厂房的市场价值预计为9 000万元。

（4）生产该产品需要的经营营运资本随销售额而变化，预计为销售额的10%。假设这些经营营运资本在年初投入，项目结束时收回。

（5）公司的所得税税率为25%。

（6）该项目的成功概率很大，风险水平与企业平均风险相同，可以使用公司的加权平均资本成本10%作为贴现率。新项目的销售额与公司当前的销售额相比只占较小份额，并且公司每年有若干新项目投入生产，因此该项目万一失败不会危及整个公司的生存。

要求：

（1）计算该项目的初始投资总额，包括与项目有关的固定资产购置支出以及经营营运资本增加额。

（2）分别计算厂房和设备的年折旧额以及第5年年末的账面价值（提示：折旧按年提取，投入使用当年提取全年折旧）。

（3）分别计算第5年年末处置厂房和设备引起的税后现金净流量。

（4）计算各年项目现金净流量以及项目的净现值和回收期（计算时贴现系数保留小数点后4位，计算结果填列在表6-4中）。

表6-4　　　　项目投资评价表　　　　金额单位：万元

年　度	2017年年底	2018年	2019年	2020年	2021年	2022年
固定资产投资：						
厂房投资						
设备投资						
各年的营运资本						
垫支的营运资金						
销售收入						
变动成本						
固定付现成本						
折旧						
税后收入						
减：税后付现成本						
加：折旧抵税						
营业现金流量						
回收营运资金						
处置固定资产回收流量						
项目现金净流量						
贴现系数（10%）						
各年现金流量现值						
项目净现值						
未回收投资						
回收期（年）						

3.资料：某公司是一家电生产企业，现在考虑在杭州建立一个工厂，生产某一新型产品。预计建设工厂的固定资产投资成本为1 100万元，固定资产折旧年限为5年（预计净残值为100万元），按直线法计提折旧。该工程将承包给另外的公司，工程款在完工投产时一次付清，即可以将建设期视为零。另外，工厂投产时需要营运资本750万元。该工厂

投入运营后，每年生产和销售30万台产品，售价为200元/台，单位产品变动成本为160元；预计每年发生固定成本（不含折旧）400万元。由于该项目的风险比目前公司的平均风险高，公司要求项目的报酬率在其当前的加权平均资本成本的基础上增加2个百分点。

该公司目前的资本来源状况如下：负债的主要来源是5年期的债券，票面年利率为8.88%，按面值发行，每年付息，面值为1 000元/张，共100万张，每张债券的市价为959元；所有者权益的主要项目是普通股，流通在外的普通股共10 000万股，市价为22.38元/股，β系数为0.875。其他资本来源项目可以忽略不计。当前的无风险收益率为5%，预期市场风险股票平均报酬率为13%。该项目所需资金按公司当前的资本结构筹集，并可以忽略债券和股票的发行费用。设公司适用的所得税税率为40%。该工厂在运营5年后按预计残值处置，假设投入的营运资本在工厂处置时可全部收回。

要求：

（1）计算该公司当前的加权平均资本成本（资本结构权数按市价计算，计算时单项资本成本百分数保留2位小数，加权平均资本成本百分数取整数）。

（2）计算项目评价使用的含有风险的贴现率。

（3）计算项目的年经营现金净流量。

（4）计算该工厂在5年后处置时的现金净流量。

（5）计算项目的投资回收期、净现值和现值指数。

4.资料：已知某企业为开发新产品拟投资1 000万元建设一条生产线，现有甲、乙、丙三个方案可供选择。甲方案的各年净现金流量（NCF）为：NCF_0=-1 000万元，NCF_1=0，$NCF_{2\sim6}$=250万元。乙方案的相关资料为：在建设起点用800万元购置不需要安装的固定资产，同时垫支200万元营运资金，立即投入生产。预计投产后第1年到第10年每年新增500万元营业收入，每年新增的付现成本和所得税分别为200万元和50万元；第10年回收的固定资产余值和营运资金分别为80万元和200万元。丙方案的现金流量表见表6-5。

表6-5 **丙方案的现金流量表** 单位：万元

年 份	0	1	2	3	4	5	6~10	11	合计
原始投资	500	500	0	0	0	0	0	0	1 000
年净利润	0	0	172	172	172	182	182	182	1 790
年折旧额	0	0	72	72	72	72	72	72	720
年摊销额	0	0	6	6	6	0	0	0	18
回收额	0	0	0	0	0	0	0	280	280
税后净现金流量						A			B
累计税后净现金流量					C				

（注：“6~10”年一列中的数据为每年数，连续5年相等）

若该企业要求的必要报酬率为8%，部分资金时间价值系数见表6-6。

表6-6 i=8%的资金时间价值系数表

年份	1	6	10	11
(F/P，8%，t)	—	1.5869	2.1589	—
(P/F，8%，t)	0.9259	—		0.4289
(A/P，8%，t)	—	—		0.1401
(P/A，8%，t)	0.9259	4.6229	6.7101	—

要求：

(1) 指出甲方案项目计算期，并说明该方案第2年至第6年的净现金流量（$NCF_{2\sim6}$）属于何种年金形式。

(2) 计算乙方案项目计算期各年的现金净流量。

(3) 根据表6-5的数据，写出表中用字母表示的丙方案相关净现金流量和累计净现金流量（列算式），并指出该方案的原始投资投入方式。

(4) 计算甲、丙两个方案包括建设期在内的回收期。

(5) 计算（P/F，8%，10）和（A/P，8%，10）的值（保留四位小数）。

(6) 计算甲、乙两个方案的净现值指标，并据此评价甲、乙两个方案的财务可行性。

第二部分 案例分析题

案例一

盾安传感科技有限公司压力传感器项目可行性研究报告[①]

(一) 项目概述

1.企业名称、项目建设地址

企业名称：盾安传感科技有限公司（DunAn Sensing Technology Co.， Ltd）

项目负责人：Tom T. Nguyen

项目建设地址：浙江省诸暨市

2.总投资、注册资本、出资方式

总投资：2 000万美元

注册资本：1 000万美元

出资比例：浙江盾安人工环境股份有限公司（以下简称“甲方”或“公司”）以现金形式对合资公司注册资本出资陆佰叁拾万美元（USD 6 300 000），占合资公司注册资本的百分之陆拾叁（63%）。Microlux Technology， Inc.（以下简称“乙方”或“Microlux”）以其持有的专利、专有技术、技术诀窍及商业秘密等对合资公司注册资本出资叁佰柒拾万美元（USD 3 700 000），占合资公司注册资本的百分之叁拾柒（37%）。

① 资料来源：浙江盾安人工环境股份有限公司公告。

3.经营范围

MEMS传感器不仅限于在汽车领域、制冷空调领域、医疗领域、工业控制领域及其他领域的设计、研发、制造与销售。

4.建设内容和规模

项目主要采用MEMS微机械加工工艺路线，运用Microlux Technology，Inc.的专利、专有技术、技术诀窍及商业秘密，利用现有厂房，新增PCB自动测试台、Element自动测试系统、高低温试验箱、压力控制器、烘箱、校准台、综合测试台、电老化台、真空箱、测试/校准工装、氦检设备、高压空压机、自动点胶机器人及自动上料、全自动引线键合机等先进设备977台，形成年产1 000万只压力传感器生产能力。

项目完成后年可形成销售收入47 550万元人民币、利润总额7 355万元人民币、销售税金4 031万元人民币。

（二）项目背景

1.开发MEMS压力传感器的需要

MEMS（Micro-Electro-Mechanical System，即微机电系统）是指集微型传感器、执行器以及信号处理和控制电路、接口电路、通信和电源于一体的微型机电系统。MEMS压力传感器可以用类似集成电路的设计技术和制造工艺，进行高精度、低成本的大批量生产，从而为消费电子和工业过程控制产品用低廉的成本大量使用MEMS传感器打开方便之门，使压力控制变得简单、易用和智能化。传统的机械量压力传感器是基于金属弹性体受力变形，由机械量弹性变形到电量转换输出，因此它不可能如MEMS压力传感器那样，像集成电路那么微小，而且成本也远远高于MEMS压力传感器。相对于传统的机械量传感器，MEMS压力传感器的尺寸更小，最大的不超过1厘米，相对于传统“机械”制造技术，其性价比大幅度提高。

MEMS压力传感器广泛应用于：汽车电子如TPMS、发动机机油压力传感器、汽车刹车系统空气压力传感器、汽车发动机进气歧管压力传感器（TMAP）、柴油机共轨压力传感器；消费电子如胎压计、血压计、橱用秤、健康秤，洗衣机、洗碗机、电冰箱、微波炉、烤箱、吸尘器用压力传感器，空调压力传感器，洗衣机、饮水机、洗碗机、太阳能热水器用液位控制压力传感器；工业电子如数字压力表、数字流量表、工业配料称重等。

2.企业转型升级的需求

目前MEMS压力传感器的全球市场规模达到20亿美元，市场空间巨大，可作为公司长期战略发展方向。

通过本项目的实施，实现公司配件产业转型升级，从制冷领域向工业、汽车、医疗等领域拓展。

（三）产品方案

年产800万只压力传感器，具体产品方案见表6-7。

（四）投资规模和资金筹措方案

1.估算依据

（1）本投资估算按国家发改委、住建部颁布的“建设项目经济评价的方法与参考（第三版）”中规定的有关投资估算编制方法进行。

表6-7 **产品方案表**

序号	名　称	预计年销售量（万只）	价格（元人民币/只）	年销售额（万元人民币）
1	AVS-19SERIES	200	60	12 000
2	AVS-101SERIES	100	75	7 500
3	AVS-201SERIES	150	80	12 000
4	AVS-C305SERIES	60	15	900
5	AVS-601SERIES	120	30	3 600
6	AVS-701SERIES	100	70	7 000
7	AVS-801SERIES	35	50	1 750
8	AVS-808SERIES	35	80	2 800
合　计		800	—	47 550

（2）设备及工程费用分别参照供应商近期报价和企业类似工程的概算估列，设备安装费用按设备价的10%计列。

（3）租赁浙江盾安人工环境股份有限公司位于诸暨市的厂房，建筑面积为1 500平方米，不新增土建投资。

（4）本项目预计共投入研发经费1 590万元人民币。项目研发经费概算表见表6-8。

表6-8 **项目研发经费概算表** 单位：万元人民币

序　号	经费项目	金　额
1	材料费	370
2	测试化验加工费	230
3	燃料动力费	70
4	差旅费	70
5	会议费	50
6	合作、协作研究与交流费	390
7	出版/文献/信息传播/知识产权事务费	20
8	人员劳务费	300
9	专家咨询费	50
10	管理费	25
11	其他开支	15
合　计		1 590

（5）本项目外汇汇率暂以1美元=6.30元人民币计算，具体以国家公布的外汇汇率计算。

（6）项目开办费按100万元人民币计取。

（7）环保投资按63万元人民币计取。

（8）职工培训费包括厂内培训和外派学习，合计为50万元人民币。

（9）勘察设计费按50万元人民币计取。

（10）预备费仅计算基本预备费，按固定资产投资的3%计取；项目建设期为2年，不考虑涨价预备费。

（11）资金全部为自有资金，无建设期利息。

2.固定资产投资估算

新增固定资产投资估算为10 080万元人民币（折合1 600万美元），详见表6-9。

表6-9　**固定资产投资估算表**　金额单位：万元人民币

序号	工程或费用名称	设备购置	安装工程	其他费用	合　计	占总值（%）
一	工程费用	7 268	720	1 590	9 578	95.02
1.1	设备投资	7 205			7 205	
1.2	研发费用			1 590	1 590	
1.3	安装工程		720		720	
1.4	环保投资	63			63	
二	其他费用			200	200	1.98
2.1	项目开办费			100	100	
2.2	职工培训费			50	50	
2.3	勘察设计费			50	50	
三	预备费			302	302	3.00
合　计		7 268	720	2 092	10 080	100.00

3.流动资金计算

流动资金占用参照企业目前的实际情况，并考虑经营管理水平提高等因素，采用详细分项估算法估算，本项目新增流动资金400万美元（折合人民币2 520万元）。

4.资金筹措

本项目总投资为2 000万美元（折合人民币12 600万元），其中固定资产投资1 600万美元（折合人民币10 080万元），流动资金400万美元（折合人民币2 520万元）。

注册资本为1 000万美元，其中浙江盾安人工环境股份有限公司出资630万美元，占注册资本的63%，Microlux Technology，Inc.出资370万美元，占注册资本的37%。注册资本与投资总额间的差额通过银行贷款、股东贷款或各方在中国境内的关联方委托贷款等方式筹集。

5.资金使用计划

本项目工程建设周期暂定为2年，固定资产投资在建设期一次性投入，流动资金在第3年年初投入。

（五）盈利能力分析

1.产品销售收入

本项目拟在2年内建成，第3年投产，当年达到设计运营负荷能力的50%，第4年达产，生产经营期为10年。

预计本项目主要收入来源为MEMS压力传感器的销售收入，总销售收入为47 550万元人民币。具体销售收入估算见表6-10。

表6-10 **销售收入估算表**

名 称	预计年销售量（万只）	价格（元人民币/只）	年销售额（万元人民币）
AVS-19SERIES	200	60	12 000
AVS-101SERIES	100	75	7 500
AVS-201SERIES	150	80	12 000
AVS-C305SERIES	60	15	900
AVS-601SERIES	120	30	3 600
AVS-701SERIES	100	70	7 000
AVS-801SERIES	35	50	1 750
AVS-808SERIES	35	80	2 800
合 计	800	—	47 550

2.财务评价

主要经济指标详见表6-11。

表6-11 **主要经济指标表**

序号	指标名称	单 位	数 值	备 注
1	产品方案			
	压力传感器	万只	800	
2	能耗情况			
	年用电	万千瓦时	120	
	年用水	立方米	15 000	
3	主要建设指标			
	租赁厂房	平方米	1 000	
4	项目总投资	万元人民币	12 600	2 000万美元
	固定资产投资	万元人民币	10 080	1 600万美元
	流动资金	万元人民币	2 520	400万美元
5	经济效益			
	年销售收入	万元人民币	47 550	
	总成本费用	万元人民币	36 164	
	年折旧费	万元人民币	1 008	
	年利润	万元人民币	7 355	
	税后利润	万元人民币	5 516	
6	财务评价指标			
	回收期	年	4.35	含建设期2年
	净现值（贴现率i=12%）	万元人民币	15 342	
	内部收益率	%	46.27	

（六）项目评价结论

本项目实施后，不仅有利于本公司调整产品结构，推进科技创新，加快发展步伐，提高核心竞争力，而且可为当地新增就业机会和财政收入。

该项目财务评价指标良好，内部收益率远大于基准收益率（12%），项目回收期不长，对经营成本、销售价格、产量及固定资产变化具有较强的抗风险能力，具有较好经济效益。

项目实施地的自然条件、经济基础、原料供应和人员素质，均能保证本项目的顺利实施。

建议项目建成后继续引进先进的管理模式，开拓更广阔的市场，寻找新契机，充分发挥该企业的各种优势，并通过增收节支，多创利润，争取早日收回投资。

通过以上分析，本报告认为该项目具备了技术上的先进性、经济上的合理性、实施上的可行性，因此是切实可行的。

综上所述，本项目是可行的。

（七）案例分析要求

（1）简述该项目可行性研究报告涉及的内容。

（2）现行项目投资估算的依据有哪些？投资估算涉及哪些内容？

（3）该项目投资财务评价涉及哪些内容？

（4）该项目投资财务评价运用了哪些指标？

（5）计算该项目投资财务评价指标并评价其经济可行性。

案例二

福星电器新建项目投资决策

（一）案例资料

福星电器公司是生产小型家庭电器产品的中型企业。该厂生产的小家电性能可靠、美观实用、价格合理，很受市场欢迎。为扩大生产能力，公司准备新建一条生产线。负责这项投资决策工作的财务经理经过调查研究后，得到如下相关资料：

（1）该生产线的初始投资为12.5万元，分2年投入。第1年年初投入10万元，第2年年初投入2.5万元。第2年年末项目完工正式投产使用。投产后每年可生产电器1 000台，每台售价为300元，每年可获得销售收入30万元。投资项目可使用5年，5年后残值为2.5万元。在生产线运作期间要垫支流动资金2.5万元，这笔资金在项目结束时可全部收回。

（2）该项目生产的产品每年总成本构成如下：

材料费用：20万元　制造费用：2万元

人工费用：3万元　　折旧费用：2万元

（3）对各种资金来源进行分析后，得出该公司的加权平均资本成本为10%。

（4）公司适用的所得税税率为25%。

根据上述资料，财务经理计算出该项目的营业现金流量、现金净流量和净现值。发现该项目净现值大于0，认为项目可行。

财务经理将新建项目投资决策的分析提交给公司经理会议讨论，公司各部门负责人对该方案提出了以下意见：

（1）经营副总经理认为，在项目投资和使用期间，通货膨胀率在10%左右，将对投资项目的各方面产生影响；

（2）基建部经理认为，由于受物价变动的影响，初始投资将增长10%，投资项目终结后，设备残值也将增加到37 500元；

（3）生产部经理认为，由于受物价变动的影响，材料费用每年将增加14%，人工费用每年将增加10%，扣除折旧后的制造费用每年也将增加4%，折旧费用不变；

（4）销售部经理认为，产品销售价格每年可增加10%。

（二）案例分析要求

假设你是财务经理，请完成下列事项：

（1）在将项目分析提交经理会议讨论前，计算该项目的净现值。

（2）分析哪些因素将影响项目投资决策。

（3）据经理会议上讨论的情况，重新计算项目每年的现金净流量和项目的NPV，并据此决定是否投资。

案例三

中南日用化学品公司新产品投资分析

（一）案例资料

中南公司成立于20世纪90年代，是由中洁化工厂和南宏化工厂合并而成。合并之前，中洁化工厂主要生产“彩虹”牌系列洗涤用品；南宏化工厂主要生产“波浪”牌系列洗涤用品。两种产品在华东地区的销售市场各占有一定份额。两厂合并后，仍继续生产两种产品，并保持各自的商标。2015年，这两种洗涤剂的销售收入已是合并前的30倍，其销售市场已经从华东延伸到全国各地。

面对日益激烈的商业竞争和层出不穷的科技创新，中南公司投入大量资金进行新产品的研究和开发工作，经过多年的不懈努力，终于试制成功一种新型、高浓缩液体洗涤剂——长风牌液体洗涤剂。该产品采用国际最新技术和生物科技配方制成，与传统的粉状洗涤剂相比，具有以下几项优点：（1）采用长风牌系列洗涤剂漂洗相同重量的衣物，其用量只相当于粉状洗涤剂的$\frac{1}{6}$或$\frac{1}{8}$；（2）对于特别脏的衣物、洗衣量较大或水质较硬的地区，如华北、东北，可达到最佳洗涤效果，且不需要事前浸泡，这一点是粉状洗涤剂不能比拟的；（3）采用轻体塑料瓶包装，使用方便，容易保管。

2016年2月，公司开会讨论新产品开发及其投资的有关问题。研究开发部经理首先介绍了新产品的特点、作用以及开发项目的现金流量等。研究开发部经理指出，生产长风牌液体洗涤剂专用设备的原始投资为200万元。预计该设备使用年限15年，期满无残值。按15年计算新产品的现金流量，与公司一贯奉行的经营方针相一致。在公司看来，15年以后的现金流量具有极大的不确定性，与其预计后产生误差，不如不予预计。

研究开发部经理列示了长风牌液体洗涤剂投产后公司各年营业现金净流量表（见表6-12），并解释由于新产品投放后会冲击原来两种产品的销量，因此长风牌液体洗涤剂投产后增量营业现金净流量见表6-13。

表6-12 开发长风牌产品后公司预计营业现金净流量（年）

年 份	现金流量（元）
1~5	280 000
6~10	350 000
11~15	250 000

表6-13 开发长风牌产品公司增量营业现金净流量（年）

年 份	现金流量（元）
1~5	250 000
6~10	315 000
11~15	225 000

在分析市场状况、投资机会以及同行业发展水平的基础上，确定公司投资的机会成本为10%。

公司财务部经理首先提出长风牌液体洗涤剂开发项目资本支出预算中为什么没有包括厂房和其他设备支出的问题。

研究开发部经理解释道：目前，“彩虹”牌系列洗涤剂的生产设备利用率仅为85%，由于这些设备完全适用于生产长风牌液体洗涤剂，故除专用设备和加工包装所用的设备外，不需再增加其他设备。预计长风牌液体洗涤剂生产线全部开机后，只需要10%的工厂生产能力。

公司总经理问道：开发新产品是否应考虑增加的流动资金？

研究开发部经理解释说：新产品投产后，每年需垫支流动资金200 000元，由于这项资金每年年初借，年末还，一直保留在公司，所以不需将此项列入项目现金流量中。

公司董事长提出，生产新产品占用了公司的剩余生产能力，如果将这部分剩余能力出租，公司将得到近2 000 000元的租金收入，因此新产品投资收入应该与租金收入相对比。但他又指出，中南公司一直奉行严格的设备管理政策，即不允许出租厂房设备等固定资产。按此政策，公司有可能接受新项目，这与正常的投资项目决策方法有所不同。

讨论仍在进行，主要问题集中在：如何分析严格的设备管理政策对投资项目收益的影响；如何分析新产品市场调查研究费和追加的流动资金对项目的影响。

（二）案例分析要求

（1）生产新产品所追加的流动资金，应否算作项目的现金流量？

（2）新产品生产使用公司的剩余生产能力是否应该支付使用费？为什么？

（3）投资项目现金流量中是否应该反映由于新产品上市使原来老产品的市场份额减少而丧失的收入？

（4）如果投资项目所需资金是银行借入的，那么与此相关的利息支出是否应在投资项目现金流量中得以反映？

（5）计算投资项目的NPV和PI，并作出你的最终选择：是接受项目还是放弃项目。

第三部分　参考答案

☆ 练习题参考答案

一、单项选择题

1.B　2.A　3.D　4.D　5.A　6.C　7.C　8.A　9.D　10.D　11.B　12.A　13.D　14.C　15.D　16.A　17.C　18.B　19.C　20.B　21.B　22.B　23.B　24.A　25.C　26.B　27.C　28.D　29.A　30.C

二、多项选择题

1.CD　2.ABCD　3.CD　4.ABCD　5.ABC　6.BC　7.BCD　8.AD　9.AD　10.BC　11.AB　12.ABC　13.ACD　14.AD　15.AC　16.ABCD　17.AC　18.ABC　19.ABD　20.ABCD

三、判断题

1.√　2.×　3.√　4.√　5.×　6.×　7.√　8.×　9.×　10.√　11.×　12.×　13.√　14.√　15.√　16.×　17.×　18.×　19.√　20.×

四、计算分析题

1.甲方案各个时点的现金净流量：

NCF_0=-60 000元

NCF_{1-5}=（30 000-10 000-60 000÷5）×（1-25%）+60 000÷5=18 000（元）

乙方案各个时点的现金净流量：

NCF_0=-78 000元

NCF_1=（34 000-12 000-60 000÷5）×（1-25%）+60 000÷5=19 500（元）

NCF_2=（34 000-12 600-60 000÷5）×（1-25%）+60 000÷5=19 050（元）

NCF_3=（34 000-13 200-60 000÷5）×（1-25%）+60 000÷5=18 600（元）

NCF_4=（34 000-13 800-60 000÷5）×（1-25%）+60 000÷5=18 150（元）

NCF_5=（34 000-14 400-60 000÷5）×（1-25%）+60 000÷5+12 000+6 000=35 700（元）

2.项目投资营运资本估算表见表6-14。

表6-14　项目投资营运资本估算表　单位：万元

项 目	0	1	2	3	4	5
销售收入		3×10 000 =30 000	30 000×1.02 =30 600	30 600×1.02 =31 212	31 212×1.02 =31 836.24	31 836.24×1.02 =32 472.9648
营运资本需要量	30 000×10% =3 000	30 600×10% =3 060	31 212×10% =3 121.2	31 836.24×10% =3 183.624	32 472.9648×10% =3 247.29648	
垫支营运资本	3 000	60	61.2	62.424	63.67248	

则：第5年年末回收的营运资本=3 000+60+61.2+62.424+63.67248=3 247.30（万元）

3.A方案：

回收期=10 000÷3 200=3.125（年）

平均会计收益率=（3 200-2 000）÷10 000×100%=12%

净现值=3 200×3.7908-10 000=2 130.56（万元）

现值指数=3 200×3.7908÷10 000=1.213

由于：3 200×（P/A，IRR，5）-10 000=0，则：（P/A，IRR，5）=3.125，查年金现值系数表并用插值法求得A方案的内含报酬率为18.03%。

B方案：

回收期=4+（15 000-3 800-3 560-3 320-3 080）÷2 840=4.44（年）

平均会计收益率=（1 800+1 560+1 320+1 080+840）÷5÷15 000×100%=8.8%

净现值=3 800×0.9091+3 560×0.8264+3 320×0.7513+3 080×0.6830+7 840×0.6209-15 000=862.38（万元）

现值指数=（3 800×0.9091+3 560×0.8264+3 320×0.7513+3 080×0.6830+7 840×0.6209）÷15 000=1.057

内含报酬率：

试算：贴现率为10%时，该方案净现值为860.36万元；贴现率为12%时，该方案净现值为-1.28万元。利用插值法求得B方案的内含报酬率为11.99%。

4.（1）①项目第0年的现金流出量=设备买价+支付的装修费+购买商标使用权的支出+垫支的营运资金

=400+10+100+50

=560（万元）

项目第0年的现金净流量=-560万元

②第1~8年每年的折旧额=400×（1-10%）÷8

=45（万元）

第1~10年每年的摊销额=10÷5+100÷10=12（万元）

第1~4年每年的营业现金净流量=（收入-付现成本-折旧-摊销）×（1-所得税税率）+折旧+摊销

=（300-200-45-12）×（1-25%）+45+12

=89.25（万元）

第5年的现金净流量=第5年的营业现金净流量-支付的装修费

=89.25-10

=79.25（万元）

第6~8年每年的营业现金净流量=（收入-付现成本-折旧-摊销）×（1-所得税税率）+折旧+摊销

=（300-200-45-12）×（1-25%）+45+12

=89.25（万元）

第9年的营业现金净流量=（收入-付现成本-摊销）×（1-所得税税率）+摊销

=（300-200-12）×（1-25%）+12

=78（万元）

③项目结束时的回收额=收回营运资金+固定资产残值损失抵税

=50+40×25%

=60（万元）

第10年的现金净流量=第10年的营业现金净流量+项目结束时的回收额

=（收入-付现成本-摊销）×（1-所得税税率）+摊销+项目结束时的回收额

=（300-200-12）×（1-25%）+12+60

=138（万元）

（2）净现值=89.25×（P/A，5%，4）+79.25×（P/F，5%，5）+89.25×（P/A，5%，3）×（P/F，5%，6）+78×（P/F，5%，9）+138×（P/F，5%，10）-560

=89.25×3.5460+79.25×0.7835+89.25×2.7232×0.7462+78×0.6446+138×0.6139-560

=134.93（万元）

因为净现值大于0，所以该项目可行。

5.第1年现金净流量的期望值=600×0.2+800×0.6+1 000×0.2=800（万元）

第2年现金净流量的期望值=700×0.2+900×0.4+1 000×0.4=900（万元）

第3年现金净流量的期望值=500×0.3+900×0.4+1300×0.3=900（万元）

第1年现金净流量的标准差=$\sqrt{(800-600)^2\times0.2+(800-800)^2\times0.6+(800-1\,000)^2\times0.2}$

=126.49（万元）

第2年现金净流量的标准差=$\sqrt{(800-600)^2\times0.2+(800-800)^2\times0.6+(800-1\,000)^2\times0.2}$

=109.54（万元）

第3年现金净流量的标准差=$\sqrt{(900-500)^2\times0.3+(900-900)^2\times0.4+(900-1\,300)^2\times0.3}$

=309.83（万元）

第1年的变异系数=126.49÷800=0.16

第2年的变异系数=109.54÷900=0.12

第3年的变异系数=309.83÷900=0.34

所以，第1年的肯定当量系数为0.8，第2年的肯定当量系数为0.9，第3年的肯定当量系数为0.6。

净现值=800×0.8×（P/F，8%，1）+900×0.9×（P/F，8%，2）+900×0.6×（P/F，8%，3）-1 500

=215.64（万元）

因此，该方案经济可行。

6.（1）不含有风险的净现值（i=10%）：

NPV=11 500×（P/F，10%，1）+14 500×（P/F，10%，2）+18 700×（P/F，10%，3）-31 200

=36 486.76-31 200=5 286.76（元）

（2）风险调整后的净现值：

风险调整贴现率K=10%+0.5×（14%-10%）=12%

NPV=11 500×（P/F，12%，1）+14 500×（P/F，12%，2）+18 700×（P/F，12%，3）-31 200

=35 138.41-31 200=3 938.41（元）

五、综合题

1.（1）项目计算期为12年。

固定资产每年折旧额=（500-40）÷10=46（万元）

无形资产投资额=650-500-100=50（万元）

经营期每年的总成本=129+46+5=180（万元）

经营期每年的净利润=（380-180）×（1-25%）=150（万元）

（2）建设期：第1年年初的现金净流量为-550万元，第2年年初的现金净流量为0，第3年年初的现金净流量为-100万元。

投产后每年的营业现金净流量=150+46+5=201（万元）

项目终结点的现金净流量=201+40+100=341（万元）

（3）净现值=［201×（P/A，10%，12）-201×（P/A，10%，2）+150×（P/F，10%，12）］-550-100×（P/F，10%，2）

=486.65（万元）

净现值大于零，因此方案可行。

（4）B方案的净现值=200×（P/A，10%，10）-700=528.92（万元）

2.（1）厂房投资10 000万元。

设备投资6 000万元。

营运资本投资4 000万元。

初始投资总额=10 000+6 000+4 000=20 000（万元）

（2）设备年折旧=6 000×（1-10%）÷6=900（万元）

设备第5年年末账面价值=6 000-900×5=1 500（万元）

厂房年折旧=10 000×（1-10%）÷20=450（万元）

厂房第5年年末账面价值=10 000-450×5=7 750（万元）

（3）厂房处置损益=9 000-7 750=1 250（万元）

厂房处置净现金流入=9 000-1 250×25%=8 687.5（万元）

设备处置损益=1 000-1 500=-500（万元）

设备处置净现金流入=1 000-（-500×25%）=1 125（万元）

（4）项目投资评价表见表6-15。

表6-15 **项目投资评价表** 金额单位：万元

年　度	2017年年底	2018年	2019年	2020年	2021年	2022年
固定资产投资：						
厂房投资	-10 000					
设备投资	-6 000					
各年的营运资本	4 000	4 200	4 410	4 630.50	4 862.03	
垫支的营运资金	-4 000	-200	-210	-220.50	-231.53	
销售收入		40 000	42 000	44 100	46 305	48 620.25
变动成本		24 000	25 200	26 460	27 783	29 172.15
固定付现成本		8 000	8 080	8 160.80	8 242.41	8 324.83
折旧		1 350	1 350	1 350	1 350	1 350
税后收入		30 000	31 500	33 075	34 728.75	36 465.19
减：税后付现成本		24 000	24 960	25 965.60	27 019.06	28 122.74
加：折旧抵税		337.50	337.50	337.50	337.50	337.50
营业现金流量		6 337.50	6 877.50	7 446.90	8 047.19	8 679.95
回收营运资金						4 862.03
处置固定资产回收流量						9 812.50
项目现金净流量	-20 000	6 137.50	6 667.50	7 226.40	7 815.66	23 354.48
贴现系数（10%）	1	0.9091	0.8264	0.7513	0.6830	0.6209
各年现金流量现值	-20 000	5 579.60	5 510.02	5 429.19	5 338.10	14 500.80
项目净现值	16 357.71					
未回收投资		-13 862.50	-7 195			
回收期（年）	2+7 195÷7 226.40=3					

3.（1）该公司当前的加权平均资本成本（资本结构权数按市价计算，计算时单项资本成本百分数保留2位小数）：

债券资本成本=8.88%×（1-40%）=5.33%

股票资本成本=5%+0.875×（13%-5%）=12%

加权平均资本成本=5.33%×［（959×100）÷（959×100+22.38×10 000）］+12%×［（22.38×10 000）÷（959×100+22.38×10 000）］=10%

（2）含有风险的贴现率=10%+2%=12%

（3）年经营现金净流量=（30×200-30×160-400-200）×（1-40%）+200=560（万元）

（4）5年后处置时的现金净流量=100+750=850（万元）

（5）投资回收期=1 850÷560=3.3（年）

净现值=560×（P/A，12%，5）+850×（P/F，12%，5）-1 850

=2 500.98-1 850=650.98（万元）

现值指数=［560×（P/A，12%，5）+850×（P/F，12%，5）］÷1 850

=2 500.98÷1 850=1.35

4.（1）甲方案项目计算期为6年；第2年至第6年的净现金流量（$NCF_{2\sim6}$）属于递延年金形式。

（2）NCF_0=-800-200=-1 000（万元）

$NCF_{1\text{-}9}$=营业收入-付现成本-所得税=500-200-50=250（万元）

NCF_{10}=250+80+200=530（万元）

（3）A=净利润+折旧=182+72=254（万元）

B=净利润+折旧+摊销+回收额-原始投资=1 790+720+18+280-1 000=1 808（万元）

C=-500-500+（172+72+6）×3=-250（万元）

丙方案的现金流量表见表6-16，该方案的资金投入方式为分次等额投入。

表6-16　丙方案的现金流量表　单位：万元

年　份	0	1	2	3	4	5	6~10	11	合计
原始投资	500	500	0	0	0	0	0	0	1 000
年净利润	0	0	172	172	172	182	182	182	1 790
年折旧额	0	0	72	72	72	72	72	72	720
年摊销额	0	0	6	6	6	0	0	0	18
回收额	0	0	0	0	0	0	0	280	280
税后净现金流量	-500	-500	172+72+6=250	250	250	A=254			B=1 808
累计税后净现金流量	-500	-1 000	-750	-500	C=-250				

（4）甲方案的回收期=1+4=5（年）

丙方案的回收期=4+250÷254=4.98（年）

（5）计算（P/F，8%，10）和（A/P，8%，10）的值（保留四位小数）。

(P/F，8%，10) =1÷(F/P，8%，10) =1÷2.1589=0.4632

(A/P，8%，10) =1÷(P/A，8%，10) =1÷6.7101=0.1490

(6) 计算甲、乙两个方案的净现值指标，并据此评价甲、乙两个方案的财务可行性。

$NPV_{甲}$=-1 000+［250×(P/A，8%，6) -250×(P/A，8%，1)］

=-1 000+250×4.6229-250×0.9259=-75.75（万元）

$NPV_{乙}$=-800-200+250×(P/A，8%，10) +280×(P/F，8%，10)

=-1 000+250×6.7101+280×0.4632=807.22（万元）

由于甲方案的净现值为-75.75万元，小于0，所以该方案不具备财务可行性；由于乙方案的净现值大于0，所以该方案具备财务可行性。

☆ 案例分析题要点与提示

案例一

(1) 项目可行性研究报告一般涉及项目概述、项目背景、产品方案、投资规模和资金筹措方案、盈利能力分析、结论等内容。

(2) 现行项目投资估算的依据：国家发改委、住建部颁布的“建设项目经济评价的方法与参考（第三版）”中规定的有关投资估算编制方法。投资估算涉及固定资产投资估算、流动资金计算、资金筹措、资金使用计划等内容。

(3) 此项目投资财务评价涉及产品方案、能耗情况、主要建设指标、项目总投资、经济效益指标、财务评价指标等内容。

(4) 此项目投资财务评价运用了净现金流量、回收期、净现值、内部收益率等财务指标。

(5) 该项目每年现金净流量分布：

NCF_0=-10 080万元

NCF_1=0

NCF_2=-2 520万元

NCF_3=5 516÷2+1 008=3 766（万元）

NCF_{4-12}=5 516+1 008=6 524（万元）

回收期（包括建设期）=4+（12 600-3 766-6 524）÷6 524=4.35（年）

净现值=6 524×(P/A, 12%, 9) ×(P/F, 12%, 3) +3 766×(P/F, 12%, 3) -10 080-2 520×(P/F, 12%, 2)

=6 524×5.3282×0.7118+3 766×0.7118-10 080-2 520×0.7972

=15 335（万元）

内部收益率：

假设贴现率为30%，则：

净现值=6 524×(P/A, 30%, 9) ×(P/F, 30%, 3) +3 766×(P/F, 30%, 3) -10 080-2 520×(P/F, 30%, 2)

=6 524×3.0190×0.4552+3 766×0.4552-10 080-2 520×0.5917

=-891.20（万元）

假设贴现率为28%，则：

净现值=6 524×(P/A, 28%, 9) ×(P/F, 28%, 3) +3 766×(P/F, 28%, 3) -10 080-2 520×(P/F, 28%, 2)

=6 524×3.1842×0.4768+3 766×0.4768-10 080-2 520×0.6104

=82.33（万元）

利用插值法，该项目内部收益率为：$28\%+(2\%\times\frac{82.33}{82.33+891.20})=28.17\%$

由于净现值大于0，内部收益率大于设定的基准收益率，所以该项目经济可行。

案例二

（1）该项目年现金净流量分布：

NCF_0=−10万元

NCF_1=−2.5万元

NCF_2=−2.5万元

NCF_{3-6}=（30−27）×（1−25%）+2=4.25（万元）

NCF_7=4.25+2.5=6.75（万元）

净现值=4.25×（P/A，10%，5）×（P/F，10%，2）+2.5×（P/F，10%，7）−10−2.5×（P/F，10%，1）−2.5×（P/F，10%，2）

=4.25×3.7908×0.8264+2.5×0.5132−10−2.5×0.9091−2.5×0.8264=0.26（万元）

（2）在本案例中，影响项目投资决策的因素有：固定资产投资额、流动资金投资额、营业现金收入和支出，项目终结收回的投资以及投入资本的平均资本成本率，这些项目对决策有直接影响。此外，通货膨胀因素会使这些项目的金额发生变化，由此影响项目投资决策。

（3）由于受物价变动的影响，初始投资增长10%，投资项目终结后，设备残值增加到37 500元；材料费用每年增加14%，人工费用每年增加10%，扣除折旧后的制造费用每年增加4%，折旧费用不变；产品销售价格每年增加10%。重新计算该项目每年现金净流量见表6-17。

表6-17　**福星电器新建项目投资评价表**　单位：万元

年　份	0	1	2	3	4	5	6	7
固定资产投资	11	2.75						
流动资金投资			2.75					
销售收入				33.00	36.30	39.93	43.92	48.32
材料费用				22.80	25.99	29.63	33.78	38.51
人工费用				3.30	3.63	3.99	4.39	4.83
制造费用				2.08	2.16	2.25	2.34	2.43
折旧费用				2.00	2.00	2.00	2.00	2.00
利润总额				2.82	2.52	2.06	1.41	0.55
净利润				2.12	1.89	1.55	1.06	0.41
营业现金净流量				4.12	3.89	3.55	3.06	2.41
终结点现金流量								3.75
现金净流量	−11	−2.75	−2.75	4.12	3.89	3.55	3.06	6.16
现金净流量现值	−11	−2.50	−2.27	3.10	2.66	2.20	1.73	3.16
净现值	−2.92							

由上述计算结果可知，该项目在物价变动的情况下，净现值变为负数，所以该项目经济不可行。

案例三

（1）初始追加的流动资金是现金流量，终结时收回。

（2）在严格的设备管理政策下，不支付。即使不用，也不能出租，获得其他收益，因此不存在机会成本。

（3）应该。

（4）不应该。站在项目投资主体企业的角度来看，项目的贴现率中已经包含了对利息的补偿，即资本成本率。

（5）由于NPV=25×（P/A，10%，5）+31.5×［（P/A，10%，10）-（P/A，10%，5）］+22.5×［（P/A，10%，15）-（P/A，10%，10）］+20×（P/F，10%，15）-220=-13.41（万元）<0，PI=0.94<1，因此该项目经济不可行。

第七章　金融投资

第一部分　练习题

一、单项选择题

1.与项目投资不同，金融投资是用货币资金购买（　　）来实现投资收益的行为。

A.金融工具　　B.金融资产　　C.有价证券　　D.实物资产

2.依照有关法律发行，附有一定票面利息率和本息偿付日期，反映债权与债务关系的凭证指的是（　　）。

A.债券　　B.股票　　C.基金　　D.期权合约

3.（　　）投资不能偿还本金，所获得的股息和红利也不确定，完全取决于公司经营利润的高低。

A.债券　　B.股票　　C.基金　　D.期货合约

4.（　　）是一种建立在信托契约关系或权益关系的基础上，实现集中资金专业投资，持有人共担风险、共享收益的有价证券。

A.债券　　B.股票　　C.基金　　D.期货合约

5.由交易所统一制定，规定在将来某一特定时间和地点交割一定量商品的标准化合约是（　　）。

A.债券　　B.股票　　C.基金　　D.期货合约

6.附有一定选择权的金融衍生工具是（　　）。

A.债券　　B.股票　　C.基金　　D.期权合约

7.当投资者需要存放暂时闲置的资金进行金融投资时，他会选择（　　）。

A.投资流动性好、有稳定收益的证券　　B.投资短时期内价格波动较大的证券

C.投资具有稳定的现金收益的长期证券　　D.长期投资某公司股票

8.当投资者为获得较高的投机收益时，他会选择（　　）。

A.投资流动性好、有稳定收益的证券　　B.投资短时期内价格波动较大的证券

C.投资具有稳定的现金收益的长期证券　　D.长期投资某公司股票

9.当投资者为获得对被投资企业的控制权时，他会选择（　　）。

A.投资流动性好、有稳定收益的证券　　B.投资短时期内价格波动较大的证券

C.投资具有稳定的现金收益的长期证券　　D.长期投资该公司普通股

10.当企业需要与长期资金计划相配合时，它会选择（　　）。

A.投资流动性好、有稳定收益的证券

B.按照项目投资的需要合理选择不同兑现期限的金融工具进行投资

C.投资具有稳定的现金收益的长期证券

D.投资短时期内价格波动较大的证券

11.下列各项证券中，违约风险最小的是（　　）。

A.公司债券　　B.国库券　　C.金融债券　　D.企业债券

12.债券有很多类型，下列各项按债权人享受权益的不同进行分类的是（　　）。

A.政府债券、金融债券和企业债券等

B.实物债券、凭证式债券和记账式债券等

C.可转换债券、可赎回债券和附新股认购权债券等

D.卖权债券、参加公司债券和收入公司债券等

13.估算债券价值常用的贴现率是（　　）。

A.债券发行时的市场利率　　B.短期国债的年利率

C.债券估价时的市场利率　　D.债券的票面利率

14.对每年付息一次、到期还本的债券进行投资，如果投资者以低于该债券面值的价格买入并持有到期，其实际投资收益率将（　　）债券的票面利率。

A.低于　　B.高于　　C.等于　　D.无法确定

15.与股票投资相比，债券投资的优点是（　　）。

A.本金安全性高　　B.投资收益率高　　C.购买力风险低　　D.收入稳定性差

16.在必要报酬率不变的情况下，对于分期付息的债券，当市场利率小于票面利率时，随着债券到期日的接近，当付息期无限小时，债券价值将相应（　　）。

A.增加　　B.减少　　C.不变　　D.不确定

17.ABC公司拟投资购买某企业发行的债券，在名义利率相同的情况下，对ABC公司比较有利的复利计息期是（　　）。

A.1年　　B.半年　　C.1个季度　　D.1个月

18.有一笔国债，5年期，平价发行，票面利率为12.22%，单利计息，到期一次性还本付息，则到期收益率（复利按年计息）是（　　）。

A.9%　　B.11%　　C.10%　　D.12%

19.某企业于2016年4月1日以930元购得面值为1 000元的新发行的债券，票面利率为12%，每年付息一次，到期还本，该企业持有该债券至到期日，其到期收益率为（　　）。

A.高于12%　　B.低于12%　　C.等于12%　　D.难以确定

20.当市场利率上升时，长期固定利率债券价格的下降幅度（　　）短期债券的下降幅度。

A.大于　　B.小于　　C.等于　　D.难以确定

21.某公司发行面值为100元的10年期债券，票面利率为10%，半年付息一次，到期还本。发行后该债券在二级市场上流通，假设必要投资报酬率为10%并保持不变，以下说法中正确的是（　　）。

A.债券溢价发行，发行后债券价值随到期时间的缩短逐渐下降，至到期日债券价值等于债券面值

B.债券折价发行，发行后债券价值随到期时间的缩短而逐渐上升，至到期日债券价值等于债券面值

C.债券按面值发行，发行后债券价值一直等于票面价值

D.债券按面值发行，发行后债券价值在两个付息周期之间呈周期性波动

22.假设A公司今后不增发股票，预计可以维持2016年的经营效率和财务政策，不断增长的产品能为市场所接受。预计净利润增长率为10%。A公司2016年支付的每股股利为0.5元，年末股价为每股40元。股东预计的报酬率是（　　）。

A.10%　　B.11.25%　　C.11.38%　　D.12.38%

23.A公司发行面值为1 000元、票面利率为10%、期限为5年的利随本清债券，发行价格为1 050元。投资者小张有能力投资，但想获得8%以上的投资报酬率（复利按年计息），则（　　）。

A.债券的投资收益率为8.25%，小张不应该投资

B.债券的投资收益率为8.25%，小张应该投资

C.债券的投资收益率为7.4%，小张不应该投资

D.债券的投资收益率为7.4%，小张应该投资

24.某股票当前的市场价格是20元，每股股利是1元，预期的股利增长率是5%，则其市场决定的预期收益率是（　　）。

A.10.5%　　B.10%　　C.10.25%　　D.5.5%

25.某股票的未来股利不变，当股票的市价低于股票价值时，预期报酬率（　　）投资人要求的最低报酬率。

A.高于　　B.低于

C.等于　　D.可能高于也可能低于

26.股票投资的无偿还性是指（　　）。

A.正常经营时，股东不得要求股份公司退还其投资入股的资本

B.股票投资后没有固定的股利收入

C.股票投资后价格随行就市，不一定高于购买价格

D.股票投资无法收回投资成本

27.面值为100元的普通股，预计年固定股利收入为10元，如果投资者要求的必要报酬率为8%，那么准备长期投资该股票的投资者能接受的最高购买价格为（　　）元。

A.80　　B.100　　C.125　　D.150

28.证券投资组合策略中收益最高的策略是（　　）。

A.保守型投资策略　　B.冒险型投资策略

C.适中型投资策略　　D.模拟指数投资策略

29.不会获得太高收益或者市场平均收益，也不会承担巨大风险的投资组合方法是（　　）。

A.选择足够多数量的证券进行组合

B.把投资收益呈负相关变化的证券放在一起进行组合

C.把投资收益呈正相关变化的证券放在一起进行组合

D.把风险大、风险中等和风险低的证券放在一起进行组合

30.对降低投资组合风险最有效的方法是（　　）。

A.选择足够多数量的证券进行组合

B.把投资收益呈负相关变化的证券放在一起进行组合

C.把投资收益呈正相关变化的证券放在一起进行组合

D.把风险大、风险中等和风险低的证券放在一起进行组合

31.下列因素引起的风险中，投资者可以通过投资组合方式予以分散的是（　　）。

A.国家经济政策变动　　B.利率上升

C.企业财务危机　　D.通货膨胀

32.在基金投资期间，衡量基金投资收益的指标是（　　）。

A.基金单位净值　　B.基金回报率

C.基金投资收益率　　D.基金资产市场价值

33.在基金的存续期间，允许基金投资者申购或赎回的基金属于（　　）。

A.公司型投资基金　　B.契约型投资基金

C.封闭式投资基金　　D.开放式投资基金

34.按照组织运作的模式不同，基金可分为（　　）。

A.契约型基金和公司型基金　　B.封闭式基金和开放式基金

C.伞型基金和指数基金　　D.公募基金与私募基金

35.按照是否公开发行基金单位，基金可分为（　　）。

A.成长型基金和平衡型基金　　B.封闭式基金和开放式基金

C.伞型基金和指数基金　　D.公募基金与私募基金

36.某看涨期权的标的股票在期权到期日的市场价格为每股25元，该期权的执行价格为10元。则该期权在到期日的价值为（　　）元。

A.25　　B.10　　C.15　　D.-15

37.A公司股票的欧式看跌期权，协定执行价格为10元/股，每份期权对应的标的股票数量为1 000股。投资者小张以每份500元的价格购入10份该期权。如果期权到期日A公司股票的市场价格为8元，小张选择执行所有的A公司股票看跌期权，则其获得净利为（　　）元；如果期权到期日A公司股票的市场价格为12元，则小张的期权投资净利为（　　）元。

A.-5 000　　B.5 000　　C.15 000　　D.-15 000

38.期权也称选择权，是（　　）。

A.期权购买者可选择执行或放弃的权利　　B.期权购买者必须履行的义务

C.期权出售者可选择执行的权利　　D.期权出售者可选择放弃的义务

39.期权合约中的执行价格指的是（　　）。

A.期权购买者在行使权利时所实际执行的价格

B.期权购买者购买期权所应支付的价格

C.期权合约在交易时的市场价格

D.期权到期不行权时，期权出售者支付给购买者的赔偿金

40.只能在到期日行权的期权称为（　　）。

A.看涨期权　　B.美式期权　　C.欧式期权　　D.看跌期权

41.项目投资的期权管理思想认为投资项目的价值包含净现值和期权价值。以下说法中不正确的是（　　）。

A.对前期已经投资的项目追加投资，相当于买进看涨期权

B.实施一段时间后可能放弃的项目，相当于买进看涨期权

C.创始企业拥有有利条件的扩张期权

D.创始企业拥有不利条件的放弃期权

E.几乎每一项经营或者投资项目都包含放弃或者扩张的期权

42.下列有关期权价格影响因素的表述中正确的是（　　）。

A.股价波动率越大，期权价格越高

B.到期期限越长，期权价格越高

C.无风险利率越高，看涨期权价值越低，看跌期权价值越高

D.预期红利越高，看涨期权价值越高，看跌期权价值越低

二、多项选择题

1.投资主体为获得经济效益或社会效益而进行的实物资产购建活动称为（　　）。

A.项目投资　　B.直接投资　　C.金融投资　　D.间接投资

2.以下属于金融投资行为的有（　　）。

A.购买某上市公司的股票　　B.投资设立子公司

C.投资开办海外分公司　　D.投资石油期货

3.关于金融投资与项目投资的差异的说法中正确的有（　　）。

A.投资对象和收益获得方式不同

B.金融投资风险小于项目投资

C.金融投资时间可长可短，回收方式主要是出售金融资产

D.金融投资的工作内容比项目投资复杂

E.金融投资的独立性比较强

4.以下属于基本金融工具的有（　　），属于衍生金融工具的有（　　）。

A.基金　　B.债券　　C.股票　　D.期货

E.期权　　F.外汇

5.金融投资的程序一般包括（　　）。

A.投资前的资金、知识和心理准备　　B.明确金融投资的目的

C.掌握详尽而准确的投资信息　　D.具体判断投资于何种金融工具

E.掌握金融市场运作的基本方式和行情　　F.进行投资操作和管理

6.根据风险因素来源的不同分类，进行金融投资可能遇到的风险有（　　）。

A.违约风险　　B.单个证券风险　　C.购买力风险　　D.流动性风险

E.期限性风险　　F.市场风险

7.根据风险的性质不同分类，进行金融投资可能遇到的风险有（　　）。

A.违约风险　　B.单个证券风险　　C.购买力风险　　D.流动性风险

E.期限性风险　　F.市场风险

8.防范与控制投资风险的基本途径有（　　）。

A.运用科学的分析决策方法进行投资决策

B.利用投资组合的方式分散投资风险

C.避免投资高风险的金融工具

D.利用金融衍生工具规避投资风险

E.经营实业的企业应规避金融投资

9.从债券构成要素的内容来看，债券作为投资工具具有（　　）的特征。

A.偿还性　　B.收益性　　C.参与性　　D.流动性

E.安全性　　F.集合性

10.影响债券内在价值的基本因素包括（　　）。

A.债券的面值　　B.债券的票面利率

C.债券利息的支付方式　　D.估价时的市场利率

E.债券的年利息

11.计算债券内在价值常用的估价模型有（　　）。

A.$P=\sum_{t=1}^{n}\frac{F\times i}{(1+K)^{t}}+\frac{F}{(1+K)^{n}}$　　B.$P=\frac{F+F\times i\times N}{(1+K)^{n}}$

C.$P=\frac{F}{(1+K)^{n}}$　　D.$P=\frac{F\times i}{K}$

E. $P=\frac{D}{K}$

12.债券投资的优点有（　　）。

A.债券投资的本金安全性高　　B.债券投资收入的稳定性强

C.债券投资的流动性较好　　D.债券投资购买力风险大

E.债券持有人无须参与企业经营管理

13.与债券投资相比，股票投资不同于债券投资的特点有（　　）。

A.股票投资的收益比债券投资高　　B.股票投资的风险比债券投资大

C.股票投资可参与企业经营决策　　D.股票投资可较好地避免购买力风险

E.股票投资的收益比债券投资低

14.（　　）会影响债券的到期收益率。

A.票面价值　　B.票面利率　　C.市场利率　　D.到期日

E.付息方式　　F.购买价格

15.投资者要求的报酬率是进行股票估价的重要标准，可以作为投资者要求报酬率的有（　　）。

A.股票的长期平均收益率　　B.债券收益率加上一定的风险报酬率

C.股票市场平均收益率　　D.债券利率

E.根据股票的系数计算所得必要报酬率

16.债券C和债券D是两只刚发行的分期付息债券，债券的面值和票面利率相同，票面利率均高于投资必要报酬率，以下说法中正确的有（　　）。

A.如果两只债券的必要报酬率和利息支付频率相同，偿还期限长的债券价值低

B.如果两只债券的必要报酬率和利息支付频率相同，偿还期限长的债券价值高

C.如果两只债券的偿还期限和必要报酬率相同，利息支付频率高的债券价值低

D.如果两只债券的偿还期限和必要报酬率相同，必要报酬率与票面利率差额大的债券价值高

17.下列说法中正确的有（　　）。

A.票面利率不能作为评价债券收益的标准

B.即使票面利率相同的两种债券，由于付息方式不同，投资人的实际经济利益亦有差别

C.如果不考虑风险，当债券价值大于市价时，买进该债券是合算的

D.债券以何种方式发行最主要取决于票面利率与市场利率的一致程度

E.债券实际收益率是使未来现金流入现值等于买入价格的贴现率

18.债券票面利率与到期实际收益率不一致的情况有（　　）。

A.债券平价发行，每半年付息一次　　B.债券平价发行，每年付息一次

C.债券溢价发行，每年付息一次　　D.债券折价发行，每年付息一次

E.债券平价发行，单利计息，到期一次还本付息

19.下列表述中正确的有（　　）。

A.对于分期付息的债券，当期限接近到期日时，债券的价值向面值回归

B.债券价值的高低受利息支付方式影响

C.一般来说，债券期限越长，其利率风险越小

D.当市场利率上升时，债券价值会下降

E.当市场利率下降时，债券价值会下降

20.与股票内在价值呈反方向变化的因素有（　　）。

A.股利年增长率　　B.年股利

C.必要投资报酬率　　D.β系数

21.计算股票价值时常用的估价模型有（　　）。

A.$P=\sum_{t=1}^{n}\frac{D_t}{(1+K)^t}+\frac{P_n}{(1+K)^n}$　　B.$P=\sum_{t=1}^{\infty}\frac{D_t}{(1+K)^t}$

C.$P=\frac{D}{K}$　　D.$P=\frac{D_1}{K-g}$

E.$P=\frac{F+F\times i\times N}{(1+K)^n}$

22.从贴现现金流量理论看，影响股票内在价值的基本因素有（　　）。

A.股份公司的现金股利　　B.股票的市场价格

C.股票的面值　　D.投资者的必要报酬率

E.股票的账面价值（每股净资产）

23.投资组合管理的一般程序包括（　　）等几个步骤。

A.确定投资目标　　B.制定投资政策

C.选择投资组合策略　　D.选择具体投资对象

E.评估投资绩效

24.冒险型投资策略认为（　　）。

A. 与市场完全一样的组合不是最佳组合
B. 应投资高风险成长型股票，排斥低风险低收益的证券
C. 应注重证券的基本面分析和证券市场的技术分析，依靠挖掘短期内有明显业绩增长的股票或证券价格大幅波动的机会，来获得投资的超额收益
D. 应通过对证券和市场基本面的分析，找到价值被低估的股票进行组合投资
E. 投资组合要经常调整，以获得最大投资收益

25. 以下属于证券投资基金特征的有（　　）。
A. 组合性　B. 专业性　C. 规模性　D. 集合性
E. 利益共享　F. 风险共担

26. 以下属于开放式基金特征的有（　　）。
A. 在深、沪证券交易所上市交易
B. 没有固定期限
C. 指定工作日可以随时提出购买或赎回申请
D. 必须保留一部分现金或流动性强的资产，以便应付投资者随时赎回
E. 在期限内不能直接赎回基金，需通过上市交易套现

27. 基金投资的优点有（　　）。
A. 专家管理，分散风险　B. 变现灵活，流动性好
C. 投资选择多样化，易于变化　D. 节省时间和精力
E. 能有效地消除金融投资的风险

28. 基金投资的局限性体现在（　　）。
A. 投资收益的局限性　B. 投资领域的局限性
C. 基金治理的局限性　D. 基金监管的局限性
E. 风险规避的局限性

29. 对证券投资基金的理解正确的有（　　）。
A. 本质上证券投资基金是一种投资组织
B. 证券投资基金的投资领域有限制，主要投资证券市场
C. 其运作遵循共同投资、共担风险、共享收益的基本原则
D. 现代信托关系是证券投资基金运行的基础
E. 它通过发行证券投资基金单位募集资金

30. 以下属于证券投资收益的内容的有（　　）。
A. 债券投资的利息收入　B. 股票投资的股利收入
C. 基金投资的红利收入　D. 证券投资的买卖价差
E. 交易手续费

31. 表示基金价值的常用指标有（　　），它表示每一份额基金单位的价值。
A. 基金单位净资产值　B. 基金单位净值
C. NAV　D. 基金单位资产净值
E. 每单位基金价格

32. 下列有关基金回报率的说法中正确的有（　　）。

A.主要用于衡量基金持有期间投资收益的高低

B.计算时不考虑交易中的直接费用

C.基金回报率= $\frac{\text{年末NAV}\times\text{年末持股份数}-\text{年初NAV}\times\text{年初持股份数}+\text{本年现金红利}}{\text{年初NAV}\times\text{年初持股份数}}$

D.基金回报率= $\frac{\text{基金投资价差净额}+\text{累计现金红利}}{\text{基金投资总额}}$

E.基金回报率就是基金投资收益率

33.期权的风险收益机制是不对称的，主要表现在（　　）。

A.权利和义务不对称　　B.风险和收益不对称

C.期权买卖双方获利的概率不对称　　D.影响期权双方决策的信息不对称

E.期权卖方获利的可能性远大于期权买方

34.影响期权价值的因素有（　　）。

A.期权的交易价格　　B.期权的执行价格

C.标的资产的市场价格及其变动率　　D.期权的有效期

E.标的资产的收益　　F.无风险利率

35.期权交易的基本策略有（　　）。

A.买入看涨期权　　B.卖出看涨期权　　C.买入看跌期权　　D.卖出看跌期权

E.放弃看涨期权

36.期权价格是指（　　）。

A.期权购买者为获得期权支付的价格

B.期权的权利金

C.期权购买者放弃期权可收回的费用

D.不管期权购买者执行还是放弃该期权均不予退还的保险费

E.期权出售者获得的收入

37.有关期权的交易策略，下列说法中正确的有（　　）。

A.当期权之标的物市场价格一直低于协定价格时，看涨期权的购买者放弃期权则不会产生损失

B.当期权之标的物市场价格一直低于协定价格时，看涨期权的购买者放弃期权会产生损失

C.当期权之标的物市场价格一直低于协定价格时，看跌期权的出售者可能会发生损失

D.当期权之标的物市场价格一直低于协定价格时，看跌期权的出售者不会发生损失

E.当期权之标的物市场价格一直低于协定价格时，看跌期权的出售者发生的损失可能会无限大

38.利用Black-Scholes模型进行期权价值估算时，需要用到的参数有（　　）。

A.期权价格　　B.标的资产的现行市场价格

C.期权的执行价格　　D.连续复利下的无风险报酬率

E.标的资产连续收益的方差　　F.至到期的时间

39.下列有关看涨期权的表述中正确的有（　　）。

A.看涨期权的到期日价值随标的资产价值的下降而上升

B.如果到期日股票价格低于执行价格，则看涨期权没有价值

C.期权到期日价值没有考虑当初购买期权的成本

D.期权到期日价值也称为期权购买人的“损益”

三、判断题

1.金融资产是指能够代表一定价值的、对财产或所得具有索取权的无形资产，主要以凭证或契约的形式来体现。（ ）

2.金融投资回收方式和时间比项目投资灵活，因此金融投资的风险小于项目投资。（ ）

3.金融投资前要做好承受投资损失的心理准备，理性对待金融投资的决策和结果。（ ）

4.金融工具是能够在金融市场进行买卖交易的标准化契约凭证，它比其他金融资产的流动性更强。（ ）

5.债券投资的名义收益率是指考虑通货膨胀和货币时间因素后，使投资收益的现值与投资成本现值相等时的贴现率，就是使债券的内在价值与购买价格相等的贴现率。（ ）

6.假设两种债券的面值、票面利率和期限均相同，那么每年付息的债券比利随本清的债券价值更高。（ ）

7.如果等风险债券的市场利率不变，按年付息，那么随着时间向到期日靠近，溢价发行债券的价值会逐渐下降。（ ）

8.如果债券不是分期付息，而是到期时一次性还本付息，那么即使是平价发行债券，其到期实际收益率与票面利率也有可能不同。（ ）

9.债券当其票面利率大于市场利率时，债券发行价格就低于债券的面值。（ ）

10.长期债券与短期债券相比，其投资风险和融资风险均很大。（ ）

11.股票的价值是指其实际股利所得和资本利得所形成的现金流入量的现值。（ ）

12.从长期来看，公司股利的固定增长率（扣除通货膨胀因素）不可能超过公司的资本成本。（ ）

13.债券的价值会随着市场利率的变化而变化，当市场利率上升时，债券价值会下降。（ ）

14.一种10年期的债券，票面利率为10%；另一种5年期的债券，票面利率为10%。两种债券的其他方面没有区别，在市场利率急剧上涨时，前一种债券价格下跌得更多。（ ）

15.股票投资的市场风险是无法避免的，不能用投资组合的方法来回避，只能通过相应的报酬率来补偿。（ ）

16.当市场利率提高时，固定收益债券的价格会上升；反之当市场利率下降时，固定收益债券的价格会下降。（ ）

17.把风险大、风险中等和风险低的证券放在一起进行组合的方法，比选择投资收益

呈负相关变化的证券进行组合的方法更能有效地降低投资风险。（ ）

18.保守型投资策略的抗风险能力较高，而管理费用较低，因而是一种理想的投资策略。（ ）

19.由于投资的目的不同，不同的投资者会选择不同的投资策略，进而选择不同的投资工具和投资对象。（ ）

20.捐赠基金一般是永久性的，现金支付也有周期性，其投资的流动性可以降低；而开放式基金、养老基金等就要求投资流动性较高。（ ）

21.所谓集合性就是指投资基金将众多投资者大小不等的资金集中起来，根据投资组合原理进行专业化投资，可起到分散风险、降低成本、提高收益的效果。（ ）

22.依据信托法组织和运作，不具有法人资格的基金属于公司型基金。（ ）

23.封闭式基金在投资策略上必须保留一部分现金或流动性强的资产，以便应对投资者随时赎回的状况，进行长期投资会受到一定限制。（ ）

24.交易所基金只能在交易所交易，而不能在指定机构进行申购或者赎回。（ ）

25.开放式基金的赎回价格是指投资者购买基金的价格，申购价格是指投资者卖出基金的价格。（ ）

26.在购买看涨期权中，当期权标的资产的市场价格高于其执行价格时，期权购买者会放弃期权，其损失就是期权费。（ ）

27.在出售看跌期权的策略中，最大损失是有限的，只限于协定价格与期权价格之差。（ ）

28.随着期权到期日的来临，期权的时间价值减少，期权的价值减少。（ ）

29.可转换债券是一种含有期权的有价证券，其市场价格就是期权价格。（ ）

30.对项目追加投资相当于购进一个看跌期权，转让投资项目相当于购进一个看涨期权。（ ）

31.由于投资项目在进行过程中可以选择延迟、替代或者放弃的操作，因此投资项目蕴涵期权价值，这是传统的净现值法无法衡量的。（ ）

32.某项目实施了一定时期后，企业可能放弃该项目，这可以理解为购进看跌期权，放弃该项目收回的金额就是期权的执行价格。（ ）

33.随着标的资产价格的增加，购买看涨期权的收益是有限的，而购买看跌期权的收益是无限的。（ ）

四、计算分析题

1.目的：练习债券估价的计算方法。

资料：某公司准备发行一种债券，票面金额为1 000元，票面利率为6%，期限为10年，本金按面值支付。发行时预计同类债券市场利率为10%。如果分别按以下几种情况来支付本金和利息：

（1）每年年末付息一次，到期还本；

（2）到期一次还本付息；

（3）不支付利息，到期归还本金。

要求：计算发行时各种支付方式下的债券价值。

2.目的：练习债券估价的计算方法。

资料：某国发行无期限的永久国债，票面金额为10 000元，票面利率为10%，发行时同类债券的市场利率为8%。

要求：计算该国无期限债券的价值。

3.目的：练习债券投资的名义收益率的计算。

资料：小王于2016年8月1日以950元/张的价格购买了A公司当日发行的债券100张，该债券的票面金额为1 000元，票面利率为8%，期限为5年，每年7月31日支付利息一次，到期还本。

小王在2017年11月1日以940元的价格将该债券全部卖出。

要求：计算该债券投资的名义收益率。

4.目的：练习债券投资的实际收益率的计算。

资料：小刘于2016年8月1日以980元/张的价格购买了A公司当日发行的债券100张，该债券的票面金额为1 000元，票面利率为8%，期限为5年，每年7月31日支付利息一次，到期还本。如果小刘持有至到期。

要求：计算该债券投资的实际收益率。

5.目的：练习债券投资决策的计算和分析。

资料：某企业2016年1月1日购买华为公司2014年1月1日发行的面值为1 000元、票面利率为5%、期限为10年、每年年末付息一次的债券。若此时市场利率为8%。

要求：

（1）计算该债券2016年1月1日的价值。

（2）若该债券此时的市价为850元，分析其是否值得购买。

6.目的：练习债券投资决策的计算和分析。

资料：某公司2015年1月1日发行新债券，每张面值为1 000元，票面利率为10%，期限为5年，到期按面值还本。

要求：

（1）假定发行时市场利率是12%，公司到期一次还本付息，那么发行价低于多少时公司可能会取消该债券的发行计划？

（2）假定发行时市场利率为8%，公司每半年支付一次利息，则发行价格高于多少时，投资者不愿意认购？

（3）假定债券每年年末付息一次，2017年1月1日该债券的市场价格为1 050元，某投资者期望的投资报酬率是6%，他是否愿意购买？

7.目的：练习债券投资决策的计算和分析。

资料：某公司在2013年1月1日发行新债券，每张面值为100元，票面利率为10%，5年到期，每年12月31日付息。

要求：

（1）到期时该债券的实际收益率是多少？

（2）假定2017年1月1日市场利率下调到8%，那么此时债券的价值是多少？

（3）假定2017年1月1日该债券的市场价格为90元，那么此时该债券的到期实际收益率是多少？

（4）假定2017年1月1日的市场利率为12%，债券的市场价格为95元，你是否购买该债券？

8. 目的：练习债券估计和实际收益率的计算方法。

资料：A公司债券，债券面值为1 000元，5年到期，票面利率为8%，每年付息一次，到期还本，债券发行价为1 105元，若投资人要求的必要投资报酬率为6%。

要求：

（1）计算A公司债券的价值。

（2）若发行时购买，求该债券到期的实际收益率。

9. 目的：练习债券投资决策的计算和分析。

资料：B公司债券，债券面值为1 000元，5年到期，票面利率为8%，单利计息，到期一次还本付息。债券的发行价为1 105元，若投资人要求的必要投资报酬率为6%。（复利，按年计息）

要求：

（1）计算B公司债券的价值。

（2）若发行时购买，求该债券到期的实际收益率。

（3）判断应否购买该债券。

（4）若某公司持有B公司债券2年后，将其以1 200元的价格卖出，则实际投资报酬率为多少？（复利，按年计息）

10. 目的：练习债券投资决策的计算和分析。

资料：C公司债券属于纯贴现债券，债券面值为1 000元，5年到期，发行价为600元，期内不付利息，到期一次性支付本金。若投资人要求的必要投资报酬率为6%。

要求：

（1）计算C公司债券的价值。

（2）若发行时购买，求该债券到期的实际收益率。

（3）判断应否购买该债券。

11. 目的：练习股票估价的计算方法。

资料：某种股票为固定成长股票，股利年增长率为4%，预期一年后的股利为0.8元，现行短期国债的年利率为3%，平均风险股票的风险收益率等于5%，该股票的β系数是1.2。

要求：计算该股票的内在价值。

12. 目的：练习股票股价的计算。

资料：某公司计划发行两种股票进行筹资：A股票为普通股，发行后第一年预计发放的现金股利为每股3元，之后保持3%的股利年增长率；B股票为优先股，发行后每年预计发放的现金股利为每股3元，并保持不变。假如投资者对该公司股票投资的预期收益率为15%。

要求：计算两种股票的内在价值。

13. 目的：练习股票投资的名义收益率的计算。

资料：某公司2016年3月1日投资100万元购买某股票10万股，在2016年3月30日每股分得现金股利0.1元，同年4月30以每股18元的价格全部卖出。不考虑交易手续费。

要求：计算该投资的名义收益率。

14.目的：练习股票投资的实际收益率的计算。

资料：小张于2012年3月20日认购A公司发行的新股，每股10元。该公司在其后几年中每年3月下旬都向股东分配现金股利0.5元/股。2017年3月20日，因急需资金，小张以每股15元的价格将股票全部卖出，而此时公司还未进行股利分配。

要求：计算这些年小张投资A公司股票的实际收益率。

15.目的：练习股票投资决策的计算和分析。

资料：某企业计划利用一笔长期资金购买一家公司的股票，现有A公司和B公司可供选择。已知A公司股票现行市价为每股36元，上年每股股利为0.60元，预计以后每年以6%的增长率增长；B公司股票现行市价为每股28元，上年每股股利为2.40元，公司采用稳定的股利政策。该企业所要求的投资收益率为8%。

要求：

（1）计算A、B公司股票的内在价值。

（2）请代该企业作出股票投资决策。

16.目的：练习看涨期权的投资损益的计算和分析。

资料：某投资者在4月1日购买了6月1日到期的欧元兑美元看涨期权，支付1 000万欧元，协议价格为1欧元=1.28美元，期权费用为每欧元0.08美元。若6月1日的即期汇率可能为：（1）1欧元=1.40美元；（2）1欧元=1.36美元；（3）1欧元=1.25美元。

要求：分析这三种情况下该投资者的投资决策及损益。

17.目的：练习看跌期权的投资损益的计算和分析。

资料：某投资者购买6月30日到期的A公司股票看跌期权10万股。该期权的执行价格为10元/股，期权费用为0.2元/股。若6月30日A公司股票的市场价格可能为：（1）8元；（2）9.80元；（3）10元。

要求：分析这三种情况下该投资者的投资决策及损益。

18.目的：练习Black-Scholes模型的期权估价计算。

资料：假定目前标的股票的价格为40元/股，看涨期权的执行价格为35元/股，距到期日的时间为6个月，股价变动的σ为0.3，连续复利条件下的无风险利率为8%。

要求：利用Black-Scholes模型为该看涨期权定价。

五、综合题

1.资料：某企业平价购买债券10万元，票面利率为12%，按单利计息，5年后一次还本付息。

要求：

（1）计算该债券投资到期的实际投资收益率。

（2）如果购进后第2年年末市场利率上升到14%，计算该笔债券投资的损失。

2.资料：某公司代号为1207A的债券是2020年7月20日到期的债券，票面利率为

8%，每年7月20日付息一次，面值为1 000元。2016年1月20日该债券的市场价格为1 076.84元，当天公司拟进一步发行1301B债券：面值为1 000元，票面利率为6%，每年1月20日付息一次，2021年1月20日到期。

要求：计算1301B债券的内在价值。

3.资料：A企业2016年7月1日购买某公司2015年1月1日发行的面值为10万元、票面利率为8%、期限为5年、每半年付息一次的债券。若此时市场利率为10%。该债券此时的市价为94 000元。

要求：

（1）计算该债券的价值。

（2）此时是否值得购买该债券？

（3）若此时购买该债券，到期的实际收益率是多少？

4.资料：某公司持有A、B、C三种股票构成的证券组合，它们目前的市价分别为200元/股、60元/股和40元/股，它们的β系数分别为2.1、1.0和0.5，它们在证券组合中所占的比例分别为50%、40%和10%，上年的股利分别为20元/股、10元/股和5元/股，预期持有B、C股票每年可获得稳定的股利，持有的A股票每年活动的股利逐年增长率为5%。假设目前的市场收益率为14%，无风险收益率为10%。

要求：

（1）计算A、B、C三种股票投资组合的风险收益率。

（2）计算A、B、C三种股票各自的必要收益率。

（3）计算A、B、C三种股票各自的内在价值。

（4）判断该公司是否应当出售A、B、C三种股票。

5.资料：甲公司最近刚发放的股利为10元/股，预计甲公司近2年的股利稳定，但从第3年起估计将以2%的速度递减，若此时无风险报酬率为6%，整个股票市场平均收益率为10%，甲公司的β系数为2，目前公司股票的价格为60元。

要求：

（1）计算股票的价值；

（2）判断是否值得购买甲公司的股票。

6.资料：D公司2016年有关数据如下：实现税后净利1 000万元，资产总额为5 000万元，资产负债率为40%，发行在外的普通股为500万股，2016年年末发放的股利为600万股，市净率为4。

要求：回答以下互不相关的问题：

（1）若D公司所处行业的标准市盈率为12倍，则该公司目前的股票市价与其内在价值是否相符？

（2）若目前股票获利率比按照股票价值测算的股票获利率小了1倍，则该公司目前的股票市价与其内在价值相差多大？

（3）若D公司采取的是固定股利支付率政策，股利支付率为60%，预计该公司的净利润每年增加5%，投资人要求的必要报酬率为10%，则该股票的价值是多少？

7.资料：假设你正在考虑购买两家公司的非常相似的股票。两家公司今年的财务报表大体相同，每股盈余都是8元，若A公司预期发放每股股利8元，而B公司预期发放每股股利4元。已知A公司的股价为100元，假设两家公司股票的市盈率类似，你所要求的必要报酬率为10%。

要求：计算B公司股票的股利增长率。

8.资料：某公司拟建设一个新项目，需要评估新项目对该公司股票价值的影响。目前，公司的有关情况如下：

（1）公司本年度的净收益为4亿元，每股支付股利4元。新项目投产后，该公司净收益第1年增长14%，第2年增长14%，第3年增长8%，第4年及以后将保持其净收益水平。

（2）公司一直采用固定股利支付率政策，并打算今后继续实行该政策。该公司没有增发普通股和发行优先股的计划。

（3）公司的β系数为1，如果将新项目考虑进去，β系数将提高到1.5。已知无风险收益率为4%，股票市场平均收益率为8%。

要求：

（1）计算新项目投产后新公司股票的价值。

（2）如果股票的价格为49.78元，计算股票的预期投资报酬率。

（3）公司一位董事认为采用股利贴现模型，股利越高，则股价越高，所以公司应改变原来的股利政策，提高股利支付率，请分析他的观点是否正确。

9.资料：预计B公司明年的税后利润为1 500万元，发行在外的普通股股数为500万股。

要求：

（1）预计该公司的市盈率为12倍，计算该公司股票的价值。

（2）预计该公司以其税后利润的60%发放现金股利，股票获利率（股票获利率=每股现金股利÷每股市价）为4%，计算该股票的价值。

（3）假设股利固定增长率为7%，该股票的必要投资报酬率为10%，预计税后利润的60%用于发放股利，计算该股票的价值。

10.资料：甲投资者拟投资购买A公司的股票，A公司去年支付股利2元/股，根据有关信息，投资者估计A公司每年股利增长率可达6%。该股票的β系数为2，市场上所有股票的平均投资收益率为18%，国库券年利率为8%。

要求：

（1）计算该股票的预期报酬率。

（2）计算该股票的内在价值。

11.资料：假设当前国库券的年利率为7%，股票市场的平均投资报酬率为15%。甲上市公司的β系数为0.75。目前甲公司刚支付了现金股利3元/股，投资者预期该公司的股利将以8%的增长率长期增长下去。

要求：

（1）计算甲公司股票的必要报酬率和内在价值。

（2）如果甲公司进行产业转型，其β系数调整为1.75，其他条件不变，则甲公司股票的内在价值为多少？

（3）某个投资者对风险的厌恶程度很高，在上述哪种情况下，他更愿意投资甲公司股票？为什么？

12.资料：D股票的β系数为2.5，无风险利率为6%，股票市场的平均投资报酬率为10%。

要求：

（1）计算该股票的必要收益率。

（2）如果股票未来3年股利固定，每年都是1.5元/股，预计第4年起转为正常增长，增长率为6%，则该股票的内在价值是多少？

13.资料：某投资者2017年欲购买股票，现有A、B两家公司的股票可供选择。从两家公司的年报可知：A公司税后净利润为8 000万元，发放股利0.5元/股，市盈率为5倍，发行在外的股票数量为10 000万股，每股面值为1元；B公司税后净利润为2 000万元，发放股利0.2元/股，市盈率为11倍，发行在外的股票数量为5 000万股，每股面值为1元。预期A公司未来5年股利恒定，此后转为正常增长，增长率为6%，预期B公司股利将持续增长，年增长率为4%。目前短期国债的年利率为8%，股票市场平均收益率为12%，A股票的β系数为2，B股票的β系数为1.5。

要求：

（1）计算A、B股票的内在价值。

（2）计算A、B股票的市场价格，并判断是否值得投资。

（3）若投资购买这两种股票各1 000股，该投资组合的β系数是多少？预期报酬率是多少？

14.资料：某开放式基金年报显示，其资产总额为43亿元，负债总额为2亿元，其基金份额为20亿份。如果该基金申购费率为5‰，赎回费率为1.5‰。

要求：计算年报日申购3万份基金单位需要多少资金，赎回3万份基金单位可获得多少现金。

15.资料：小张以100元/股的执行价格卖出看跌期权A，期权费为3元/股；同时以120元/股的执行价格买入看跌期权B，该期权费为5元/股。这两项期权都基于同一种股票，且具有相同的到期日。

要求：

（1）在图上画出该策略的收益和利润。

（2）分析该期权组合的收益与标的股票的价格的相关性。

16.资料：某化工企业正在评估一种新型材料的生产项目，该项目每月能生产新材料15 000吨，但这个项目目前的生产规模不论从生产上说还是从市场上来说都是不经济的，其净现值预期为-200万元。按传统的净现值法评价，这个项目应该被拒绝。然而有证据表明这种新材料可能存在很好的前景。如果销售量剧增，那么该化工企业将在短期内（比如2年）扩大这个项目，产量将增至3倍，在这个较大的生产规模上能够获得经济效益，项目能够有效运行。但目前的问题是，只有从现在开始进行投资才会有机会激发这种更高的经济效益水平，否则企业将失去先进入市场的优势。

假定新材料市场在2年内迅速扩张的概率为50%，如果销售量确实提高了，那么第2

年年末再次扩张的净现值将为1 000万元。按预期的报酬率贴现后，这1 000万元的净现值在第0期的现值为800万元。如果在接下来的2年里市场衰退，则企业将不再投资，从而其增量净现值也就为0了。

要求：

（1）利用期权原理分析这个项目中存在的期权及其量化表征指标。

（2）计算该项目的价值，并判断是否可行。

第二部分　案例分析题

案例一

中国太保金融投资分析

（一）案例资料

中国太平洋保险（集团）股份有限公司（以下简称“中国太保”或“公司”）是保险行业规模较大的上市公司，股票简称为中国太保，股票代码为601601。

中国太保是在1991年5月13日成立的中国太平洋保险公司的基础上组建而成的保险集团公司，总部设在上海，旗下拥有寿险、产险、资产管理、养老保险和在线服务等专业子公司，建立了覆盖全国的营销网络和多元化服务平台，为全国近9 400万客户提供全方位的风险保障解决方案、投资理财和资产管理服务。

1.2015年董事长报告

致：尊敬的中国太保股东

刚刚过去的2015年是不平凡的一年，中国太保的发展质量和效益得到了明显提升。我们追求可持续的价值增长，价值增长超出预期，寿险个人业务保持高增长，业务结构成功转型，大个险格局形成；资产管理业务建立委托受托市场化机制，面对市场波动不断优化大类资产配置，实现了较高的投资收益，使集团净利润创新高；产险承保质量上升，实现了承保盈利。我们“以客户需求为导向”的转型工作取得突破，通过客户脸谱绘制实现市场细分，从客户端着手在精准销售和精细服务上取得突破，提升了可持续发展能力。我们专注保险主业，推动健康险、养老险、农业保险等新兴业务领域与产、寿险在渠道和产品上实现共享，融合发展效应显现。

2015年，得益于对价值导向发展战略的不懈坚守和转型工作的有效突破，我们取得了良好的经营业绩。全年集团实现营业收入2 472.02亿元，同比增长12.5%，其中保险业务收入首次突破2000亿元大关，达到2 033.05亿元；实现净利润177.28亿元，同比增长60.4%；加权平均净资产收益率14.2%，同比提升3.9个百分点。截至2015年年末，集团内含价值达2 056.24亿元，较上年年末增长20.0%；其中有效业务价值905.59亿元，较上年年末增长22.3%；寿险一年新业务价值首次超过百亿元，达到120.22亿元，同比增长37.8%。截至2015年年末，集团管理资产跃上万亿元平台，达到10 879.32亿元，较上年年末增长19.4%。凭借良好的业绩表现，公司连续5年入选《财富》世界500强，排名较2014年跃升56位，达到第328位。

寿险业务形成大个险新格局，推动价值可持续增长。2015年寿险实现一年新业务价值120.22亿元，同比增长37.8%；其中个人业务在新业务价值中的占比同比提升了3.2个百分点，达到95.6%；个人业务全年新保增速高达61.2%，在寿险总新保中的占比达到76.0%，在寿险总保费中的占比达到84.1%，个人业务新保市场份额持续提升。得益于个人业务的持续增长，寿险业务结构已发生根本转变，无论从价值还是保费的维度来看，个人业务都已成为寿险价值持续增长的核心驱动力量。同时，个人业务的发展基础进一步夯实，全年营销员月均人力达到48.2万人，同比增长40.1%，健康人力和绩优人力占比提升，留存率改善，队伍结构持续优化；营销员月人均产能同比增长16.6%。

产险业务追求可持续发展，实现承保盈利。2015年，产险坚持“控品质、保盈利、强基础、增后劲”的工作方针，多管齐下，优化业务品质、加强理赔管理，实现承保盈利。2015年，太保产险的综合成本率为99.8%，同比下降4.0个百分点。其中车险业务的综合成本率为98.0%，同比下降4.0个百分点，优于行业平均水平；非车险业务方面，公司积极推进“e农险”体系建设，创新应用无人机航拍、卫星遥感定损等新技术，打造农险专业化竞争优势，全年实现保险业务收入11.55亿元，同比增长28.8%，并保持较好的承保盈利水平。同时，我们也要看到，产险业务可持续发展基础还不够稳固，下一步我们将积极应对商业车险费率市场化改革，提升优质客户服务能力，优化渠道结构；进一步加快新兴业务发展，提升运营效率，增强发展后劲。

资产管理业务初步建立有效的资产负债管理协同机制，市场化发展能力进一步提升，第三方资产管理业务快速增长。面对复杂的市场环境，我们加强了对经济形势和利率水平的研判，不断优化大类资产配置，努力提升资产管理水平，实现了管理资产规模的快速增长和投资收益的大幅增加。截至2015年年末，集团管理资产达到10 879.32亿元，较上年年末增长19.4%。其中第三方管理资产达到2 334.74亿元，较上年年末增长56.3%，在集团管理资产中的占比已经从2011年年末的6.8%大幅提升至21.5%。第三方资产管理业务收入达到6.53亿元，同比增长64.9%。面对利率下行及股票市场大幅波动的挑战，公司保持定力，坚持资产负债管理原则，2015年实现总投资收益559.10亿元，同比增长33.2%；总投资收益率达7.3%，同比提升1.2个百分点，为近5年来最高；净值增长率达8.2%，保持在较高水平。

转型重塑内生动力，打造价值创造能力。2015年，我们持续推进“以客户需求为导向”的转型发展，推动发展模式转型升级。自2011年确立“关注客户需求、改善客户界面、提升客户体验”三大目标起，在全公司上下的共同努力和参与下，坚持问题导向，聚焦关键短板，以项目为抓手，开展创新实践。一路走来，公司整体的发展模式已发生了可喜的变化，内生动力持续增强。

关注客户需求，实现精准销售和精细服务。为了更好地细分市场，我们开展了集团及79家分公司的客户脸谱绘制工作。从客户年龄、性别、地域、渠道、产品、保单件数、保障种类、缴费水平、接触方式等多维度分析客户，洞悉客户的保障缺口和财富管理需求，为仅有一张长险保单客群、仅为孩子投保客群以及缴费期满客群实施精准销售策略，2015年分别实现保费收入81.4亿元、55.7亿元、44.8亿元。同时，针对车险低出险和女性等优质客户，以及新车首次出险客户，提供“金钥匙”“引导理赔”“小额理赔授信”“紧急救援”等服务，提升客户黏度。

改善客户界面，加快移动互联新技术应用。为了向客户提供更加便利的服务，我们积极应用移动互联新技术改善服务流程，推动线上线下融合发展。截至2015年年末，公司在线商城累计注册用户数已达833万人次，累计服务客户超过1 884万人次；“中国太保”微信服务号粉丝数突破473万人次，客户可以通过线上实现信息获取、理赔、查询、保单质押贷款等全流程服务。公司为营销员提供“神行太保”智能移动保险平台达19万台，个人业务新保出单全覆盖，助力营销员更好地服务客户。2015年寿险移动保全在保全总量中的占比已达到43%；此外公司还推出新技术回访服务，在全年回访量中的占比达到54.2%。在太保社区便利店，应用新技术已经能够提供理赔进度查询、车险报价和承保，以及保单质押贷款等10项社区服务。

提升客户体验，驱动产品服务创新。针对客户生命周期不同阶段的保险需求和财富管理需求，寿险植入生活场景，创新推出多款产品，如综合多种意外伤害保障的“安行宝”，提供免体检高保障的防癌险“爱无忧”，以及将防癌保障扩展至老年人的“银发安康”等等。产险创新推出“财富U保”中小企业产品，三款针对餐饮娱乐、酒店娱乐、机电制造行业的专属产品投放41家分公司，截至2015年年底，累计为约9万家中小企业客户提供了超过15 000亿元的综合财产保障和超过3 400亿元的综合责任保障。在12个城市建设“金玉兰”理财规划师队伍，为城区客户提供高品质产品和服务。

协同创造优势。2015年，我们持续围绕保险主业布局推进业务板块间的战略协同。抓住健康领域的发展机遇，太保安联健康险公司着力于“健康保障+健康管理”的产品及服务创新，形成与太保寿险个人业务渠道的融合发展。抓住年金发展机遇，“长江养老”推动企业年金与职业年金业务纳入寿养协同平台，促进寿险法人渠道保险服务与机构养老金服务的资源共享，同时加快发展养老保障管理业务，提升集团在个人养老资管领域的影响力。抓住农险发展机遇，安信农险着力推出绍兴茶叶低温气象指数保险、广西糖料蔗价格（期货）指数保险、上海鸡蛋价格（期货）指数保险，以及杭州菜篮子综合保险等创新农险产品，进一步形成与产险渠道和客户的协同。

2015年，我们一如既往地将企业社会责任全面融入商业模式中，积极发挥“社会稳定器”的作用，与各利益相关方实现价值共享。我们把握政策机遇，通过在健康、农业以及养老等三大民生领域的布局，让更多人“病有所医”“耕有所获”“老有所养”。在医疗保障方面，我们推出健康税优保险解决方案，创新推出针对不同客群的多款重疾保障产品，积极参与医保体系建设，在10地形成了大病保险的示范项目，极大地缓解了民众的大病医疗负担；在农业保障方面，我们积极参与政策性农业保险，在农险和涉农领域创新开发了多款价格、气温、风力指数保险产品，拓宽了“三农”服务的广度与深度；在养老保障方面，我们发挥专业特长，致力于推动企业年金惠及广大受众，创新开发个人养老保障产品，并通过建立助老社群等方式传播新型养老理念。同时，我们以公益促进社会和谐，积极承担社会责任，持续开展各类捐资助学、关爱孤残、扶贫赈灾等公益活动，全年各类公益捐赠总额近1 800万元，积极履行企业公民承诺，回馈社会。

2. 主要经营情况和指标

据管理层分析，中国太保主要通过太保寿险为客户提供人寿保险产品和服务；通过太保产险及太保香港为客户提供财产保险产品和服务；通过太保资产管理和运用保险资金及开展第三方受托业务。中国太保还通过“长江养老”从事养老金业务；通过太保在线的电话及网络平台（www.ecpic.com.cn）为客户提供综合服务，并销售人寿及财产保险产品。

中国太保坚持“专注保险主业，价值持续增长”的发展战略，同时推动“以客户需求为导向”的转型发展，在2015年实现了整体价值的持续提升。

集团价值稳定增长。截至2015年年末，集团内含价值为2 056.24亿元，较上年年末增长20.0%；集团有效业务价值为905.59亿元，较上年年末增长22.3%。2015年度，寿险实现一年新业务价值120.22亿元，同比增长37.8%，新业务价值率为29.2%，同比提升4.7个百分点。

财务结果表现良好。2015年，集团实现营业收入2 472.02亿元，同比增长12.5%；实现净利润177.28亿元，同比增长60.4%，增长幅度较大；加权平均净资产收益率为14.2%，同比提升3.9个百分点。太保产险实现承保盈利，综合成本率为99.8%，同比下降4.0个百分点。

管理资产持续增加。截至2015年年末，集团管理资产达到10 879.32亿元，较上年年末增长19.4%，其中：集团投资资产为8 544.58亿元，较上年年末增长12.2%，净值增长率为8.2%；第三方管理资产为2 334.74亿元，较上年年末增长56.3%，第三方资产管理业务收入达到6.53亿元，同比增长64.9%。

寿险业务形成大个险新格局，推动价值可持续增长。

- 寿险一年新业务价值120.22亿元，同比增长37.8%；新业务价值率29.2%，同比提升4.7个百分点。
- 个人业务新业务价值114.97亿元，同比增长42.5%，占比达到95.6%，同比提升3.2个百分点；实现保费收入913.39亿元，在总保费中占比达到84.1%；其中新保业务收入278.64亿元，同比增长61.2%，在总新保中的占比达76.0%；营销员月均人力达到48.2万人，同比提升40.1%；每月人均首年保险业务收入4 776元，同比增长16.6%。

产险业务保持承保盈利且实现稳定增长。

- 财产保险业务全年实现保险业务收入947.10亿元，同比增长1.7%；综合成本率为99.8%，同比下降4.0个百分点。
- 太保产险全年实现电网销业务收入180.01亿元，同比增长12.2%；完善交叉销售体系建设，实现交叉销售收入44.33亿元，同比增长22.8%；电网销及交叉销售收入占太保产险业务收入的23.7%，同比上升2.6个百分点。
- 太保产险全年实现农险业务收入11.55亿元，同比增长28.8%，并保持较好的承保盈利水平。

资产管理业务实现投资收益的稳健增长。

- 集团投资资产实现总投资收益559.10亿元，同比增长33.2%，总投资收益率达到7.3%，同比提升1.2个百分点，为近5年来最高；净投资收益达398.81亿元，同比增长8.6%，净投资收益率达5.2%，同比下降0.1个百分点；净值增长率达8.2%，同比下降0.6个百分点。
- 太保资产和“长江养老”合计第三方资产管理业务管理规模超过2 300亿元；管理费收入达到6.53亿元，同比增长64.9%。

表7-1为中国太保2014年及2015年主要经营指标表。

表7-1 中国太保2014年及2015年主要经营指标表 金额单位：百万元

经营指标	2015年	2014年	同比（%）
主要价值指标			
集团内含价值	205 624	171 294	20.0
有效业务价值	90 559	74 064	22.3
集团净资产	133 336	117 131	13.8
太保寿险一年新业务价值	12 022	8 725	37.8
太保寿险新业务价值率（%）	29.2	24.5	4.7pt
太保产险综合成本率（%）	99.8	103.8	4.0pt
集团投资资产净值增长率（%）	8.2	8.8	（0.6pt）
主要业务指标			
保险业务收入	203 305	191 805	6.0
太保寿险	108 589	98 692	10.0
太保产险	94 615	93 026	1.7
市场占有率			
太保寿险（%）	6.8	7.8	（1.0pt）
太保产险（%）	11.2	12.3	（1.1pt）
集团客户数（千）	94 356	88 838	6.2
客均保单件数（件）	1.58	1.52	3.9
月均保险营销员（千名）	482	344	40.1
保险营销员每月人均首年保险业务收入（元）	4 776	4 097	16.6
总投资收益率（%）	7.3	6.1	1.2pt
净投资收益率（%）	5.2	5.3	（0.1pt）
第三方管理资产	233 474	149 400	56.3
太保资产第三方管理资产	149 786	89 841	66.7
长江养老投资管理资产	83 688	59 559	40.5
主要财务指标			
归属于母公司股东的净利润	17 728	11 049	60.4
太保寿险	10 582	9 084	16.5
太保产险	5 331	1 037	414.1
偿付能力充足率（%）			
太保集团	280	280	
太保寿险	201	218	（17pt）
太保产险	211	177	34pt

3. 投资资产组合

2015年，国内宏观经济增速放缓，在中国人民银行多次降低基准利率和存款准备金率的情况下，固定收益资产收益率下降明显。同时，尽管股票市场年内仍有一定幅度的上涨，但波动明显加剧，结构性分化显著。中国太保主动调整投资资产的配置结构，在稳定债券、存款、股票和基金等传统投资资产配置的基础上，从符合保险资金特性和风险容忍度的要求出发，适度增加了对债权计划、理财产品及新股基金、优先股、分级基金A等“类固定收益产品”的投资，提高了投资组合的多元化和分散化程度，控制投资风险，稳定整体投资收益率水平。表7-2为中国太保2015年投资资产组合简表。

表7-2　**中国太保2015年投资资产组合简表**　金额单位：百万元

项　目	金　额	占比（%）
投资资产（合计）	854 458	100.0
按投资对象分		
固定收益类	700 644	82.0
——债券投资	430 633	50.4
——定期存款	154 398	18.1
——债权投资计划	53 025	6.2
——理财产品	25 240	3.0
——其他固定收益投资	25 548	3.0
权益投资类	123 279	14.4
——基金	45 956	5.4
——股票	33 645	3.9
——理财产品	25 715	3.0
——其他权益投资	15 746	1.8
投资性房产	6 344	0.7
现金及现金等价物	24 191	2.8
按投资目的分		
以公允价值计量且其变动计入当期损益的金融资产	22 215	2.6
可供出售金融资产	218 062	25.5
持有至到期投资	310 343	36.3
长期股权投资	324	—
贷款及其他资产	303 514	35.5

2015年，该公司新增固定收益类资产投资399.45亿元，债券投资总额上升，较上年年末增长2.5%，定期存款总额下降，较上年年末减少6.7%；截至2015年年末，在中国太保的债券投资中，国债、金融债、企业债占比分别为19.4%、30.2%和50.4%，绝大部分债券信用评级都在AA+级及以上。债权计划投资总额较上年年末增长11.5%，固定收益类理财产品总额较上年年末增长167.1%。2015年，新增固定收益资产主要配置于信用等级较高的品种，信用风险总体可控。该公司权益类资产占比14.4%，较上年年末上升3.8个百分点。公司投资的非标资产主要包括商业银行理财产品、银行业金融机构信贷资产支持证券、信托公司集合资金信托计划、证券公司专项资产管理计划、保险资产管理公司基础设

施投资计划、不动产投资计划和项目资产支持计划等。截至2015年年末，公司非标资产投资1 030.74亿元，较上年年末增加59.9%，在投资资产中的占比达到12.1%。

从投资目的来看，该公司投资资产主要配置在可供出售金融资产、持有至到期投资和贷款及其他资产等三类，其中：可供出售金融资产较上年年末增加30.9%，主要是债券、股票、基金和理财产品增加；持有至到期投资较上年年末减少0.5%，主要是债券到期；贷款及其他资产较上年年末增长14.4%，主要原因是债权投资计划及理财产品总额增加。

4.主要证券投资品种

据公司年报披露，其投资组合有一定的特点：在地域上，投资覆盖了13个省级地区；在行业上，涉及交通、能源、市政、环保、金融、物流、办公不动产、商业不动产、保障性住房、土地储备、旧区改造等诸多领域；在交易结构上，投资涉足债权、股权和不动产资产等各种形式以及具体要素。表7-3展示了公司列示于以公允价值计量且其变动计入当期损益的金融资产的股票、权证和可转换债券（可转债）（前十大）的情况。

表7-3 以公允价值计量且其变动计入当期损益的金融资产 金额单位：百万元

序号	证券品种	证券代码	证券简称	最初投资成本	持有数量（百万单位）	期末账面价值	占期末证券总投资比例（%）	报告期损益
1	股票	000858	五粮液	93.78	3.50	95.44	2.14	2.31
2	可转债	113008	电气转债	86.37	0.58	80.26	1.80	（6.10）
3	股票	600660	福耀玻璃	54.72	4.61	69.97	1.57	11.15
4	股票	002303	美盈森	45.41	4.97	67.89	1.52	28.63
5	股票	601318	中国平安	64.50	1.88	67.84	1.52	（43.14）
6	股票	002045	国光电器	30.81	3.39	64.07	1.44	37.55
7	股票	000967	上风高科	51.22	2.33	62.54	1.40	11.32
8	股票	600016	民生银行	59.83	6.39	61.61	1.38	（9.14）
9	股票	601166	兴业银行	50.86	3.58	61.10	1.37	（21.27）
10	股票	002018	华信国际	35.70	1.99	60.68	1.36	14.12
期末持有的其他证券投资				3 587.33	198.15	3 768.15	84.50	59.63
报告期已经出售证券投资损益				—	—	—	—	（236.87）
合　计				4 160.53	231.37	4 459.55	100.00	（151.81）

5.金融投资收益

表7-4为中国太保2015年投资收益简表。

2015年，中国太保实现总投资收益559.10亿元，同比增长33.2%；总投资收益率7.3%，同比上升1.2个百分点，主要是权益类资产的买卖价差收益明显增加，以及计提投

表7-4　**中国太保2015年投资收益简表**　金额单位：百万元

项　目	2015年	2014年	环比（%）
固定息投资利息收入	36 274	33 185	9.3
权益投资资产分红收入	3 019	3 010	0.3
投资性房地产租金收入	588	523	12.4
净投资收益	39 881	36 718	8.6
证券买卖收益（或损失）	15 906	7 938	100.4
公允价值变动收益	52	713	(92.7)
计提投资资产减值准备	(282)	(3 672)	(92.3)
其他收益	353	276	27.9
总投资收益	55 910	41 973	33.2
净投资收益率（%）	5.2	5.3	(0.1pt)
总投资收益率（%）	7.3	6.1	1.2pt
净值增长率（%）	8.2	8.8	(0.6pt)

资资产减值准备减少的综合影响；净投资收益398.81亿元，同比增长8.6%，主要是固定息投资利息收入增加所致。

固定息投资利息收入同比增长9.3%；净投资收益率5.2%，同比下降0.1个百分点。净值增长率8.2%，同比下降0.6个百分点，主要原因是股市波动引起可供出售金融资产浮盈增加额减少。

6.金融投资管理

公司成立投资资产管理事业部，分债券投资、股权投资、不动产投资、债权股权项目管理与销售、不动产项目管理五个专业化投资管理团队，实现“另类资产管理”（主要有别于传统保险类资产项目的管理）。

年报显示，其主要投资策略包括：继续配置信用质量较高，收益率适宜的债券资产和存款资产，积极控制信用风险。选择债权投资成为中长期固定收益配置领域具有显著收益优势的投资工具；优化持有不动产投资项目，一方面增加稳定的现金收益来源，另一方面储备具有持续增值能力的中长期资产；积极开发新型的股权型资产支持项目和第三方资产管理项目。

在投资管理上，重视另类投资的团队建设，从专业化和梯队化角度持续开展招聘和培训工作，逐步形成了一支岗位分工较为明确，专业技能覆盖较为全面的业务团队。2015年，另类投资业务的销售团队从岗位职能、人员配备、技能培训等基础性工作入手，同时完善产品设立后的服务信息发布与反馈，将投资收益分配等服务环节嵌入销售岗位职责，强化对委托人的服务意识，提高销售人员与委托人的沟通频率，推行“项目销售负责人制度”，把销售职能延伸到产品开发阶段，支持拟设立产品的定价与交易结构设计。

2015年，中国太保资产管理部门在另类投资业务领域多次召开受益人大会，完成各类信息披露和信息报送报告，按时完成资金划付与收益分配工作；进一步完善投资性不动产的“项目现场管理与专业管理岗位相结合”的矩阵式管理模式；同时，合规与风险管理部门、信用评估部门也给予全面支持，及时出具多份合规与风险评估报告及内部评级报告。

（以上资料摘自《中国太平洋保险集团股份公司2015年年度报告》）

（二）案例分析要求

结合有关资料，分析总结中国太保在金融投资方面的特征。

案例二

上海汽车可转债分析

（一）案例资料

2007年12月19日，上海汽车发行了6 300万张认股权证和债券分离交易的可转换债券共筹集资金630 000万元。2008年1月8日，认股权证（简称：上汽CWB1；代码：580016）和债券（简称：08上汽债；代码：126008）同时在上海证券交易所上市交易。有关情况如下：

此次发行的分离交易可转换债券共630 000万元，即6 300万张债券。每张债券的认购人可以无偿获得公司派发的3.6份认股权证，认股权证共计发行22 680万份。可转债按面值发行，每张面值为100元，所附的认股权证按比例向债券认购人无偿派发。

此次可转债的票面利率询价区间为0.8%~1.2%。最终票面利率经发行人与保荐人（主承销商）向机构投资者询价确定为0.8%。可转债的计息起始日为2007年12月19日，以后每年的12月19日为当年的付息日，每年付息一次。上海汽车在付息日后5个交易日内完成付息工作，债券到期日之后的5个交易日内，公司将按面值加上最后一年的应计利息偿还所有债券。此次分离交易可转债的债券期限为6年，即2007年12月19日至2013年12月19日。

中诚信对公司此次发行分离交易可转债进行了信用评级，认为本期分离交易可转债还本付息的风险极低，安全性极强，确定其信用级别为AAA级。

认股权证的存续期为上市之日起24个月，即2008年1月8日至2010年1月7日。认股权证持有人有权在权证存续期最后5个交易日行权，即2009年12月31日至2009年1月7日，行权期间权证停止交易。认股权证的初始行权价格为27.43元/股，行权比例为1：1，即每1份认股权证代表1股公司发行的A股股票的认购权利。在认股权证存续期内，若上期股份公司A股股票除权、除息，将对认股权证的行权价格、行权比例作相应调整。

此次分离交易可转债发行期间，一年期银行存款的年利息率为4.14%，该利率可近似看作是无风险利率。

2008年1月8日，该可转债的债券和认股权证在上海证券交易所分别上市交易。债券上市的开盘价为70.10元，收盘价为70.74元，成交量为34 416 240张，换手率为55%（即成交量÷债券总量×100%）。此后几个交易日维持在70元一带，成交量萎缩。1月23日达到上市后最低价69.96元。但其后几个交易日交易价格连续上升，1月30日最高价达到72.59元。认股权证的首日开盘价为12.306元，此价格是发行人和保荐人公告的首日涨停价格，成交量为336 100份，换手率仅为0.15%。第2个交易日以涨停价14.90元开盘，收盘价为12.971元，成交量为334 706 900份，换手率为147.58%（权证交易采用的是“T+0”交易制度，即当日买进的权证，当日可以卖出，因此换手率可能超过100%）。此后该权证价格一路走低，1月28日最低价为8.379元，1月30日收盘价为9.716元。

（二）案例分析要求

（1）为什么该债券上市交易价格远低于其发行价格？影响债券交易价格的因素有哪些？

（2）该认股权证是否是一种期权？请说明其表征期权特征的相关信息。

（3）根据该可转债的条款，认股权证是无偿配发给债券认购人的，是否能就此认定该认股权证的权利金为零？为什么？

（4）如果有一位投资者认购该可转债后于上市首日将债券以开盘价卖出，并持有认股权证到期，其通过行权并获利的条件是什么？为什么？

第三部分　参考答案

☆ 练习题参考答案

一、单项选择题

1.B　2.A　3.B　4.C　5.D　6.D　7.A　8.B　9.D　10.B　11.B　12.C　13.C　14.B　15.A　16.B　17.D　18.C　19.A　20.A　21.D　22.C　23.C　24.C　25.A　26.A　27.C　28.B　29.D　30.B　31.C　32.B　33.D　34.A　35.D　36.C　37.C，A　38.A　39.A　40.C　41.B　42.A

二、多项选择题

1.AB　2.AD　3.ABCD　4.BC，DE　5.ABCDEF　6.ACDE　7.BF　8.ABD　9.ABCDE　10.ABCD　11.ABCD　12.ABC　13.ABCD　14.ABDEF　15.ABCE　16.BD　17.ABCDE　18.CD　19.ABD　20.CD　21.ACD　22.AD　23.ABCDE　24.ABCE　25.ABDEF　26.BCD　27.ABCD　28.BCE　29.ABCDE　30.ABCD　31.ABCD　32.ABC　33.ABCE　34.BCDEF　35.ABCD　36.ABDE　37.BC　38.BCDEF　39.BC

三、判断题

1.√　2.×　3.√　4.√　5.×　6.√　7.√　8.√　9.×　10.×　11.×　12.√　13.√　14.√　15.√　16.×　17.×　18.×　19.√　20.√　21.√　22.×　23.×　24.×　25.×　26.√　27.√　28.√　29.×　30.×　31.√　32.√　33.×

四、计算分析题

1.（1）754.18元；（2）616.80元；（3）385.50元。

2.12 500元。

3.5.89%。

4.8.52%。

5.（1）827.63元；（2）不值得购买。

6.（1）851.10元；（2）1 280.90元；（3）因为1 157.96大于1 050，所以愿意购买。

7.（1）10%；（2）101.90元；（3）22%；（4）债券价值为95.20元，因此应该购买。

8.（1）1 129.86元；（2）5.55%。

9.（1）1 046.22元；（2）到期的实际收益率为4.85%；（3）不应该购买；（4）4.21%。

10.（1）747.30元；（2）10.78%；（3）应该购买。

11.P=16元。

12.普通股25元，优先股20元。

13.81%。

14.12.55%。

15.（1）A股票31.80元，B股票30元；（2）应投资B股票。

16.（1）当汇率为1欧元=1.40美元时，行权，利润为40万美元；（2）当汇率为1欧元=1.36美元时，行权，利润为0；（3）当汇率为1欧元=1.25美元时，不行权，利润为-50万美元。

17.（1）行权，收益=18万元；（2）行权，收益=0；（3）不行权，收益=-2万元。

18.7.27元。

五、综合题

1.（1）9.86%；（2）损失1.05万元。

2.先设2016年1月20日的市场利率为K，则以下等式成立：

$1\,076.84\times(1+\frac{K}{2})=1\,000\times8\%+1\,000\times8\%\times(P/A,K,4)+1\,000\times(P/F,K,4)$，用试算法算出市场利率约为7%，然后利用债券估值公式计算出1301B债券的内在价值应为959.01元。

3.（1）94 215.6元；（2）债券价值大于价格，值得购买；（3）实际收益率为10.33%。

4.（1）6%；（2）18.4%、14%、12%；（3）156.70元、71.40元、41.70元；（4）A股票应当出售，B、C股票应当继续持有。

5.（1）63.60元；（2）值得购买。

6.（1）股票市价和内在价值都是24元，相符；（2）股票价值为12元，市价比内在价值高了1倍；（3）25.20元。

7.g=6%。

8.（1）预计第1年的股利为4.56元，第2年的股利为5.20元，第3年及以后的股利为5.62元，股票价值为54.88元。

（2）用试算法可得出预期投资报酬率为11%。

（3）该董事的观点是错误的。在固定股利增长模型中，当其他条件不变时，股利较高时，股价也会较高。但是其他条件不是不变的。因为股利支付率的提高会使用于再投资企业的资金减少，将会减少企业后续发展的可持续增长率，使股票价值减少。同理，股利支付率的上升也可能会减少股票价值。

9.（1）36元；（2）45元；（3）60元。

10.（1）28%；（2）9.64元。

11.（1）13%，64.8元；（2）24.92元；（3）他更愿意投资第（2）种情况下的甲公司股票。

12.（1）16%；（2）13.56元。

13.（1）A股票的内在价值为4.16元，B股票的内在价值为2.08元；（2）A股票的市场价格为2.5元，B股票的市场价格为2.2元，A股票值得投资，B股票不值得投资；（3）组合的β系数为1.77，组合的预期报酬率为15.08%。

14.NAV=（43-2）÷20=2.05（元/份）

申购资金=2.05×30 000÷（1-5‰）=61 809.05（元）

赎回资金=2.05×（1-1.5‰）×30 000=61 407.75（元）

15.（1）当股票价格X≤100时，收益=X-100+120-X=20（元），利润=X-100+3+（120-X-5）=18（元）；当股票价格100≤X≤120时，收益=0+120-X=120-X（元），利润=0+3+（120-X-5）=118-X（元）；当股票价格X≥120时，收益=0+0=0，利润=0+3+（0-5）=-2（元）。具体如图7-1所示。

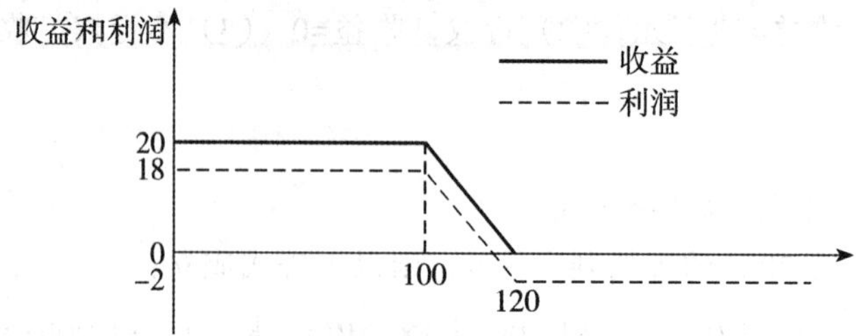

图7-1　该策略的收益和利润

（2）该期权组合的收益与标的股票的价格呈负相关。

16.（1）项目的价值为200万元。

（2）因为项目的价值大于0，所以可行。

☆ 案例分析题要点与提示

案例一

根据本案例的资料，再查阅相关资料，从以下几个方面分析总结中国太保金融投资的特征：

（1）行业特征和企业战略；

（2）投资目的与投资策略；

（3）投资组合的特点；

（4）投资风险和收益水平；

（5）金融企业与非金融企业以及个人在金融投资上的显著区别等。

案例二

该案例的问题可参考教材中债券、期权、股票等部分的内容进行思考回答，要点如下：

（1）因为该债券上市后与认股权证分离交易，所以上市后的债券不含有期权价值，其价值就取决于债券本身的价值。由于债券的票面利率只有0.8%，远低于一年期银行存款的年利息率4.14%，也就低于债券本身的预期收益率，其价值就远低于面值，因此交易价格远低于发行价格（按面值发行）。影响债券交易价格的因素主要是利息、本金、期限和交易时的市场利率。

（2）该认股权是一种期权，而且是看涨期权。其权利就是上市2年后可以以固定的价格（初始行权价格为27.43元/股）来认购上海汽车的股票，这就是行权价格，2009年12月31日至2009年1月7日就是行权期，也是期权的到期日。标的资产就是上海汽车的A股股票，期权的价格就是认购该可转换债券时票面利率和市场利率的利差。

（3）该认股权证的权利金，即期权的价格不为0，因为虽然认股权是随可转换债券发行时无偿配发给债券认购人的，但是债券认购人以平价认购较低票面利率（低于市场利率）的债券时，已经支付了这部分价格。

（4）行权条件为2年后上海汽车股票的市场价格需要达到36.44元以上，计算可得。

第八章　流动资产投资

第一部分　练习题

一、单项选择题

1.在下列各项中，不属于流动资产特点的是（　）。

A.资金占用形态经常变动　　B.数量的变动性

C.变现能力较强　　D.投资的集中性和收回的分散性

2.现金作为一种资产，它的（　　）。

A.流动性弱、盈利性弱　　B.流动性弱、盈利性强

C.流动性强、盈利性弱　　D.流动性强、盈利性强

3.企业持有现金主要是为了满足（　　）。

A.交易性、预防性、收益性的需要　　B.交易性、投机性、收益性的需要

C.交易性、预防性、投机性的需要　　D.投机性、预防性、收益性的需要

4.在各种持有现金的动机中，属于应付未来现金流入和流出随机变动的动机是（　　）。

A.交易性动机　B.预防性动机　C.投机性动机　D.投资性动机

5.在下列项目中，属于持有现金机会成本的是（　　）。

A.现金管理人员的工资　　B.现金管理措施费用

C.现金被盗的损失　　D.现金的再投资收益

6.在现金需要量既定的前提下，同现金持有量成反比的成本是（　　）。

A.收账成本　B.转换成本　C.管理成本　D.机会成本

7.已知B公司的应收账款周转期为70天，应付账款周转期为30天，存货周转期为80天，则现金周转期为（　　）天。

A.100　B.120　C.150　D.180

8.在成本分析模式下的最佳现金余额应是（　　）之和最小的现金余额。

A.机会成本和短缺成本　　B.管理成本和短缺成本

C.管理成本与转换成本　　D.机会成本与转换成本

9.公司持有的有价证券的年利率为6%，每次的固定转换成本为45元，公司的现金最低余额为2 500元。根据历史资料分析，现金余额波动的方差为28 800，如果公司现有现金21 200元，则根据随机模式应将其中的（　　）元投资于有价证券。

A.7 900　B.13 300　C.18 700　D.19 400

10.企业为了使其所持有的交易性现金余额降到最低，相对来说较好的策略是（　　）。

A.使用现金浮游量　　B.力争现金流出与现金流入同步

C.加速收款　　D.推迟应付款的支付

11.在应收账款的有关成本中，与应收账款数量成正比的是（　　）。

A.机会成本　B.收账成本　C.管理成本　D.转换成本

12.信用标准通常用预期的（　　）来衡量。

A.现金折扣率　　B.机会成本率　　C.投资报酬率　　D.坏账损失率

13.在下列各项中，企业制定信用标准时，可以不予考虑的因素是（　　）。

A.同行业竞争对手的情况　　B.企业自身的资信程度

C.客户的资信程度　　D.企业承担违约风险的能力

14.给定的信用条件为“1/10，n/40”，则其含义为（　　）。

A.付款期限为10天，现金折扣率为1%，信用期限为40天

B.信用期限为10天，现金折扣率为1/10

C.如果在10天内付款，可享受1%的现金折扣，否则应在40天内按全额付款

D.如果在10天内付款，可享受10%的现金折扣，否则应在40天内按全额付清

15.下列对信用期限的叙述中正确的是（　　）。

A.信用期限越长，企业坏账风险越小

B.信用期限越长，表明客户享受的信用条件越优越

C.延长信用期限，不利于销售收入的扩大

D.信用期限越长，应收账款的机会成本越低

16.下列对现金折扣的表述中正确的是（　　）。

A.现金折扣又叫商业折扣

B.现金折扣率越低，企业付出的代价越高

C.现金折扣是为了加快应收账款的回收而给予顾客的一定优惠

D.为了增加利润，应当取消现金折扣

17.企业在进行应收账款管理时，除需合理确定信用标准和信用条件外，还要合理确定（　　）。

A.收账政策　　B.现金折扣期限　　C.现金折扣比率　　D.信用期限

18.企业的预计销售额将由3 600万元变为7 200万元，收账期为60天，若该企业的变动成本率为60%，资本成本率为16%，假设固定成本水平保持不变，则该企业的应收账款占用资金将增加（　　）万元。

A.36　　B.57.6　　C.96　　D.360

19.在资信分析的“五C”分析法中，资本是指（　　）。

A.顾客的财务实力和财务状况，表明顾客可能偿还债务的背景

B.顾客拒付款项或无力支付款项时能被用作抵押的资产

C.影响顾客付款能力的经济条件

D.顾客流动资产的数量和质量以及流动负债的比例

20.存货管理的目的不包括（　　）。

A.控制存货水平　　B.降低存货成本

C.缩短存货期限　　D.追求较低的存货购买价格

21.在存货决策经济订货批量基本模型中，相关的成本是（　　）。

A.缺货成本　　B.订货成本

C.储存成本　　D.变动订货成本和变动储存成本

22.存货经济批量的基本模型所依据的假设不包括（　　）。

A.存货集中到货　　B.一定时期的存货需求量能够确定

C.存货进价稳定　　D.允许缺货

23.在下列订货成本中属于变动性成本的是（　　）。

A.采购人员的计时工资　　B.采购部门的管理费用

C.订货开支的差旅费　　D.专设采购机构的基本开支

24.在下列各项中，与再订货点有关的因素是（　　）。

A.经济订货批量　　B.数量折扣　　C.交货时间　　D.保险储备量

25.在允许缺货的情况下，经济订货批量是使相关的（　　）的进货批量。

A.订货成本与储存成本之和最小

B.订货成本等于储存成本

C.订货成本、储存成本与缺货成本之和最小

D.订货成本等于储存成本与缺货成本之和

26.经济订货批量是指（　　）。

A.订货成本最低的进货批量　　B.储存成本最低的进货批量

C.缺货成本最低的进货批量　　D.存货相关总成本最低的进货批量

27.某企业全年需用甲材料240吨，每次的进货成本为40元，每吨材料的年储存成本为12元，则每年最佳进货次数为（　　）次。

A.3　　B.4　　C.6　　D.9

28.在存货管理中，与建立保险储备量无关的因素是（　　）。

A.缺货成本　　B.储存成本　　C.购置成本　　D.订货成本

29.在对存货实行ABC分类控制管理的情况下，ABC三类存货的品种数量比重大致为（　　）。

A.0.7；0.2；0.1　　B.0.1；0.2；0.7　　C.0.6；0.3；0.1　　D.0.1；0.3；0.6

30.在对存货实行ABC分类控制管理的情况下，（　　）存货种类最少但价值量比重最大。

A.A类　　B.B类　　C.C类　　D.不一定

二、多项选择题

1.持有现金的动机包括（　　）。

A.投资性动机　　B.交易性动机　　C.预防性动机　　D.投机性动机

2.交易性动机是指企业持有现金以满足日常支付的需要，主要是指（　　）。

A.购买材料　　B.支付工资　　C.缴纳税款　　D.支付股利

3.企业预防性现金持有量的多少主要取决于（　　）。

A.企业临时举债能力的强弱　　B.企业愿意承担风险的程度

C.企业对现金流量预测的可靠程度　　D.企业的经营规模

4.企业预防性现金持有量大小（　　）。

A.与企业业务交易量成反比　　B.与企业流动资产成正比

C.与企业借款能力成反比　　D.与企业现金流量的可预测性成反比

5.在确定最佳现金余额时，需要考虑的成本可能有（　　）。

A.机会成本　B.转换成本　C.管理成本　D.短缺成本

6.下列关于现金持有量的叙述中正确的有（　　）。

A.管理成本是企业保留一定的现金余额而发生的管理费用

B.现金持有量越多，转换成本越低

C.现金持有量越少，转换成本越高

D.机会成本与转换成本相等时的现金持有量为最佳现金余额

7.确定最佳现金余额的常见模式有（　　）。

A.成本分析模式　B.存货模式　C.现金周转期模式　D.随机模式

8.为了提高现金的使用效率，企业应当（　　）。

A.加速收款并尽可能推迟付款　B.尽可能使用支票付款

C.使用现金浮游量　D.力争现金流入与现金流出同步

9.某企业采用随机模式控制现金持有量。下列选项中，能够使现金目标控制线（R）上升的有（　　）。

A.有价证券的日利息率提高　B.管理人员对风险的偏好程度提高

C.企业每日的最低现金需要量提高　D.企业每日现金余额变化的标准差提高

10.提供比较优惠的信用条件，可增加销售量，但也会付出一定的代价，主要有（　　）。

A.收账费用　B.坏账损失

C.应收账款机会成本　D.现金折扣成本

11.应收账款的管理成本主要包括（　　）。

A.调查顾客信用情况的费用　B.收集各种信息的费用

C.收账费用　D.坏账费用

12.企业于6月25日按“1/30，n/60”的条件购入货物价值100万元，如果企业目前短期借款的年利息率为5%，并可于40天内归还，则企业（　　）。

A.应在6月25日支付货款　B.应在7月25日支付货款

C.应在8月25日支付货款　D.应在7月25日从银行贷款99万元

13.影响应收账款机会成本的因素有（　　）。

A.应收账款管理费用　B.应收账款占用资金

C.销售成本率　D.资本成本率

14.企业的信用政策包括（　　）。

A.信用条件　B.收账政策　C.坏账准备　D.信用标准

15.信用标准过高的可能结果包括（　　）。

A.丧失很多销售机会　B.降低违约风险

C.扩大市场占有率　D.减少坏账费用

16.现金折扣政策的目的在于（　　）。

A.吸引顾客为享受优惠而提前付款　B.减轻企业税负

C.缩短企业平均收款期　　D.扩大销售量

17.评估顾客资信状况的“5C”是指（　　）。

A.品质　　B.抵押品　　C.资本　　D.能力和条件

18.在确定存货经济订货批量时，下列表述中正确的有（　　）。

A.经济订货批量是指使存货的相关总成本最低的进货批量

B.变动订货成本和变动储存成本呈反方向变化

C.变动储存成本的高低与每次进货批量成正比

D.变动订货成本的高低与每次进货批量成反比

19.建立存货合理保险储备的目的有（　　）。

A.过量使用存货时保证供应

B.在进货延迟时保证供应

C.使存货的缺货成本和储存成本之和最小

D.降低存货的储存成本

20.确定再订货点时需要考虑的因素有（　　）。

A.交货时间　　B.存货的平均需用量

C.保险储备量　　D.存货的平均供应量

三、判断题

1.由于现金的盈利性很弱，企业不宜保留过多现金。（　　）

2.现金管理的基本目标是加速现金回收，减缓现金支出。（　　）

3.在现金持有量的随机模式控制中，现金余额波动越大的企业，越需要关注有价证券投资的流动性。（　　）

4.企业为满足交易性动机所持有的现金余额主要取决于企业的生产经营规模。（　　）

5.在正常业务活动现金需要量的基础上，追加一定数量的现金余额以应付未来现金流入和流出的随机波动，这是出于预防性动机。（　　）

6.因为现金的管理成本是相对固定的，所以在确定现金最佳余额时，可以不考虑它的影响。（　　）

7.赊销是扩大销售的有力手段之一，在其他因素一定的前提下，企业应尽可能放宽信用条件，增加赊销量。（　　）

8.在有关现金折扣业务中，“1/10”的标记是指：若在一天内付款，可以享受10%的价格优惠。（　　）

9.企业花费的收账费用越多，坏账损失就一定越少。（　　）

10.企业的信用标准严格，给予客户的信用期限很短，使得应收账款周转率很高，将有利于增加企业的利润。（　　）

11.在确定信用标准时，只要提供商业信用增加的成本低于扩大销售增加的利益，企业就可以进一步提供商业信用。（　　）

12.延长信用期间，会增加企业的营业额；缩短信用期间，会减少企业的费用，因此

企业需认真研究确定适当的信用期间。 (　　)

13.收账费用与坏账损失之间呈反向变动的关系，发生的收账费用越多，坏账损失就越小。因此，企业应不断增加收账费用，以便将坏账损失降低至最小。 (　　)

14.无现金折扣的商业信用无成本，有现金折扣的商业信用在享有现金折扣时也无成本。 (　　)

15.现金折扣即商业折扣，是企业常用的促销手段。 (　　)

16.变动订货成本与企业每次订货的数量无关。 (　　)

17.存货的经济订货批量大小与订货提前期的长短没有关系。 (　　)

18.一般说来，在企业的生产和销售计划已经确定的情况下，存货量的大小取决于进货量。 (　　)

19.能够使企业存货的相关总成本之和最低的进货批量，便是经济订货批量。 (　　)

20.在存货的ABC控制法下，应当重点管理的是品种数量较少但金额较大的存货。 (　　)

四、计算分析题

1.目的：练习现金最佳余额确定的周转期模式。

资料：A企业的原料购买和产品销售均采用信用方式，其应收账款的平均收账天数为90天，应付账款的平均付款天数为65天，从原料购买到产成品销售的天数为95天。

要求：

（1）计算该企业的现金周转期。

（2）计算该企业的现金周转次数。

（3）若该企业的现金年度需求总量为270万元，计算最佳现金余额。

2.目的：练习现金最佳余额确定的存货模式。

资料：B企业的现金收支状况比较稳定，预计全年（按360天计算）需用现金100 000元，现金与有价证券的转换成本为每次200元，有价证券的年收益率为10%。

要求：

（1）计算最佳现金余额。

（2）计算最低现金相关总成本。

（3）计算转换成本和机会成本。

（4）计算有价证券年变现次数。

（5）计算有价证券交易间隔期。

3.目的：练习现金最佳余额确定的随机模式。

资料：假定C公司有价证券的年收益率为7.2%，每次的固定转换成本为230.4元，公司认为任何时候其现金余额均不能低于10 000元，又根据以往经验测算出现金每日余额波动的标准差为500。该公司当前持有现金27 500元。

要求：

（1）计算该公司的现金最优目标控制线。

（2）计算该公司的现金控制上限。

（3）计算该公司当前应当投资于有价证券的金额。

4.目的：练习应收账款管理的信用条件决策。

资料：D企业目前年销售收入为30万元，信用条件为“n/30”，变动成本率为70%，有价证券的年收益率为12%，坏账损失率为3%，预计收账费用为1万元。该企业为扩大销售拟订了甲、乙两个信用条件方案：

甲方案：信用条件为“n/60”，预计销售收入将增加至38万元，坏账损失率为4%，预计收账费用为1.6万元。

乙方案：信用条件为“1/30，n/60”，预计销售收入将增加至44万元，坏账损失率为2.5%，估计约有80%的客户（按销售额计算）会利用折扣，预计收账费用为1.4万元。

要求：计算分析该企业应选择哪一种信用条件方案（设该企业有剩余生产能力）。

5.目的：练习应收账款管理的收账费用决策。

资料：E公司的年销售收入为720万元，平均收账期为60天，坏账损失为销售额的10%，年收账费用为5万元。该公司认为通过增加收账人员等措施，可以使平均收账期降为50天，坏账损失为销售额的7%，假设公司的资本成本率为6%，变动成本率为80%。

要求：为使上述变更在经济上合理，计算新增收账费用的上限（设该公司没有剩余生产能力）。

6.目的：练习应收账款的信用政策决策。

资料：F公司由于目前的信用政策过于严厉，不利于扩大销售，该公司正在研究修改现行的政策。现有丙和丁两个放宽信用政策的备选方案，有关数据见表8-1。

表8-1　**丙、丁两个备选方案数据表**

项　目	现行政策	丙方案	丁方案
信用政策	n/45	n/60	2/10，n/120
年销售额（万元/年）	2 400	2 600	2 700
收账费用（万元/年）	40	20	10
收账期（天）	45	60	30%的客户10天内付款； 其余客户120天内付款
所有账户的坏账损失率	2%	2.5%	3%

已知F公司的销售毛利率为20%，存货周转天数始终保持60天不变（按销售成本确定的），假设投资要求的最低报酬率为15%。坏账损失率是指预计年度坏账损失占销售额的百分比。假设不考虑所得税的影响，1年按360天计算。

要求：

（1）计算与原方案相比丙方案增加的税前收益。

（2）计算与原方案相比丁方案增加的税前收益。

（3）应否改变现行的收账政策？如果改变，应选择丙方案还是丁方案？

7.目的：练习应收账款的信用政策决策。

资料：G公司现行的信用政策是30天内全额付款，赊销额平均占销售收入的75%，其余部分为立即付现购买。目前的应收账款周转天数为45天（假设一年为360天，根据赊销额和应收账款期末余额计算，下同）。总经理于2017年1月初提出，将信用政策改为50天内全额付款。改变信用政策后，预期总销售收入可增长20%，赊销比例增加到90%，其余部分为立即付现购买。预计将应收账款周转天数延长到60天。

改变信用政策预计不会影响存货周转率和销售成本率（目前销货成本占销售收入的70%）。工资由目前的每年200万元增加到380万元。目前，除工资以外的销售费用和管理费用为每年300万元，预计不会因信用政策的改变而改变。

2016年年末G公司的资产负债表（简表）见表8-2。

表8-2　**资产负债表（简表）**

编制单位：G公司　2016年12月31日　单位：万元

资　产	期末余额	负债及所有者权益	期末余额
库存现金	200	应付账款	100
应收账款	450	银行借款	600
存货	560	实收资本	1 500
固定资产	1 000	未分配利润	10
资产总计	2 210	负债及所有者权益总计	2 210

要求：假设G公司要求的必要报酬率为8.9597%，问G公司应否改变信用政策？

8. 目的：练习存货决策的基本模型。

资料：已知H公司与存货有关的信息如下：

（1）年需求数量为60 000单位（假设每年360天）。

（2）购买价格为每单位200元。

（3）单位存货储存成本为60元。

（4）订货成本为每次500元。

要求：

（1）计算经济订货批量。

（2）计算经济订货批量存货占用资金。

（3）计算经济订货批量下的存货相关总成本。

（4）计算最佳订货次数以及最佳订货周期。

9. 目的：练习在陆续供应和使用情况下的存货决策。

资料：L企业全年需采购甲材料3 600吨，甲材料每吨进价为1 500元，每日的送货量为30吨，每次的订货成本为1 800元，每吨甲材料年平均储存保管费用为100元，该企业每日耗用甲材料22.5吨。

要求：计算L企业甲材料在陆续供应和使用条件下的经济订货批量和在经济订货批量下的相关总成本。

五、综合题

1. 资料：假设期末现金最低余额为5 000元，银行借款起点为1 000元，贷款利息为每年10%，还本时付息（注：借款在期初，还款在期末）。

要求：计算并填列现金预算表（见表8-3）中的空缺数据。

表8-3　　　　　　　　　　　　现金预算表　　　　　　　　　　　　单位：元

摘　要	第一季度	第二季度	第三季度	第四季度	全　年
期初现金余额	8 000	（6）	（10）	（16）	（26）
加：现金收入	（1）	70 000	96 000	（17）	321 000
可动用现金合计	68 000	（7）	（11）	（18）	（27）
减：现金支出					
采购材料	35 000	45 000	（12）	35 000	（28）
销售费用	（2）	30 000	30 000	（19）	113 000
购置设备	8 000	8 000	10 000	（20）	36 000
支付股利	2 000	2 000	2 000	2 000	（29）
现金支出合计	（3）	85 000	（13）	（21）	（30）
收支相抵现金	-2 000	（8）	11 000	（22）	（31）
多余（或不足）					
融通资金：					
银行借款	（4）	15 000			（32）
归还本金			5 000	（23）	（33）
归还利息			（14）	（24）	（34）
期末现金	（5）	（9）	（15）	（25）	（35）

2.资料：M企业在2017年9—12月销售收入、原材料购入与工资支付等方面的计划见表8-4。

表8-4　　　M企业2017年9—12月销售收入、原材料购入与工资支付计划表　　　单位：元

时　间	销售收入	原材料购入	工资支付
9月	60 000	20 000	12 000
10月	60 000	40 000	15 000
11月	70 000	40 000	17 000
12月	90 000	30 000	13 000

假设所有的销售都是赊销，70%的应收账款将在销售的当月内收回，但要提供2%的现金折扣；其余的30%将在下个月收回。企业通常在购买原材料之后的下个月支付货款，但所有的工资都在当月支付。另外，假设还有以下情况发生：

（1）每个季度的房租为10 000元，在每个季度末支付。

（2）每个月要支付2 000元的其他期间费用。

（3）11月份支付9月份购买设备的应付账款25 000元。

（4）10月1日企业计划保持的银行存款余额为10 000元。

要求：

（1）编制M企业2017年10—12月现金预算表（见表8-5）。

表8-5　　M企业10—12月现金预算表　　单位：元

项　目	10月	11月	12月
期初现金余额			
加：本月销售流入			
收回上月销售流入			
可供使用现金			
减：现金流出			
支付上月原材料货款			
支付当月工资			
支付当月期间费用			
支付购买设备款			
支付房租			
流出合计			
现金收支差额			

（2）假设该企业日常的现金管理为存货模式，每个季度的现金需求量为500 000元，一次交易成本为972元，有价证券的月利率为1%。计算最佳现金持有量以及达到最佳现金持有量时的年度机会成本、年度交易成本和年度相关总成本。

3.资料：E公司生产并销售一种产品，该产品的单位变动成本是60元，单位售价是80元。公司目前采用30天按发票金额付款的信用政策，80%的顾客（按销售量计算，下同）能在信用期内付款，另外20%的顾客平均在信用期满后20天付款，逾期应收账款的收回需要支出占逾期账款5%的收账费用。公司每年的销售量为36 000件，平均存货水平为2 000件。

为了扩大销售量、缩短平均收现期，公司拟推出“5/10，2/20，n/30”的现金折扣政策。采用该政策后，预计销售量会增加15%。40%的顾客会在10天内付款，30%的顾客会在20天内付款，20%的顾客会在30天内付款，另外10%的顾客平均会在信用期满后20天内付款，逾期应收账款的收回需要支出占逾期账款5%的收账费用。为了保证及时供货，平均存货水平需提高到2 400件，其他条件不变。

假设同等风险投资的最低报酬率为12%，1年按360天计算。

要求：

（1）计算改变信用政策后的边际贡献、收账费用、应收账款机会成本、存货应计利息、现金折扣成本的变化。

（2）计算改变信用政策后的净损益，并判断E公司是否应推出该信用政策。

第二部分　案例分析题

案例一

营运资本管理——浙江杭萧钢构股份有限公司

（一）案例资料

浙江杭萧钢构股份有限公司（简称“杭萧钢构”）成立于1985年，经过30多年的努力，已发展为国内首家钢结构上市公司（股票代码：600477），被列入住建部首批建筑钢结构定点企业、全国民营企业500强、国家火炬计划重点高新技术企业和国家住宅产业化基地。杭萧钢构与浙江大学、同济大学等多所著名院校和研究所建立了密切的合作关系，拥有院士工作站、博士后科研工作站。杭萧钢构参编、主编30多项国家、地方、行业标准及规程规范，90多项工程获鲁班奖、中国钢结构金奖、省（市）钢结构金奖等行业奖项。在楼承板、内外墙板、梁柱节点、结构体系、构件形式、钢结构住宅、防腐防火和施工工法等方面先后获得200余项国家专利成果。目前，杭萧钢构拥有13家全资或控股子公司，总占地面积3 000余亩，厂房面积100余万平方米。

杭萧钢构专业设计、制造、施工（安装）厂房钢结构、多（超）高层钢结构、大跨度空间钢结构、钢结构住宅、绿色建材（包括TD、钢筋桁架、钢筋桁架模板及连接件、CCA墙体部件、防火包梁柱体系等产品）。产品销往世界各地，数千个样板工程已覆盖40多个行业，遍布德国、安哥拉、南非、巴西、阿根廷、俄罗斯、新加坡等全球40多个国家或地区。

杭萧钢构具有房屋建筑工程施工总承包壹级资质、建筑行业工程设计乙级资质、钢结构工程专业承包壹级资质、中国钢结构制造企业资质（特级）、轻型钢结构工程设计专项甲级资质、钢结构专项施工壹级资质。

杭萧钢构拥有美国钢结构协会AISC认证、欧盟DVS/欧洲焊接生产企业DIN 18800-7认证、英国皇冠ISO 9001质量体系认证、ISO 14001环境管理体系认证、BSI-OHSAS 18001职业安全管理体系认证、国家级实验室（CNAS）认证。汉德邦CCA板获得中国环境标志产品认证、CE认证和住建部康居产品认证等国内或国际权威认证。

表8-6是杭萧钢构2008—2015年的资产负债表（简表）。

表 8-6　　**杭萧钢构的2008—2015年的资产负债表（简表）**　　单位：亿元

项　目	2015年	2014年	2013年	2012年	2011年	2010年	2009年	2008年
货币资金	6.5	5.8	5.2	4.5	8.8	5.1	3.1	3.0
应收账款	9.9	8.0	5.8	4.3	5.7	5.2	5.3	5.6
存货	34.5	39.2	38.1	34.9	27.5	14.7	9.6	9.3
流动资产合计	53.5	55.3	51.4	46.1	43.7	26.9	19.3	19.0
固定资产净额	7.5	7.2	8.1	8.9	9.2	10.0	10.6	10.9
无形资产	1.3	1.3	1.3	1.0	1.1	1.1	1.2	1.2
递延所得税资产	0.9	1.1	1.1	1.1	0.5	0.2	0.3	0.2
非流动资产合计	10.7	10.0	10.6	11.1	11.3	11.6	12.3	12.8
资产总计	64.2	65.3	62.0	57.2	55.0	38.5	31.6	31.8
短期借款	14.2	18.0	18.5	15.8	16.8	8.8	7.9	7.1
应付票据	5.1	8.0	8.4	6.8	7.8	4.1	4.0	4.8
应付账款	11.8	12.0	11.8	10.3	9.6	7.3	5.8	5.9
预收款项	6.5	8.0	8.8	10.6	4.9	4.3	3.0	2.9
流动负债合计	43.3	48.6	49.9	45.1	42.2	26.3	23.2	23.5
非流动负债合计	1.0	0.9	0.2	0.6	0.1	0.8	0.1	1.2
负债合计	44.3	49.5	50.1	45.7	42.3	27.1	23.3	24.7
股东权益合计	19.9	15.8	11.9	11.5	12.7	11.4	8.3	7.1
负债和股东权益总计	64.2	65.3	62.0	57.2	55.0	38.5	31.6	31.8

注：①资料来源：根据杭萧钢构2008—2015年年度报告整理；

②流动资产省略的项目主要有：应收票据、预付款项、其他应收款和其他流动资产；

③非流动资产省略的项目主要有：在建工程；

④流动负债省略的项目主要有：应付职工薪酬、应交税费、应付股利、应付利息、其他应付款。

（二）案例分析要求

（1）计算杭萧钢构2008—2015年各年流动资产占总资产的百分比。

（2）计算杭萧钢构2008—2015年各年流动资产主要项目占流动资产的百分比。

（3）计算杭萧钢构2008—2015年各年流动负债占总负债的百分比。

（4）计算杭萧钢构2008—2015年各年流动负债主要项目占流动负债的百分比。

（5）计算杭萧钢构2008—2015年各年的营运资本。

（6）根据上述计算结果分析杭萧钢构营运资本管理的特点。

案例二

戴尔公司“零库存”管理模式[①]

（一）案例资料

戴尔公司于1984年由迈克尔·戴尔创立，总部设在德克萨斯州奥斯汀，是全球领先的IT产品及服务提供商，其业务包括帮助客户建立自己的信息技术及互联网基础架构，产品涉及多个领域，如笔记本电脑、服务器、网络产品、存储器、移动产品、软件。创立30多年来，戴尔革命性地改变着整个行业，使全球的客户包括商业、组织机构和个人消费者都能接触到电脑产品。戴尔采用独特的直销模式，使得信息技术变得更加强大、易于使用，价格也更加合理，从而为用户提供了充分利用这些工具的机会，他们的工作和生活方式也得以改善。2014年，戴尔完成多项大手笔收购，力求提升自身的竞争力，巩固其在IT产品及服务方面的领先地位。2014年2月，戴尔完成对专注于存储服务的IT咨询公司网络存储公司（TNWSC）的收购，在此之前，它还收购了网络存储设备供应商EqualLogic公司。2016年9月8日戴尔公司宣布，完成600亿美元收购EMC的并购协议，科技界史上最大合并案诞生。总部位于马萨诸塞州霍普金顿的EMC是一家拥有36年历史的商用数据存储产品公司，市值约为500亿美元。戴尔和EMC合并是对各自核心业务所面向的市场出现总体下滑而作出的回应。计算市场的重心已经转移到移动设备、服务器和云计算。戴尔和EMC的合并将实现两者的优势互补。作为全球第三大PC厂商的戴尔的产品对中小企业来说十分具有吸引力，而EMC的存储产品则获得了大型企业的青睐。分析师认为，在两家公司合并之后，戴尔将能够把更多的产品卖给EMC的客户。

在竞争日趋激烈的计算机制造行业，戴尔何以取得如此骄人的业绩呢？可以说，零库存管理模式立下了汗马功劳。下面我们来探索一下戴尔公司的零库存管理模式。

在企业生产中，库存是由于无法预测未来需求的变化，而又要保持不间断的生产经营活动所必须配置的资源。但是，过量的库存会诱发企业管理的诸多问题，如资金周转慢、产品积压等。因此很多企业往往认为，如果在采购、生产、物流、销售等经营活动中能够实现零库存，在企业管理中的大部分问题就会随之解决。零库存便成了生产企业管理中一个不懈追求的目标。

什么是零库存？一般理解是指物料（包括原材料、半成品和产成品等）在采购、生产、销售、配送等一个或几个经营环节中，不以仓库存储的形式存在，而均是处于周转的状态。因此要做到零库存，必须在企业采购、生产、销售以及物流配送环节做到准时制（just in time，JIT）。那么，戴尔公司是如何做到准时制的呢？

回忆起1984年创办公司之初，迈克尔·戴尔承认当时并没有在个人电脑生产过程中有什么创新的想法，当时最简单的想法是把组装好的电脑卖到大学校园以外的地方。任何事物的产生都需要相应的客观条件，而戴尔创新的当时也具备了这样的条件。专事“克隆”别人已生产定型电脑的公司纷纷问世，足以说明开办电脑公司无须再靠自己去研究和开发电脑，只要有一条组装电脑的生产线就能把为客户提供电脑产品这件事玩转，这类电脑公司所要做的就是集中精力组装电脑和开发电脑的销售市场。戴尔先生当时尽管这样做

---

① 史丽月．戴尔零库存管理模式研究［J］．商业会计，2015（14）：35-36．闫畅．从戴尔看零库存管理［J］．当代会计，2015（1）：9-10．

了，但并没有真正从理性上认识这一点。这种新型电脑公司还有着许多其他优点，其中最大的优点是生产线可以和销售直接联系在一起，根据销售需要来安排组装电脑下线的数量，现在戴尔公司的经营模式就是充分利用了这一点。

“有些人也知道我们是零库存，但是不很清楚的就是我们的能力不只是在零库存。我们是按单生产，我们没有订单的时候，我们不会去生产。戴尔为什么很讲究这个呢？有库存是不好的一件事情，因为有库存就浪费了很多成本。我们尽量会做到零库存，这个概念很容易讲，但不容易做。”戴尔公司中国区总裁符标榜如是说。的确，戴尔公司在做到产成品库存为零这一点上，是采用了创新的方式——直销。戴尔公司直销模式的精华在于“按需定制”，在明确客户的需求后迅速作出回应（要知道组装一台电脑对于专业人员来说，不是一件很费时间的事，更何况戴尔从取得订单到发货，许诺客户一般是一周到货，这对于戴尔公司来说足够了），并向客户直接发货。目前，戴尔公司利用互联网进一步推广其直线订购模式，再次处于业内领先地位。戴尔在1994年推出了www.dell.com网站。今天，基于微软公司的Windows NT操作系统，戴尔公司运营着全球最大规模的互联网商务网站。该网站的销售额占公司总收益的40%~50%。戴尔Pow-erEdge服务器运作的www.dell.com网址包括80个国家的站点。客户可以评估多种配置，即时获取报价，得到技术支持，订购一个或多个系统。

通过直销，戴尔公司除了可以消除中间商环节，减少不必要的成本和时间，使得戴尔公司能够腾出更多的精力来理解客户的需要之外，其另外的结果是：通过平均4天一次的库存更新，戴尔公司及时把最新的相关技术带给消费者，并通过网络的快速传播性和电子商务的便利，为用户搭起沟通桥梁。所以，直销是戴尔成功的最关键的一块基石，也是零库存得以实现的基础。当然，通过直销可以实现产品库存为零，也可以实现适时生产，而采购能否也做到适时采购呢？

戴尔公司还比其他电脑制造商更进一步把“随订随组”的作业效率发挥到供应体系之中。戴尔公司与供应商原料进货之间的联结是其成功的关键因素之一。这个联结越紧密有效，对公司的反应能力越有好处。戴尔公司之所以能够实现零库存，就是因为它有一个组织严密的供应商网络。戴尔公司95%的物料来自这个供应商网络，其中75%来自30家最大的供应商，另外25%来自规模略小的20家供应商。戴尔公司几乎每天都要与这50家主要供应商分别交流一次或多次信息。在生产运营中，如果生产线上某一部件由于需求量突然增大导致原料不足，主管人员会立刻联系供应商，确认对方是否可能增加下一次发货的数量。如果问题涉及硬盘之类的通用部件，主管人员会立即与后备供应商协商。如果穷尽了可供选择的所有供应渠道后，仍然没有收获，主管人员就会与公司内部的销售和营销人员磋商，通过他们的“直线订购渠道”与客户联系，争取把客户对于某些短缺部件的需求转向那些备货充足的部件。所有这些操作，都能在几个小时内完成。再加上通过网络技术与供应商之间保持的完善沟通，能够始终了解库存情况与补货需求。也就是说，戴尔的“零库存”也是基于供应商的“零距离”之上的。

而这种“零距离”不仅在于企业所采用的信息技术的先进性，更在于采用合理的管理体制和运行机制以及构建整个供应链健康的利润分配机制。戴尔公司与其供应商所建立的良好的战略合作伙伴关系，就是在多方面照顾供应商的利益、支持供应商的发展的基础上所形成的。

首先，在利润上，戴尔除了要补偿供应商的全部物流成本（包括运输、仓储、包装等费用）外，还要让其享受供货总额3%~5%的利润，这样供应商才能有发展机会。

其次，在业务运作上，还要避免因零库存导致的采购成本上升。制造商一般都向供应商承诺长期合作，即一年内保证预定的采购额，以保证其利益。

最后，戴尔调动供应链上各个企业的积极性，变供应商的被动“挨宰”地位为主动参与，从而充分发挥整个供应链的能量。

这样，供货商与戴尔公司紧密地联系在一起，同时又由专业的物流公司全面地参与到戴尔公司的供应链生产经营活动中来，一个可以给各方参与者都带来盈利的真正的供应链便建立起来，从而实现在采购、生产、销售以及物流配送环节做到准时制（JIT），即零库存，并真正实现各方的互赢。

戴尔公司通过零库存，一方面规避了个人计算机行业技术更新快、成品和原材料降价迅速的风险和损失，另一方面也实现了成本降低和企业效益最大化。

（二）案例分析要求

（1）戴尔公司“零库存”管理模式为何能够成功实现？

（2）如何理解企业“零库存”的成本和收益？

（3）你认为什么样的库存状态是最优库存？

第三部分　参考答案

☆ 练习题参考答案

一、单项选择题

1.D　2.C　3.C　4.B　5.D　6.B　7.B　8.A　9.B　10.B　11.A　12.D　13.B　14.C　15.B　16.C　17.A　18.B　19.A　20.D　21.D　22.D　23.C　24.C　25.C　26.D　27.C　28.C　29.B　30.A

二、多项选择题

1.BCD　2.ABCD　3.ABC　4.CD　5.ABCD　6.ABCD　7.ABCD　8.ACD　9.CD　10.ABCD　11.ABC　12.BD　13.BD　14.ABD　15.ABD　16.ACD　17.ABCD　18.ABCD　19.ABC　20.AB

三、判断题

1.√　2.×　3.√　4.√　5.√　6.√　7.×　8.×　9.×　10.×　11.√　12.√　13.×　14.√　15.×　16.×　17.√　18.√　19.√　20.√

四、计算分析题

1.（1）该企业的现金周转期为：90+95−65=120（天）。

（2）该企业的现金周转次数为：360÷120=3（次）。

（3）该企业的最佳现金余额为：270÷3=90（万元）。

2.（1）最佳现金余额为：$\sqrt{\dfrac{2\times200\times100\,000}{10\%}}$=20 000（元）。

（2）最低现金相关总成本为：$\sqrt{2\times200\times100\,000\times10\%}$=2 000（元）。

（3）转换成本为：100 000÷20 000×200=1 000（元）；

机会成本为：20 000÷2×10%=1 000（元）。

（4）有价证券年变现次数为：100 000÷20 000=5（次）。

（5）有价证券交易间隔期为：360÷5=72（天）。

3.（1）该公司的现金最优目标控制线为：$R=\sqrt[3]{\frac{3b\sigma^2}{4i}}+L=\sqrt[3]{\frac{3\times230.4\times500^2}{4\times\frac{7.2\%}{360}}}+10\,000=$ 16 000（元）。

（2）该公司的现金控制上限为：H=3R−2L=3×16 000−2×10 000=28 000（元）。

（3）由于该公司当前持有现金27 500元，低于现金控制上限28 000元，所以，当前应当投资于有价证券的金额为0。

4.D企业信用条件分析评价表见表8-7。

表8-7　**D企业信用条件分析评价表**　单位：万元

项目 \ 备选方案	现行信用条件（n/30）	甲方案信用条件（n/60）	乙方案信用条件（1/30，n/60）
年销售额	30	38	44
减：现金折扣	—	—	44×1%×80%=0.352
变动成本	30×70%=21	38×70%=26.6	44×70%=30.8
边际贡献	30−21=9	38−26.6=11.4	44−0.352−30.8=12.848
边际贡献增加	—	11.4−9=2.4	12.848−9=3.848
应收账款成本：			
机会成本	30÷12×70%×12%=0.21	38÷6×70%×12%=0.532	44÷10×70%×12%=0.3696
坏账成本	30×3%=0.9	38×4%=1.52	44×2.5%=1.1
管理成本	1	1.6	1.4
应收账款成本小计	0.21+0.9+1=2.11	0.532+1.52+1.6=3.652	0.3696+1.1+1.4=2.8696
应收账款成本增加	—	3.652−2.11=1.542	2.8696−2.11=0.7596

由上述计算得知：在这两种信用条件中，甲方案信用条件（n/60）的边际贡献增加2.4万元，小于乙方案信用条件（1/30，n/60）的边际贡献增加3.848万元；甲方案信用条件（n/60）的应收账款成本增加1.542万元，反而大于乙方案信用条件（1/30，n/60）的应收账款成本增加0.7596万元。因此，在其他条件不变的情况下，乙方案信用条件更佳。

5.E公司信用政策分析评价表见表8-8。

表 8-8　**E公司信用政策分析评价表**　单位：万元

备选方案项目	现行方案（n/60）	拟选方案（n/50）
应收账款成本：		
机会成本	720÷6×6%=7.2	720÷7.2×6%=6
坏账成本	720×10%=72	720×7%=50.4
管理成本（收账费用）	5	X
应收账款成本小计	7.2+72+5=84.2	6+50.4+X=56.4+X

为使变更在经济上合理，变更后的应收账款总成本不能超过变更前的应收账款总成本，所以：

56.4+X=84.2，求得 X=27.8 万元。

则，新增收账费用的上限为 22.8 万元（27.8-5）。

6.（1）丙方案评价表见表 8-9。

表 8-9　**丙方案评价表**　单位：万元

项　目	现行信用政策	丙方案	增加额
年销售额	2 400	2 600	200
毛利	2 400×0.2=480	2 600×0.2=520	40
应收账款机会成本	2 400÷360×45×0.8×15%=36	2 600÷360×60×0.8×15%=52	16
存货占用资金应计利息	320×15%=48	346.67×15%=52	4
坏账损失	2 400×2%=48	2 600×2.5%=65	17
收账费用	40	20	-20
税前收益	308	331	23

其中：

存货周转率=360÷60=6（次）

存货平均余额=销售成本÷存货周转率

则：

原存货平均余额=2 400×80%÷6=320（万元）

丙方案存货平均余额=2 600×80%÷6=346.67（万元）

（2）丁方案平均收账天数=10×30%+120×70%=87（天），丁方案评价表见表 8-10。

表 8-10　　丁方案评价表　　单位：万元

项　目	现行信用政策	丁方案	增加额
年销售额	2 400	2 700	300
毛利	2 400×0.2=480	2 700×0.2=540	60
应收账款机会成本	2 400÷360×45×0.8×15%=36	2 700÷360×87×0.8×15%=78.3	42.3
存货占用资金应计利息	320×15%=48	360×15%=54	6
坏账损失	2 400×2%=48	2 700×3%=81	33
收账费用	40	10	-30
折扣成本		2 700×30%×2%=16.2	16.2
税前收益	308	300.5	-7.5

其中：

丁方案存货平均余额=2 700×80%÷6=360（万元）

（3）应改变现行的收账政策，并采纳丙方案。

7.计算信用政策改变后增加的收益与增加的成本的差额，如果增加的收益大于增加的成本，即增加的税前收益大于0，则新方案可行；否则，不应改变信用政策。

2016年的销售收入=450×360÷45÷75%=4 800（万元）

2017年增加的销售收入=4 800×20%=960（万元）

2017年增加的销售毛利=960×（1-70%）=288（万元）

2016年应收账款机会成本=4 800×75%÷360×45×70%×8.9597%=28.22（万元）

2017年应收账款机会成本=4 800×（1+20%）×90%÷360×60×70%×8.9597%=54.19（万元）

应收账款机会成本增加=54.19-28.22=25.97（万元）

由于销售成本率不变，销售成本与销售收入一样，增长20%，又由于存货周转率不变，所以存货增加20%，则：

存货增加多占用资金的利息=560×20%×8.9597%=10.03（万元）

其他有关费用增加=380-200=180（万元）

改变信用政策增加的税前收益=288-25.97-10.03-180=72（万元）

由于改变信用政策增加的税前收益大于0，所以应改变信用政策。

8.（1）经济订货批量：

$\sqrt{\dfrac{2\times 60\,000\times 500}{60}}$ =1 000（单位）

（2）经济订货批量存货占用资金：

1 000÷2×200=100 000（元）

（3）经济订货批量下的存货相关总成本

$\sqrt{2\times 60\,000\times 500\times 60}$ =60 000（元）

（4）最佳订货次数：

60 000÷1 000=60（次）

最佳订货周期：

360÷60=6（天）

9.在陆续供应和使用条件下的经济订货批量：

$\sqrt{\frac{2\times 3\,600\times 1\,800}{100}\times\frac{30}{30-22.5}}$=720（吨）

在经济订货批量下的相关总成本：

$\sqrt{2\times 3\,600\times 1\,800\times 100\times（1-\frac{22.5}{30}）}$=18 000（元）

五、综合题

1.（1）=68 000-8 000=60 000

（2）=70 000-35 000-8 000-2 000=25 000

（3）=68 000+2 000=70 000

（4）=5 000+2 000=7 000

（5）=5 000

（6）=（5）=5 000

（7）=5 000+70 000=75 000

（8）=（7）-85 000=-10 000

（9）=15 000+（-10 000）=5 000

（10）=（9）=5 000

（11）=（10）+96 000=101 000

（12）=（13）-（30 000+10 000+2 000）=48 000

（13）=101 000-11 000=90 000

（14）=5 000×10%×$\frac{3}{4}$=375

（15）=11 000-5 000-375=5 625

（16）=（15）=5 625

（17）=321 000-（1）-70 000-96 000=95 000

（18）=（16）+（17）=95 000+5 625=100 625

（19）=113 000-（2）-30 000-30 000=28 000

（20）=36 000-8 000-8 000-10 000=10 000

（21）=35 000+（19）+（20）+2 000=75 000

（22）=（18）-（21）=25 625

（23）=（4）-5 000+15 000=17 000

（24）=［（4）-5 000］×10%×$\frac{4}{4}$+15 000×10%×$\frac{3}{4}$=1 325

（25）=（22）-（23）-（24）=7 300

（26）=期初现金余额=8 000

（27）=（26）+321 000=329 000

（28）=35 000+45 000+（12）+35 000=163 000

（29）=2 000+2 000+2 000+2 000=8 000

（30）=（28）+113 000+36 000+（29）=320 000

（31）=（27）-（30）=9 000

（32）=（4）+15 000=22 000

（33）=5 000+（23）=22 000

(34) = (14) + (24) =1 700

(35) = (31) + (32) - (33) - (34) =7 300

2.(1)M企业10—12月现金预算表见表8-11。

表8-11 **M企业10—12月现金预算表** 单位：元

项 目	10月	11月	12月
期初现金余额	10 000	32 160	14 180
加：本月销售流入	41 160	48 020	61 740
收回上月销售流入	18 000	18 000	21 000
可供使用现金	69 160	98 180	96 920
减：现金流出			
支付上月原材料货款	20 000	40 000	40 000
支付当月工资	15 000	17 000	13 000
支付当月期间费用	2 000	2 000	2 000
支付购买设备款		25 000	
支付房租			10 000
流出合计	37 000	84 000	65 000
现金收支差额	32 160	14 180	31 920

(2)每个季度的现金需求量为500 000元，则：

全年的现金需求量=500 000×4=2 000 000（元）

有价证券的月利率为1%，则：

年利率-1%×12-12%

最佳现金持有量= $\sqrt{\frac{2\times 2\,000\,000\times 972}{12\%}}$ =180 000（元）

年度机会成本=180 000÷2×12%=10 800（元）

年度交易成本=2 000 000÷180 000×972=10 800（元）

年度相关总成本= $\sqrt{2\times 2\,000\,000\times 972\times 12\%}$ =21 600（元）

3.(1)改变信用政策后销售收入增加额=36 000×15%×80=432 000（元）

变动成本率=单位变动成本÷单价=60÷80×100%=75%

边际贡献率=1-变动成本率=25%

边际贡献增加额=销售收入增加额×边际贡献率

=432 000×25%

=108 000（元）

收账费用增加额=36 000×（1+15%）×80×10%×5%-36 000×80×20%×5%=-12 240（元）

改变信用政策前的平均收账天数=30×80%+20%×（30+20）=34（天）

改变信用政策前的应收账款机会成本=销售额÷360×平均收账天数×变动成本率×资本成本

=36 000×80÷360×34×75%×12%

=24 480（元）

改变信用政策后的平均收账天数=40%×10+30%×20+20%×30+10%×（30+20）=21（天）

改变信用政策后的应收账款机会成本=销售额÷360×平均收账天数×变动成本率×资本成本

=36 000×（1+15%）×80÷360×21×75%×12%

=17 388（元）

应收账款机会成本增加额=17 388-24 480=-7 092（元）

存货应计利息增加额=（2 400-2 000）×60×12%=2 880（元）

现金折扣成本增加额=36 000×（1+15%）×80×40%×5%+36 000×（1+15%）×80×30%×2%

=86 112（元）

（2）改变信用政策后的净损益增加=边际贡献增加额-收账费用增加额-应收账款机会成本增加额-存货应计利息增加额-现金折扣成本增加额

=108 000-（-12 240）-（-7 092）-2 880-86 112

=38 340（元）

由于改变信用政策后E公司增加的净损益大于0，所以E公司应该推出该信用政策。

☆ 案例分析题要点与提示

案例一

（1）杭萧钢构2008—2015年各年流动资产占总资产的百分比（见表8-12）。

表8-12 杭萧钢构2008—2015年各年流动资产占总资产的百分比

项 目	2015年	2014年	2013年	2012年	2011年	2010年	2009年	2008年
流动资产占总资产的百分比	83.33%	84.69%	82.90%	80.59%	79.45%	69.87%	61.08%	59.75%

（2）杭萧钢构2008—2015年各年流动资产主要项目占流动资产的百分比（见表8-13）。

表8-13 杭萧钢构2008—2015年各年流动资产主要项目占流动资产的百分比

项 目	2015年	2014年	2013年	2012年	2011年	2010年	2009年	2008年
货币资金占流动资产的百分比	12.15%	10.49%	10.12%	9.76%	20.14%	18.96%	16.06%	15.79%
应收账款占流动资产的百分比	18.50%	14.47%	11.28%	9.33%	13.04%	19.33%	27.46%	29.47%
存货占流动资产的百分比	64.49%	70.89%	74.12%	75.70%	62.93%	54.65%	49.74%	48.95%
合 计	95.14%	95.84%	95.52%	94.79%	96.11%	92.94%	93.26%	94.21%

（3）杭萧钢构2008—2015年各年流动负债占总负债的百分比（见表8-14）。

表8-14 杭萧钢构2008—2015年各年流动负债占总负债的百分比

项 目	2015年	2014年	2013年	2012年	2011年	2010年	2009年	2008年
流动负债占总负债的百分比	97.74%	98.18%	99.60%	98.69%	99.76%	97.05%	99.57%	95.14%

（4）杭萧钢构2008—2015年各年流动负债主要项目占流动负债的百分比（见表8-15）。

表 8-15　　杭萧钢构2008—2015年各年流动负债主要项目占流动负债的百分比

项　目	2015年	2014年	2013年	2012年	2011年	2010年	2009年	2008年
短期借款占流动负债的百分比	32.79%	37.04%	37.07%	35.03%	39.81%	33.46%	34.05%	30.21%
应付票据占流动负债的百分比	11.78%	16.46%	16.83%	15.08%	18.48%	15.59%	17.24%	20.43%
应付账款占流动负债的百分比	27.25%	24.69%	23.65%	22.84%	22.75%	27.76%	25.00%	25.11%
预收款项占流动负债的百分比	15.01%	16.46%	17.64%	23.50%	11.61%	16.35%	12.93%	12.34%
合　计	86.83%	94.65%	95.19%	96.45%	92.65%	93.16%	89.22%	88.09%

（5）杭萧钢构2008—2015年各年的营运资本（见表8-16）。

表 8-16　　杭萧钢构2008—2015年各年的营运资本表　　单位：亿元

项　目	2015年	2014年	2013年	2012年	2011年	2010年	2009年	2008年
营运资本	10.2	6.7	1.5	1.0	1.5	0.6	-3.9	-4.5

（6）分析杭萧钢构营运资本管理的特点。

近年来，杭萧钢构流动资产占总资产的百分比逐年上升，由2008年的59.75%上升到2015年的83.33%，说明该公司的主要资产就是流动资产；流动资产主要由货币资金、应收账款和存货3个项目构成，这3个项目占流动资产的9成以上，其中又以存货居多，近几年存货占流动资产的7成左右；该公司的负债主要是流动负债，流动负债占总负债的百分比年均在95%以上，流动负债主要由短期借款、应付票据、应付账款和预收款项4个项目构成，这4个项目占流动负债的9成左右，其中短期借款约占1/3；近年来营运资本有趋好的态势，2008—2009年的营运资本是负数，2010—2013年基本维持在1亿~1.5亿元之间，2014年、2015年营运资本增加较多，分别达到6.7亿元和10.2亿元。

从总体上看，该公司的流动资产投资策略是保守型的，流动资产筹资策略是配合型的。

案例二

（1）戴尔的“零库存”是基于供应商的“零距离”之上的。保持戴尔的零库存，供应商则承担了戴尔公司库存的风险，而且还要求戴尔公司与供应商之间要有及时的、频繁的信息沟通与业务协调行为。因此，要实现“零库存”，必须实行供应链管理，提升企业的核心竞争力，关键不在于企业所采用的信息技术的先进性，而在于采用合理的管理体制和运行机制以及构建整个供应链健康的利润分配机制，即建立与供应商之间的战略联盟关系。戴尔公司的做法：首先，在利润上，戴尔除了要补偿供应商的全部物流成本（包括运输、仓储、包装等费用）外，还要让其享受供货总额3%~5%的利润，这样供应商才能有发展机会。其次，在业务运作上，要避免因零库存导致的采购成本上升，尽可能减轻供应商的压力，保证其利益。最后，戴尔应调动供应链上各个企业的积极性，变供应商的被动“挨宰”地位为主动参与，从而充分发挥整个供应链的能量。

（2）促进单纯的供应商身份向供货及销售代理商双重身份的转变，使物品采购供应—生产制造—产品销售各环节更加紧密结合，也真正实现了企业由商务合作伙伴向战略合作伙伴关系的转变，从而真正实现了风险共担、利润共享的双赢目标。所以，不能片面地理解“零库存”的成本和收益，不能简单地只看到戴尔的“零库存”能直接降低成本，增加收益。如果没有合理的管理体制和运行机制以及构建整个供应链健康的利润分配机制，即建立与供应商之间的战略联盟关系，戴尔公司的“零库存”是无法实现的，也就不能降低成本，增加收益。反过来说，戴尔公司的“零库存”也是有成本的，只不过“库存”的成本形式改变了，由原来的仓储费用等，变化为现在的补偿供应商的全部物流成本等形式。

（3）最优的库存应该是通过与供应商建立战略联盟关系，通过供货商（销售商）提供的信息把握客户的需求变化动态；建立起给各方参与者都带来盈利的真正的供应链，深层次地开发第三利润源，减少原材料库存的同时保持产品零库存，真正实现各方的互赢。

第九章　收益及其分配

第一部分　练习题

一、单项选择题

1.企业的收益分配有狭义和广义之分，在下列各项中，属于狭义收益分配的是（　　）。

A.企业收入的分配　　B.企业净利润的分配

C.企业产品成本的分配　　D.企业职工薪酬的分配

2.以下不属于企业收益与分配意义的是（　　）。

A.收益分配集中体现了企业所有者、经营者与劳动者之间的关系

B.收益分配是企业再生产的条件以及优化资本结构的重要措施

C.收益分配是国家建设资金的重要来源之一

D.收益分配是企业扩大再生产的条件以及优化资本结构的重要措施

3.下列关于多种产品加权平均边际贡献率的计算公式，错误的是（　　）。

A.加权平均边际贡献率=$\frac{\sum 各种产品边际贡献}{\sum 各种产品销售收入}\times 100\%$

B.加权平均边际贡献率=$\sum$（各产品安全边际率×各产品销售利润率）

C.加权平均边际贡献率=$\frac{利润+固定成本}{\sum 各产品销售收入}\times 100\%$

D.加权平均边际贡献率=$\sum$（各产品边际贡献率×各产品占总销售比重）

4.某产品的预计单位售价为20元，单位变动成本为12元，固定成本费用为200万元，企业要实现600万元的目标利润，则企业完成的销售量至少应为（　　）万件。

A. 100　　B. 75　　C. 25　　D. 40

5.下列关于利润分配的顺序正确的是（　　）。

A.弥补亏损、提取法定盈余公积、提取任意盈余公积、向股东分配股利或者利润

B.向股东分配股利或者利润、弥补亏损、提取法定盈余公积、提取任意盈余公积

C.提取法定盈余公积、提取任意盈余公积、向股东分配股利或者利润、弥补亏损

D.弥补亏损、提取任意盈余公积、提取法定盈余公积、向股东分配股利或者利润

6.企业以盈余公积转增资本后，其法定盈余公积数额不得低于注册资金的（　　）。

A.15%　　B.25%　　C.35%　　D.45%

7.以下关于利润分配的描述，正确的是（　　）。

A.公司在提取法定盈余公积之前，应当先用当年利润弥补亏损

B.法定盈余公积的提取比例为当年税后利润（弥补亏损后）的20%

C.公司不能从税后利润中提取盈余公积

D.有限责任公司和股份有限公司的股东都按照实缴的出资比例分红

8.企业可供投资者分配的利润在分配过程中，应优先进行的是（　　）。

A.提取法定盈余公积金　　B.提取任意盈余公积金

C.支付普通股股利　　D.支付优先股股利

9.在下列各项中，属于在确定收益分配政策时应考虑的股东因素是（　　）。

A.盈余的稳定性　　B.避税　　C.现金流量　　D.资产的流动性

10.在确定企业的收益分配政策时，应当考虑相关因素的影响，其中“资本保全约束”属于（　　）。

A.股东因素　　B.公司因素　　C.法律因素　　D.债务契约因素

11.下列关于股利分配政策的表述，正确的是（　　）。

A.公司盈余的稳定程度与股利支付水平负相关

B.偿债能力弱的公司一般不应采用高现金股利政策

C.基于控制权的考虑，股东会倾向于较高的股利支付水平

D.债权人不会影响公司的股利分配政策

12.按照剩余股利政策，假定某公司的资本结构是30%的负债资金，70%的股权资金。明年计划投资800万元，今年年末在分配股利时，应从税后净利中保留（　　）万元用于投资需要。

A.180　　B.240　　C.800　　D.560

13.在下列公司中，通常适合采用固定或稳定增长的股利政策的是（　　）。

A.收益显著增长的公司　　B.收益相对稳定的公司

C.财务风险较高的公司　　D.投资机会较多的公司

14.公司目前发行在外的普通股股数为1 000万股，该公司的产品销路稳定，2017年拟投资1 200万元，扩大50%的生产能力。该公司想要维持目前50%的负债比率，并想继续执行10%的固定股利支付率政策。该公司2016年的税后利润为500万元，则该公司2017年为扩充上述生产能力必须从外部筹措权益资本为（　　）万元。

A.600　　B. 450　　C .300　　D.150

15.某公司近年来经营业务不断拓展，目前处于成长阶段，预计现有的生产经营能力能够满足未来10年稳定增长的需要，公司希望其股利与公司盈余紧密配合。基于以上条件，最为适宜该公司的股利政策是（　　）。

A.剩余股利政策　　B.固定股利政策

C.固定股利支付率政策　　D.低正常股利加额外股利政策

16.相对于其他股利政策而言，既可以维持股利的稳定性，又有利于优化资本结构的股利政策是（　　）。

A.剩余股利政策　　B.固定股利政策

C.固定股利支付率政策　　D.低正常股利加额外股利政策

17.适用于盈利水平随着经济周期波动较大的公司或行业的股利分配政策是（　　）。

A.剩余股利政策　　B.固定股利政策

C.固定股利支付率政策　　D.低正常股利加额外股利政策

18.一般而言，适用于固定或稳定增长股利政策的公司是（　　）。

A.经营比较稳定或正处于成长期的企业　　B.盈利较高但投资机会较多的公司

C.盈利波动较大的公司　　D.负债率较高的公司

19. 主要依靠股利维持生活的股东和养老基金管理人员不赞成的公司股利政策是（　　）。

A. 剩余股利政策　　B. 固定比例政策

C. 低正常股利加额外股利政策　　D. 固定或稳定增长股利政策

20. 如果上市公司以其应付票据作为股利支付给股东，则这种股利的支付方式称为（　　）。

A. 现金股利　　B. 股票股利　　C. 财产股利　　D. 负债股利

21. 上市公司发放股票股利的优点是（　　）。

A. 促进上市公司的股票交易和流通　　B. 可以提高公司股票的市场价格

C. 使公司的每股利润上升　　D. 可以增加所有者权益总额

22. 在除息日之前，股利权利从属于股票；从（　　）开始，新购入股票的投资者不能分享本次已宣告发放的股利。

A. 股权登记日　　B. 除息日　　C. 股利发放日　　D. 付息日

23. 下列关于股票分割表述正确的是（　　）。

A. 股票分割会使股数增加

B. 股票分割的结果有可能会使负债比率降低

C. 股票分割会使股东权益增加

D. 股票分割不影响股票面值

24. 某公司现有发行在外的普通股1 000万股，每股面值1元，资本公积6 000万元，未分配利润8 000万元，每股市价20元，若按5%的比例发放股票股利并按市价折算，公司资本公积的报表列示金额为（　　）万元。

A. 7 000　　B. 5 050　　C. 6 950　　D. 300

25. 某公司现有发行在外的普通股1 000 000股，每股面额1元，资本公积3 000 000元，未分配利润8 000 000元，股票市价20元。若按10%的比例发放股票股利并按面值折算，公司未分配利润的报表列示金额为（　　）元。

A. 5 500 000　　B. 7 000 000　　C. 7 900 000　　D. 8 900 000

26. 在下列各项中，不属于股票回购方式的是（　　）。

A. 用本公司普通股股票换回优先股

B. 与少数大股东协商购买本公司普通股股票

C. 在股票市场上直接购买本公司的普通股

D. 向股东标购本公司的普通股股票

27. 股票回购对上市公司的影响不包括（　　）。

A. 容易加剧公司行为的非规范化，使投资者蒙受损失

B. 容易导致资产流动性降低，影响公司的后续发展

C. 在一定程度上巩固了对债权人利益的保障

D. 损害公司的根本利益

28. 下列关于股票分割和股票股利的共同点的说法不正确的是（　　）。

A. 均会改变股东权益内部结构　　B. 均可以促进股票的流通和交易

C.均有助于提高投资者对公司的信心　　D.均可以有效地防止公司被恶意控制

29.下列关于股利分配理论的说法，错误的是（　　）。

A.税差理论认为，当股票资本利得税与股票交易成本之和大于股利收益税时，应采用高现金股利支付率政策

B.客户效应理论认为，对于高收入阶层和风险偏好投资者，应采用高现金股利支付率政策

C.“在手之鸟”理论认为，由于股东偏好当期股利收益胜过未来预期资本利得，应采用高现金股利支付率政策

D.代理理论认为，为解决控股股东和中小股东之间的代理冲突，应采用高现金股利支付率政策

30.公司在特定期间向股东发出以高出当前市价的某一价格回购既定数量股票的要约属于（　　）。

A.公开市场回购　　B.要约回购　　C.协议回购　　D.口头回购

二、多项选择题

1.公司在制定利润分配政策时应考虑的因素包括（　　）。

A.通货膨胀因素　　B.股东因素　　C.法律因素　　D.公司因素

2.资本保全约束要求企业发放的股利或投资分红只能来源于企业的（　　）。

A.盈利　　B.净利润　　C.当期收益　　D.留存收益

3.下列各项中，会导致企业采取低股利政策的事项有（　　）。

A.物价持续上升　　B.金融市场利率走势下降

C.企业资产的流动性较弱　　D.企业盈余不稳定

4.根据《中华人民共和国公司法》的规定，下列关于盈余公积的说法不正确的有（　　）。

A.只要弥补亏损后，当年的税后利润还有剩余，就必须计提盈余公积

B.法定盈余公积的提取比例为当年税后利润（弥补亏损后）的10%

C.法定盈余公积可用于弥补亏损、扩大公司生产经营或转增资本

D.用盈余公积转增资本后，法定盈余公积的余额不得低于转增后公司注册资本的25%

5.下列符合股利分配代理理论的观点有（　　）。

A.股利政策相当于是协调股东与管理者之间代理关系的一种约束机制

B.股利政策向市场传递有关公司未来盈利能力的信息

C.用留存收益再投资带给投资者的收益具有很大的不确定性

D.使代理成本和外部融资成本之和最小的政策是最优股利政策

6.处于初创阶段的公司，一般不宜采用的股利分配政策有（　　）。

A.固定股利政策　　B.剩余股利政策

C.固定股利支付率政策　　D.稳定增长股利政策

7.下列关于固定股利支付率政策的说法正确的是（　　）。

A.使股利和公司盈余紧密结合　　B.有利于传递公司上升发展的信息

C.公司面临的财务压力较大　　D.制定合适的固定股利支付率难度较大

8.采用低正常股利加额外股利政策的优点有（　　）。

A.可以吸引部分依靠股利度日的股东　　B.使公司具有较大的灵活性

C.使股利负担最低　　D.有利于稳定和提高股价

9.在下列哪些情况下，公司会限制股利的发放（　　）。

A.盈利不够稳定　　B.筹资能力强

C.投资机会不多　　D.收益可观但是资产流动性差

10.上市公司发放股票股利时可能导致的结果有（　　）。

A.公司股东权益内部结构发生变化　　B.公司股东权益总额发生变化

C.公司每股利润下降　　D.公司股份总额发生变化

11.企业在确定股利支付率水平时，应当考虑的因素有（　　）。

A.投资机会　　B.筹资成本　　C.资本结构　　D.股东偏好

12.在下列股利政策中，先确定股利的数额，后确定留存收益的数额的有（　　）。

A.剩余股利政策　　B.固定股利支付率政策

C.固定或稳定增长的股利政策　　D.低正常股利加额外股利政策

13.下列属于股票分割的优点是（　　）。

A.有利于促进股票流通和交易　　B.有助于公司并购政策的实施

C.有利于防止被恶意收购　　D.有利于促进新股的发行

14.股票回购对上市公司的不利影响主要体现在（　　）。

A.资金紧张，资产流动性降低

B.削弱了对债权人利益的保障

C.忽视公司长远的发展，损害公司的根本利益

D.容易导致公司操纵股价

15.在下列各项中，表述正确的有（　　）。

A.在股权登记日取得股票的股东无权领取本次分派的股利

B.在除息日之前购买的股票能领取本次股利

C.在除息日当天或者以后，股利权不从属于股票

D.在股利发放日新购入股票的投资者能分享本次股利

三、判断题

1.处于衰退期的企业在制定收益分配政策时，应当优先考虑企业积累。（　　）

2.根据“无利不分”的原则，当企业出现年度亏损时，一般不得分配利润。（　　）

3.较多地支付现金股利，会提高企业资产的流动性，增加现金流出量。（　　）

4.企业的净利润归投资者所有，这是企业的基本制度，也是企业所有者投资企业的根本动力所在。（　　）

5.正确处理投资者利益关系的关键是坚持投资与收益的对等原则。（　　）

6.企业以前年度未分配的利润，不得并入本年度的利润内向投资者分配，以免企业过度分利。（　　）

7.企业发放股票股利将使企业的利润下降。（　　）

8.对于盈余不稳定的公司而言，应较多采取低股利政策。（ ）

9.在连续通货膨胀的条件下，公司应采取偏紧的股利政策。（ ）

10.负债资金较多，资本结构不健全的企业在选择筹资渠道时，往往将留用利润作为首选，以降低筹资的外在成本。（ ）

11.“在手之鸟”理论的观点认为公司分配的股利越多，公司的股票价格越高。（ ）

12.按照股利的所得税差异理论，股利政策与股价相关，由于税负影响，企业应采取高股利政策。（ ）

13.企业的衰退阶段应当采用稳定增长型股利政策来吸引股东。（ ）

14.股东为防止控制权稀释，往往希望公司提高股利支付率。（ ）

15.股票分割时股东权益总额、股东权益各项目的金额及相互间的比例没有影响，这与发放股票股利有相同之处。（ ）

16.在除息日之前，股利权利从属于股票；从除息日开始，新购入股票的投资者不能分享本次已宣告发放的股利。（ ）

17.在其他条件不变的情况下，股票分割会使发行在外的股票总数增加，进而降低公司资产负债率。（ ）

18.增强公司股票的流动性是进行股票分割的重要动机。（ ）

19.税收因素是高收入股东不愿意进行股利分红的重要影响因素。（ ）

20.股票分割具有降低每股市价，促进股票流通和交易的作用；并且它可能会增加股东的现金股利，使股东感到满意。（ ）

四、计算分析题

1.目的：计算息税前利润。

资料：某公司拟投产一种新产品，需要购置一套专用设备，预计价款900 000元，追加流动资金145 822元。设备按5年计提折旧，采用直线法计提，净残值为0。该公司的所得税税率为25%；投资最低报酬率为10%。

要求：计算净现值为0时的息税前利润。

2.目的：运用量本利分析法预测利润。

资料：A公司生产甲产品，单价300元，单位变动成本180元，年销售10 000件，年固定成本为800 000元。目前由于原材料涨价，单位变动成本提高到200元，固定成本提高2%，结果导致利润下降。为了消除这种影响，公司内部提出两个方案：

方案一：单价提高10%，同时导致销量下降15%。

方案二：产量增加20%，同时为了使其能够销售出去，需追加广告费10 000元。

要求：根据以上方案预测各自的产品销售利润，选择最佳方案。

3.目的：练习利润分配方法。

资料：某有限责任公司所有者权益资料。

实收资本（注册资金）	160万元
资本公积	40万元

盈余公积（法定盈余公积）　　70万元

经批准新增注册资金　　90万元

该公司除按规定由资本公积转增30万元外，还需以盈余公积转增部分数额并接受投资者新投入的货币资金。

要求：

（1）计算增资后应保留注册资金25%的法定盈余公积数额。

（2）计算可由盈余公积转增注册资金的数额。

（3）计算扣除资本公积和盈余公积转增注册资金部分后，还需由投资者新投入的资金数额。

4.目的：练习利润分配方法。

资料：B股份有限公司历年盈亏金额数据资料见表9-1：

表9-1　　B股份有限公司历年盈亏金额亏损数据资料表　　单位：万元

年度	2010	2011	2012	2013	2014	2015
盈亏金额	-100	10	10	20	20	30

2016年，B股份公司实现利润总额120万元；本年度投资国债的利息收入为30万元，由于违法经营被司法部门没收非法经营财产损失9万元，支付违反税法的罚款1万元；所得税税率25%，提取法定盈余公积比例都是10%。

要求：

（1）计算2016年应缴所得税。

（2）计算2016年经营亏损弥补金额。

（3）计算2016年应提法定盈余公积金额。

5.目的：练习现金股利。

资料：某公司已发行在外的普通股为2 000万股，拟发放10%的股票股利，并按发放股票股利后的股数支付现金股利。股利分配前的每股市价为20元，每股净资产为5元，若股利分配不改变市净率，并要求股利分配后的每股市价达到18元。

要求：计算派发的每股现金股利应达到多少元？

6.目的：练习股票股利。

资料：某公司现有发行在外的普通股100万股，每股面额1元，资本公积300万元，未分配利润800万元，股票市价20元；按10%的比例发放股票股利并按市价折算。

要求：计算公司发放股票股利后财务报表中资本公积列示金额为多少万元？

7.目的：练习股利政策。

资料：天时股份有限公司发行在外的普通股股数为120万股，该公司2015年的税后利润为3 600万元，共发放现金股利1 200万元，该公司2016年实现的税后利润为4 000万元，预计该公司在2017年有良好的投资机会，需要追加投资5 000万元。该公司的资本结构为：资产权益比率为60%，目前的资金结构为企业最佳资本结构。

要求：

（1）如果该公司采用剩余股利政策，则2016年将发放的现金股利是多少？如果追加投资需要10 000万元，则2016年将发放的现金股利为多少？

（2）如果该公司采用低正常股利加额外股利政策，低正常股利为每股1元，额外股利以2015年税后利润为基数，按照税后净利润每增长1元，股利增长0.5元的原则发放，则该公司2016年应发放的股利为多少？

8. 目的：股利政策的选择。

资料：某公司是一家不发放股利的公司，公司当期的现金流量为120万元，并预期未来现金流量的现值为1 500万元。公司流通在外的普通股为100万股。

要求：

（1）该公司的股价是多少？

（2）公司宣布计划将当期现金流量的50%用作发放股利，假设你有1 000股该公司的股票，而又不急需股利，你会采取哪种方法抵消公司的股利政策？

9. 目的：练习股票分割。

资料：假设你拥有5%的C公司流通在外的股票，每股股价为98元，流通在外的股票为25 000股，公司管理层宣布进行2∶1的股票分割计划。

要求：

（1）股票分割后，你的股票总价值有何改变？

（2）公司管理层相信在股票分割后，因市场有正面反应，股价只会下降40%，请问你是否获利？

10. 目的：练习股票回购。

资料：G股份有限公司的本年收益为1 650万元，其中50%须用于公司目前的投资机会。公司现有流通在外股票2 062 500股，目前售价为32元。王先生作为该公司的主要股东（拥有187 500股），曾对公司的许多管理政策表示不满。管理部门希望通过回购他所拥有的股票解决这一问题。王先生表示同意并出价32元/股。

要求：假定目前市场上用于股票估值的固定市盈率（每股价格/每股收益）为4，公司是否应该回购王先生的股票？假定如果王先生的股票被回购，则不对其支付股利。（提示：计算在回购及不回购情况下的股票除息价格和所得股利，以决定余留股东的每股股票价值）

五、综合题

1. 资料：某公司成立于2015年1月1日，2015年度实现的净利润为1 000万元，分配现金股利550万元，提取公积金450万元（所提公积金均已指定用途）。2016年实现的净利润为900万元（不考虑计提公积金的因素）。2017年计划增加投资，所需资本为700万元。假定公司的目标资本结构为权益资本占60%，长期借入资本占40%。

要求：

（1）在保持目标资本结构的前提下，计算2017年投资方案所需的权益资本和需要从外部借入的长期债务资本。

（2）在保持目标资本结构的前提下，如果公司执行剩余股利政策，计算2016年度应分配的现金股利。

（3）在不考虑目标资本结构的前提下，如果公司执行固定股利政策，计算2016年度应分配的现金股利，以及可用于2017年投资的留存收益和需要额外筹集的资本。

（4）在不考虑目标资本结构的前提下，如果公司执行固定股利支付率政策，计算该公司的股利支付率和2016年度应分配的现金股利。

（5）假定公司2017年面临着从外部筹资的困难，只能从内部筹资，不考虑目标资本结构，计算在此情况下2016年度应分配的现金股利。

2.资料：某公司年终利润分配前的股东权益项目资料见表9-2。

表9-2 **某公司年终利润分配前的股东权益项目资料表** 单位：万元

项目	金额
股本——普通股（每股面值2元，200万股）	400
资本公积	160
未分配利润	840
所有者权益合计	1 400

公司股票的每股现行市价为35元。

要求：

（1）计划按每10股送1股的方案发放股票股利并按发放股票股利后的股数派发每股现金股利0.2元，股票股利的金额按现行市价计算。计算完成这一方案后的股东权益各项目数额。

（2）如若按1股换2股的比例进行股票分割，计算股东权益各项目数额、普通股股数。

（3）假设利润分配不改变市盈率，公司按每10股送1股的方案发放股票股利，股票股利按现行市价计算，并按新股数发放现金股利，且希望普通股市价达到每股30元，计算每股现金股利应是多少。

3.资料：某公司2016年年末每股市价为16元，每股收益2元，股利支付率为60%，收益分配前的股东权益资料见表9-3。

表9-3 **某公司2016年年末收益分配前的股东权益资料表** 单位：万元

项目	金额
普通股股本（面值10元，流通在外100万股）	1 000
资本公积	800
盈余公积	300
未分配利润	1 800
股东权益合计	3 900

要求：

（1）若发放30%的股票股利（按面值折算），计算发放股票股利后股东权益的各项目数额和每股净资产。

（2）若按1：4的比例进行股票分割，计算股票分割后普通股股数、每股面值和每股净资产。

（3）若按市价用现金回购20万股股票，假设净利润和市盈率不变，计算股票回购后的每股收益和每股市价。

（4）若按市价每10股发放2股股票股利，计算发放股票股利后股东权益各项目数额。

第二部分 案例分析题

案例一

伊利股份股票回购案例分析

（一）案例背景资料

股票回购是股利分配的财务替代手段，近年来，在欧美、日本等发达国家的资本市场中，股票回购在财务战略中的应用比例迅速扩展。Grinstein/Michaely指出，机构投资者避开投资无股息分配企业，而且对于分配高股息的企业也是呈避开投资的趋势。同时指出，美国在1980年之后，机构投资者已从偏向股息到偏向股票回购来选择企业投资的转换。

股票回购作为美国上市公司重要的财务战略之一，其重要性越显突出。Bagwell和Shoven指出，1977—1987年的10年间美国企业的股利分配增加到6成，股票回购达到8倍。Ikenberry、Lakonishok和Vermaelen指出，1980—1990年的10年间在纽约证券交易所（NYSE）、美国证券交易所（AMEX）、纳斯达克交易所（NASDAQ）上市的企业实行股票回购金额达到同期间股利分配总额的1/3，同时也达到同时期IPO（公开发行股票）总额的3倍。Tammy Tieu指出，至2010年美国标准普尔500指数上市公司10年间，实行股票回购的金额超出实行股利分配的金额，并且实行股票回购的金额呈上升趋势。实行股票回购的金额从2007年的顶峰之势180亿美元，在2009年一度回落到接近2001年的25亿美元，至2010年回暖之势又达到80亿美元。

根据Institution Investor杂志刊登的关于美国企业股票回购的问卷调查，在接受问卷调查的60%的企业中，在调查时点前的18个月内都实行了股票回购，可以说明股票回购在美国企业内经常作为财务战略的一个重要环节。表9-4是美国企业股票回购动机问卷调查：在过去18个月中实行股票回购的话，主要的动机是什么。比率（a）是回购股票企业占全部企业的比率；比率（b）是未来1年内将要实行股票回购计划的企业比率。

从表9-4的问卷调查数据中可以看出在美国的企业中，股票回购大部分动机是建立员工持股制度，实行股票期权制度。同时②、③、④、⑤、⑥的动机也不容忽视，对于提高企业的市场价值与向市场传递积极的信息，以及提高企业的财务指标起到很重要的作用。

表9-4 美国企业股票回购动机问卷调查

动机	比率（a）	比率（b）
①建立员工持股制度，实行股票期权制度	58.2%	54.5%
②股价被市场低估	46.4%	51.2%
③提高股东的投资价值	43.6%	42.1%
④与包括企业收购、企业内外投资项目等相比的投资收益率较高的投资	27.3%	28.9%
⑤经营者向华尔街和投资者传递的是对企业本身将来的信心	24.5%	27.3%
⑥提高EPS和ROE收益率	18.2%	19.8%
⑦实现低估市值的内在价值	7.3%	6.6%
⑧从特定的大股东买回大量的股份	4.5%	4.1%
⑨提升股价	3.6%	6.6%
⑩调整企业的股东结构，减少被收购的危险	3.6%	1.7%

我国《公司法》准许股票回购以及2006年库存股新规定的实行，在一定程度上放松了股票回购的限制，在原有的两条股票回购事由的基础上增加了两条：将股份奖励给本公司职工；股东因对股东大会作出的公司合并、分立决议持异议，要求公司收购其股份。2012年共有22家中概股推出股票回购计划，回购总金额达到8.75亿美元。股票回购的方式在企业财务战略中的有效应用也越来越受关注。

中国企业股票回购的动机主要有：企业管理层认为公司股票价值被严重低估，公司通过股票回购行为传递这种信号，从而促使企业的股价上涨（信号传递假说）；增强股票的流动性，提高股价，增加每股收益和净资产回报率（财富效应假说）；通过股票回购可以减少权益资本，从而提高财务杠杆比率进而优化资本结构和增加公司价值（财务杠杆假说）；为投资者分配多余的现金提供税收便利（避税假说）；满足员工的股票期权合约（管理层激励假说）。

（二）个案资料：伊利股份

1.公司基本情况

伊利集团，1996年在上海证券交易所上市，股票代码600887，是中国乳制品行业中规模最大、产品线最健全的企业，是唯一一家同时符合奥运会和世博会标准的乳制品企业，为北京奥运会及上海世博会提供乳制品。拥有液态奶、冷饮、奶粉、酸奶和原奶五大事业部，旗下有1 000多个品种，产销量、规模、品牌价值均居全国第一。作为中国乳业的领导者，伊利集团秉承“厚度优于速度、行业繁荣胜于个体辉煌、社会价值大于商业财富”的发展观，坚持“绿色产业链”发展战略，带动了企业公民理念在中国商界的普及，为社会建设作出巨大贡献。

2.回购方案

伊利集团于2015年7月27日召开本年度第一次临时股东大会，审议通过了《〈关于以集中竞价交易方式回购公司股份的预案〉的议案》，并于2015年7月31日披露了《内蒙古伊利实业集团股份有限公司以集中竞价交易方式回购部分社会公众股份报告书》。股份回购报告书指出，因受宏观经济形势以及资本市场整体走势不佳的影响，近期证券市场出现非理性下跌，伊利集团股票价值被严重低估，为维护公司和广大股东的利益，特此进行社会公众股份的回购。回购股份的方式为用自有资金进行上海证券交易所集中竞价交易，所回购的股份均将注销，从而调整伊利集团的注册资本。2015年9月10日，公司实施了首次股份回购，占公司总股本的比例为0.05%，截至2015年11月3日，公司已回购股份数量为6 394.20万股，占公司总股本的比例为1.04%，支付的总金额为9 990万元（不含印花税、佣金等交易费用），回购资金使用金额已经达到最高限额，伊利集团2015年股份回购方案实施完毕。

3.为何回购

（1）向市场传递良好信息，提高股票估值。伊利集团股份回购报告书中提出，近期证券市场非理性下跌导致公司股票价值被严重低估，此次股份回购的目的就是为提高股票市场估值，维护公司和广大股东的利益。为分析该回购动机的合理性，需要分析伊利集团2014年的年报以及2015年的季度报。通过查阅伊利集团2015年的半年报，5月22日，伊利集团发布《内蒙古伊利实业集团股份有限公司2014年度利润分配及资本公积金转增股本实施公告》，集团以2014年12月31日的总股本30.6亿股为基数，以资本公积金转增股本方式，向全体股东每10股转增10股，转增后公司总股本为61.3亿股，集团自2015年第二季度开始股份总数翻番。资本公积转增股本并不能导致所有者权益总额的增加，但可以改变企业投入资本结构，体现企业发展潜力，资本公积转增股本能通过增加投资者持有的股份激活股价，提高股票的交易量和资本流动性。因此从2015年中旬开始伊利集团就为提升自身股票估值作出努力，而股票回购正是努力之一。

（2）充分利用自有资金。伊利集团股份回购报告书中指出，本次用于回购股份的资金来源为公司自有资金，回购资金将在回购期内择机支付，具有一定弹性。根据伊利集团的历年年报、季报，集团均保持了良好的经营性现金流，截至2015年第三季度，公司合并口径范围内货币资金为人民币142.51亿元，母公司货币资金为人民币90.6亿元。如果回购资金人民币10亿元全部使用完毕，公司的资产负债率将从50.56%略微上升至51.88%，流动比率仍高达111.91%，属于非常健康的水平。

管理层持有过多的货币资金时，容易发生过度投资等逆向选择行为从而损害公司的利益，从2015年第三季度的现金流量表上看，伊利集团投资总额占集团货币资金的比例约为10%，公司有大量的货币资金剩余，加大了过度投资的风险，因此利用公司的自有资金进行股份回购，在提升股票价值的同时降低过度投资的风险，不失为一个好办法。

4.股份回购效果分析

对市场估值的影响。伊利集团通过股份回购减少公司股本数，其目的是通过这一行为增强流通股的流动性，提升股票价值，同时股份回购也使得利润相同的情况下每股税后收益提升。股份回购对股票市价和每股税后收益的影响程度的不同，决定了股份回购是否达到了公司提升市场估值的目的，可选取市盈率作为参考指标。分析图9-1，2015年伊利集团市盈率在第一季度达到最大，而后下降再升，至资产负债表日，未超过第一季度，2016年第一季度的市盈率同其持平。2015年第一季度伊利集团的市盈率为24.68，与同行业类似企业相比处于较高水平；第二季度因为资本公积转增股本事件的发生，对企业股票市价和每股税后收益产生相反的影响，最终市盈率为18.35，低于第一季度，资本公积转增股本对于拉低企业每股税后收益效果更大，公司通过转增股本的方式并没有向市场传达积极的信息；第三季度市盈率为19.72；第四季度，伊利集团进行股份回购，市盈率为21.62，有拉升但并不巨大，同2015年的第一季度相比仍有差距，直至2016年第一季度随着股票市场整体情况好转才基本恢复原先水平。对伊利集团2015年各季度以及2016年第一季度的市盈率进行分析，发现市场对伊利集团在2015年第二季度的资本公积转增股本事件的反应并不积极，对2015年第四季度进行的股份回购事件的反应相对而言也持谨慎态度。总体来说，伊利集团的股份回购事件没有从根本上改变市场估值的情况。

（三）案例分析要求

1.公司实施股票回购的动因有哪些？请结合上述案例材料进一步查阅相关背景资料，试分析此次伊利股份的股份回购动因是什么？

2.伊利股份的股份回购计划是否达到了“维护股东利益”和“提高估值”的预期目

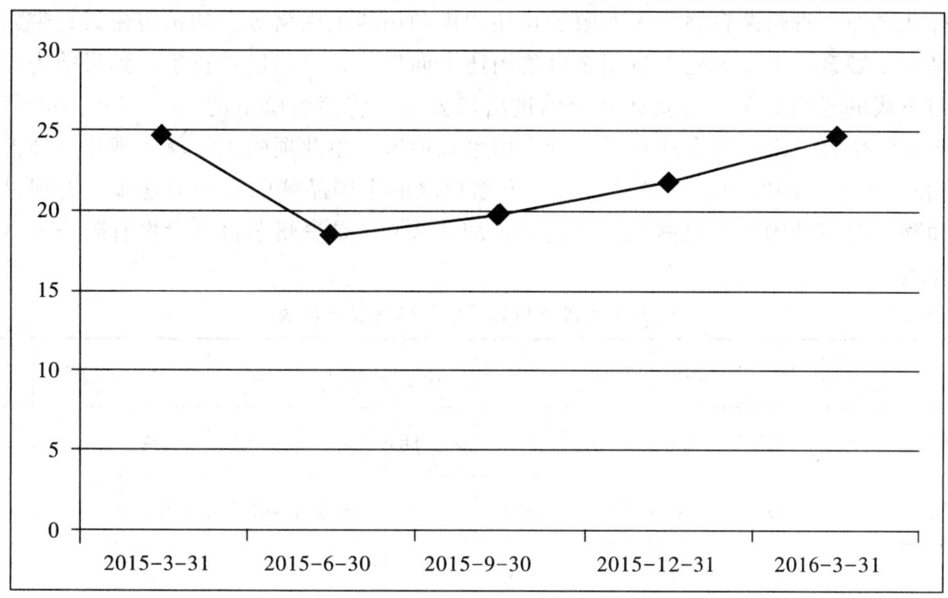

图 9-1 伊利集团股份回购前后市盈率变化图

的？除了案例中给出的证据，请查询当时相关的财务资料并进行分析以证明你的观点，并结合相关资料分析可能的原因是什么？

3.案例中，伊利股份除了采取股份回购方式向资本市场传递信号外，还使用了资本公积转增股本的方式，请查阅相关资料，简述其理论基础以及传递的信号。

案例二

贵州茅台酒股份有限公司股利政策案例分析

（一）案例资料

1.企业基本情况

贵州茅台酒股份有限公司是我国最著名的白酒制造企业。从新中国建立伊始，便以我国国酒的美誉成为我国白酒企业的典范。贵州茅台酒股份有限公司隶属于贵州茅台集团，是我国的一家大型国企。根据全球知名的调查机构评选的 2012 年最有品牌价值的品牌排行榜，贵州茅台名列全球百强的行列。2012 年，贵州茅台的品牌价值估计为 120 亿美元，这使得贵州茅台名列全球第 69 位。据报道，茅台的品牌价值超越松下、星巴克等顶级国际企业，成为世界上中国品牌的一面旗帜。

目前，贵州茅台酒厂的生产能力达到年均三万吨左右。其中 43°、38°、33°的白酒主要面向的是普通的消费市场；53°酒则面向的是高端的市场；而茅台所特有的陈年酒，从 15 年到 80 年不等，则针对的是高端的收藏以及礼品市场；茅台独创梯度开放模式，通过严格的市场划分，形成了涵盖各个消费层次、各种消费需求的立体式产品结构，并以此占据了国内市场的头名，成为我国酒类行业的领军者。

2.贵州茅台酒股份有限公司经营状况

作为国内白酒行业的领头羊，贵州茅台酒股份有限公司一直以来都立足国内市场，充分进行市场调研，不断拓宽各种层次白酒的销售渠道，积极开拓销售区域，并进入海外市场。除此之外，贵州茅台酒股份有限公司还积极利用线上网络等新的销售模式，带领茅台的业绩不断攀升。不仅如此，贵州茅台集团还走向世界，参与世界竞争。到目前为止，集团通过下属的进出口公司与贵州省粮油进出口公司，将茅台旗下的53°、43°、38°茅台酒和各种陈年茅台酒出口到全球将近110个国家和地区，单此项收入，就实现年创外汇收入近1 000万美元，同时也让国酒茅台这已家喻户晓的中国品牌的影响力逐步扩展到世界的各个角落，使得外国友人也能品尝到这一佳酿。表9-5是贵州茅台酒股份有限公司财务状况一览表。

表9-5　　贵州茅台酒股份有限公司务状况一览表

科目＼年度	2015	2014	2013	2012	2011	2010	2009	2008	2007	2006
基本每股收益（元）	12.34	13.44	14.58	12.82	8.44	5.35	4.57	4.03	3	1.64
净利润（万元）	1 550 309	1 534 980	1 513 664	1 330 808	876 314.6	505 119.4	431 244.6	379 948.1	283 083.2	154 481.2
净利润同比增长率（%）	1	1.41	13.74	51.86	73.49	17.13	13.5	34.22	83.25	38.11
营业总收入（万元）	3 344 686	3 221 721	3 107 060	2 645 534	1 840 236	1 163 328	966 999.9	824 168.6	723 743.1	490 337.6
营业总收入同比增长率（%）	3.82	3.69	17.45	43.76	58.19	20.3	17.33	13.88	47.6	24.75
每股净资产（元）	50.89	46.79	41.05	32.89	24.07	19.49	15.33	11.91	8.72	6.25
净资产收益率（%）	26.23	31.96	39.43	45	40.39	30.91	33.55	39.01	39.3	27.67
净资产收益率-摊薄（%）	24.25	28.73	35.51	38.97	35.06	27.45	29.81	33.79	34.38	25.51
资产负债比率（%）	23.25	16.03	20.42	21.21	27.21	27.51	25.89	26.98	20.16	35.56
每股未分配利润（元）	43.69	39.9	34.65	27.64	19.2	14.73	11.19	8.4	5.38	3.31
每股经营现金流（元）	13.88	11.06	12.19	11.48	9.78	6.57	4.48	5.56	1.85	2.23
销售毛利率（%）	92.23	92.59	92.9	92.27	91.57	90.95	90.17	90.3	87.96	83.96
存货周转率（%）	0.15	0.17	0.2	0.24	0.24	0.22	0.26	0.3	0.41	0.41

通过表9-5中贵州茅台酒股份有限公司的财务数据，可以看到，2006—2015年，茅台酒一直处于行业领先的地位，利润逐年上升。尽管中途经历了金融危机的洗礼，以及国内各种白酒品牌的竞争，贵州茅台酒股份有限公司的各项财务数据一直都名列全行业的首位，这充分证明了贵州茅台酒股份有限公司雄厚的市场经营能力、企业管理能力以及产品和技术创新能力。

3.股利分配方案

表9-6是2001—2015年贵州茅台酒股份有限公司的股利分配方案。

表9-6　2001—2015年贵州茅台酒股份有限公司的股利分配方案

年度	方案（每10股）		
	红股	转增	派息（税前）（元）
2001	0	1	6
2002	1	0	2
2003	0	3	3
2004	0	2	5
2005	0	0	3
2006	0	0	7
2007	0	0	8.36
2008	0	0	11.56
2009	0	0	11.85
2010	1	0	23
2011	0	0	39.97
2012	0	0	64.19
2013	1	0	43.74
2014	1	0	43.74
2015	0	0	61.71

2016年6月27日，贵州茅台酒股份有限公司发布2015年度利润分配公告，本次分配以2015年年末总股本125 619.78万股为基数，对公司全体股东每10股派发现金红利61.71元（含税），共分配利润7 751 996 623.80元。从茅台历年的分配方案中我们知道，最初几年，公司主要依靠转增股本的方式，把公司的总股本数由原来的26 000万股扩大到95 380万股。而最近几年，茅台所采取的股利分配方式主要是发放较高的现金红利。从另一方面来看，市场对茅台公司的表现也给予了认可，这也使得公司的股价一路上升。按照公司年报，公司2015年度的净利润高达1 550 309万元，查阅相关资料易知即使发放高额的现金股利，公司仍具备健康的现金流与充足的货币资金。

（二）案例分析要求

1.试分析2001—2016年贵州茅台酒股份有限公司分别处于生命周期理论中的哪些阶段，结合案例给出理由。

2.2001—2015年贵州茅台酒股份有限公司的股利政策有何转变，结合案例和相关理论知识分析其原因。

3.结合案例，查询相关资料试分析发放股票股利的优缺点以及适用情况，并结合信号传递理论阐述其传递的市场信号。

4.查阅相关资料，说明企业可以采取的股利政策类型，阐述其适用情况与优缺点。

第三部分　参考答案

☆ 练习题参考答案

一、单项选择题

1.B　2.D　3.B　4.A　5.A　6.B　7.A　8.D　9.B　10.C　11.B　12.D　13.B　14.D　15.C　16.D　17.D　18.A　19.A　20.D　21.A　22.B　23.A　24.C　25.C　26.A　27.C　28.A　29.B　30.B

二、多项选择题

1.ABCD　2.CD　3.ACD　4.AD　5.AD　6.ACD　7.ACD　8.ABD　9.AD　10.ACD　11.ABCD　12.CD　13.ABCD　14.ABCD　15.BC

三、判断题

1.×　2.√　3.×　4.√　5.√　6.×　7.×　8.√　9.√　10.√　11.√　12.×　13.×　14.×　15.×　16.√　17.×　18.√　19.√　20.√

四、计算分析题

1.解：

净现值为0，即预期未来现金流入量的现值应等于流出量的现值。

假设预期未来每年现金净流量为A，则：

NPV=A×（P/A，10%，5）+145 822×（P/F，10%，5）−900 000−145 822=0

A=252 000元

经营阶段的每年现金净流量=每年税后利润+每年折旧

因此，每年税后利润=252 000−（900 000÷5）=252 000−180 000=72 000（元）

且，利息=0

所以，每年息税前利润=每年税前利润=每年税后利润÷（1−所得税税率）

=72 000÷（1−25%）=96 000（元）

2.解：

目前销售利润=（300−200）×10 000−800 000×（1+2%）=184 000（元）

方案一的销售利润=［300×（1+10%）−200］×10 000×（1−15%）−800 000×（1+2%）

=289 000（元）

方案二的销售利润=（300−200）×10 000×（1+20%）−［800 000×（1+2%）+10 000］

=374 000（元）

通过比较，应选择方案二。

3.解：

（1）增资后应保留注册资金25%的法定盈余公积数额：

（160+90）×25%=62.5（万元）

（2）可由盈余公积转增注册资金的数额：

70−62.5=7.5（万元）

（3）扣除资本公积和盈余公积转增注册资金部分后，还需由投资者新投入的资金数额：

90-30-7.5=52.5（万元）

4.解：

由于2010年亏损额弥补期限至2015年年底已满期，因此2016年应首先计算缴纳所得税：

（1）2016年应缴所得税：

（120-30+9+1）×25%=25（万元）

（2）2016年年经营亏损弥补金额：

100-10-10-20-20-30=10（万元）

至此，2010年亏损100万元已经全部弥补完毕。

（3）2016年应提取法定盈余公积：（120-25）×10%=9.5（万元）

5.解：

股利分配前的净资产总额=5×2 000=10 000（万元）

股利分配前的市净率=20÷5=4

派发股利后每股净资产=18÷4=4.5（元）

股利分配后的净资产总额=4.5×2 000×（1+10%）=9 900（万元）

股东权益总额减少数=10 000-9 900=100（万元），即用于发放现金股利总额为100万元。

派发的每股现金股利=100÷［2 000×（1+10%）］=0.0455（元）

6.解：

公司按10%的比例发放股票股利后：

股本（按面值）的增加数=1×100×10%=10（万元）

未分配利润（按市价）的减少数=20×100×10%=200（万元）

资本公积（按差额）的增加数=200-10=190（万元）

累计资本公积=300+190=490（万元），即公司发放股票股利后财务报表中资本公积列示金额为490万元。

7.解：

（1）当追加筹资额为5 000万元时：

2017年追加筹资时需要的权益性资本=5 000×60%=3 000（万元）

可发放现金股利=4 000-3 000=1 000（万元）

当追加筹资额为10 000万元时：

2017年追加筹资时需要的权益资本=10 000×60%=6 000（万元），2016年所有净利润必须全部留在企业，另外还须外部权益性筹资2 000万元，故2016年不能发放现金股利。

（2）2016年应发放的现金股利=120×1 +（4 000-3 600）×0.5=320（万元）

8.解：

（1）公司股价=$\frac{1\ 200\ 000+15\ 000\ 000}{1\ 000\ 000}$=16.2（元/股）

（2）可以将股利用来购买股票，则：

所获得的股利=$\frac{1\ 200\ 000\times 50\%\times 1\ 000}{1\ 000\ 000}$=600（元）

发放股利后的股价= $\frac{600\ 000+15\ 000\ 000}{1\ 000\ 000}$ =15.6（元）

因此，你决定采用购买股票的方式抵消公司股利政策的影响，你将购买的股数=600÷15.6=38.5（股）。

9.解：

（1）分割前股票总值=98×25 000×5%=122 500（元）

分割后股票总值=98÷2×（25 000×2）×5%=122 500（元）

股票分割前后的股票总值不变。

（2）如果股票分割后，股价只下降了40%，则：

新股价=98×0.6=58.8（元）

股票总值=58.8×25 000×2×5%=147 000（元）

获利=147 000−122 500=24 500（元）

10.解：

公司股利发放额=16 500 000×0.5=8 250 000（元）

每股股利=8 250 000÷2 062 500=4（元/股）

假定不回购：每股价值=32+4=36（元/股）

假定回购187 500股，现金支付6 000 000元（32×187 500）。

回购后剩余股利=8 250 000−6 000 000=2 250 000（元）

剩余股数=2 062 500−187 500=1 875 000（股）

每股股利=2 250 000÷1 875 000=1.2（元/股）

新EPS=16 500 000÷1 875 000=8.8（元/股）

P÷EPS=4

P=EPS×4=8.8×4=35.2（元/股）

股票价值=35.2+1.2=36.4（元/股）

该公司应该回购股票，因为股东能得益0.4元。

五、综合题

1.解：

（1）2017年投资方案所需的权益资本=700×60%=420（万元）

2017年投资方案需要从外部借入的长期债务资本=700×40%=280（万元）

（2）2016年度应分配的现金股利=900−420=480（万元）

（3）2016年度应分配的现金股利=550万元

可用于2017年投资的留存收益=900−550=350（万元）

2017年投资需要额外筹资的资本=700−350=350（万元）

（4）该公司股利支付率=550÷1 000×100%=55%

2016年度应分配的现金股利=55%×900=495（万元）

（5）2016年度应分配的现金股利=900−700=200（万元）

2.解：

（1）发放股票股利后的普通股股数=200×（1+10%）=220（万股）

发放股票股利后的普通股股本=2×220=440（万元）

发放股票股利后的资本公积=160+（35−2）×20=820（万元）

现金股利=0.2×220=44（万元）

利润分配后的未分配利润=840−35×20−44=96（万元）

（2）股票分割后的普通股股数=200×2=400（万股）

股票分割后的普通股股本=1×400=400（万元）

股票分割后的资本公积=160（万元）

股票分割后的未分配利润=840（万元）

（3）分配前的市盈率=35÷（1 400÷200）=5

每股市价30元下的每股净资产=30÷5=6（元）

每股市价30元下的全部净资产=6×220=1 320（万元）

每股市价30元下的每股现金股利=（1 400−1 320）÷220=0.36（元）

3.解：

（1）发放股票股利后增加的普通股股数=100×30%=30（万股）

发放股票股利后的普通股股数=100+30=130（万股）

发放股票股利后的普通股股本=130×10=1 300（万元）

发放股票股利后的资本公积=800万元

发放股票股利后的盈余公积=300万元

发放股票股利后的未分配利润=1 800−30×10=1 500（万元）

发放股票股利后的股东权益总额=1 300+800+300+1 500=3 900（万元）

发放股票股利后的每股净资产=3 900÷130=30（元）

（2）股票分割后的普通股股数=100×4=400（万股）

股票分割后的每股面值=10÷4=2.5（元）

股票分割后的股东权益各项目数额不变。

股东分割后的股东权益总额=3 900万元

股票分割后的每股净资产=3 900÷400=9.75（元）

（3）2016年净利润=2×100=200（万元）

股票回购后的每股收益=200÷（100−20）=2.5（元）

市盈率=16÷2=8

股票回购后的每股市价=8×2.5=20（元）

（4）发放股票股利后的增加的普通股股数=100×（2÷10）=20（万元）

发放股票股利后的普通股股本=（100+20）×10=1 200（万元）

发放股票股利后的资本公积=800+（16−10）×20=920（万元）

发放股票股利后的盈余公积=300万元

发放股票股利后的未分配利润=1 800−16×20=1 480（万元）

☆ 案例分析题要点与提示

案例一

1.股票回购动因可参看教材、案例材料和查阅相关资料；伊利股份本次股票回购动因可从监管层政策压力、维护公司形象、企业战略需要、提升公司股价等方面综合分析。

2.可以从每股净资产、股价走势等角度进行分析。

3.企业转增股本的方式有资本公积转增股本、盈余公积转增股本、未分配利润转增股本等。可以结合信号传递理论，与后两者进行比较分析。

案例二

1.通过查阅案例中表格资料，根据生命周期理论各阶段企业发展特点进行回答。

2.查阅案例中茅台集团历年的股利政策，结合书本知识进行分析。

3.参考书本并结合股票股利的相关理论知识进行分析。

4.参看书本知识进行分析。

第十章 公司并购

第一部分 练习题

一、单项选择题

1.按买卖双方的产品与产业的联系划分，并购分为（　　）。

A.整体并购、部分并购

B.横向并购、纵向并购、混合并购

C.承担债务式并购、现金购买式并购、股份交易式并购

D.要约收购、协议收购

2.把市场环境和企业未来经营状况与目标企业价值联系在一起的资产评估标准是（　　）。

A.续营价值　B.清算价值　C.市场价值　D.公平价值

3.在并购中，股票市价的交换率大于1，这表明（　　）。

A.并购行为对目标企业有利　B.并购行为对并购企业有利

C.并购行为对买卖双方均没利　D.并购行为对买卖双方均没影响

4.（　　）是跨国并购出现的根本原因。

A.国际贸易　B.货币流通　C.经济发展　D.社会需求增加

5.目标公司清算出售、并购后，目标公司不再存在时其资产的可变现净值为（　　）。

A.重置价值　B.剩余价值　C.净资产价值　D.清算价值

6.自由现金流量假说认为（　　）。

A.管理者与所有者之间的代理成本冲突与自由现金流量大小有关

B.管理者与所有者之间的代理成本冲突与自由现金流量大小无关

C.管理者与所有者之间的拮据成本冲突与自由现金流量大小有关

D.管理者与所有者之间的拮据成本冲突与自由现金流量大小无关

7.（　　）指并购公司通过举债获得目标公司的股权或资产，并用目标公司的现金流量偿还负债的并购方式。

A.吸收并购　B.杠杆并购　C.资产并购　D.股份并购

8.企业并购的形式有很多种，下列按照并购方的不同身份进行分类的是（　　）。

A.友善并购和敌意并购　B.产业资本并购和金融资本并购

C.纵向并购和横向并购　D.杠杆收购和非杠杆收购

9.某公司现是一家烟草公司，为了扩大经营范围，在成功收购一家啤酒公司后，遂复制收购啤酒公司的成功经验，又收购了一家饮料公司。然而，由于酒类产品和饮料产品的市场特征不同，导致此次饮料公司收购失败。该公司收购饮料公司失败的原因是（　　）。

A.决策不当的并购　B.并购后不能进行很好的整合

C.支付过高的并购费用　D.以上说法都不正确

10.国际企业由于并购，通过税法、会计处理惯例以及证券交易等内在规律的作用而

产生的一种纯资金上的收益，被称为（　　）。

A.经营协同　　B.管理协同　　C.财务协同　　D.法律协同

11.并购公司购买目标公司的资产被称为（　　）。

A.吸收兼并　　B.新设兼并　　C.资产收购　　D.股份收购

12.并购后两个企业的总体效益要大于两个独立企业效益的算术和这称为（　　）。

A.协同效应　　B.规模扩大化　　C.并购效应　　D.兼并效应

13.成本评估法估价适用于拥有较多的有形资产的公司，下列哪些不属于成本评估法（　　）。

A.公允价值法　　B.清算价值法　　C.重置成本法　　D.账面价值法

14.下列关于说明股票支付方式特点的描述，不正确的是（　　）。

A.不需要支付大量的现金　　B.不影响并购公司的现金流动状况

C.不影响并购企业股东的控制权　　D.降低财务风险

15.目标公司董事会决议：如果目标公司被收购，且高层管理者被革职，他们可以得到巨额退休金，以提高收购成本。这种反收购策略是（　　）。

A.“毒丸策略”　　B.“焦土策略”

C.“白衣骑士”策略　　D.“金色降落伞”策略

16.“将遭受敌意收购的目标公司为了避免遭到敌意收购者的控制而自己寻找善意收购者”的策略是（　　）。

A.帕克曼式策略　　B.“金色降落伞”策略

C.“白衣骑士”策略　　D.“皇冠上的珍珠” 策略

17.在下列企业并购支付方式中，（　　）是最先被采用的支付方式，也是在企业并购中使用频率最高的支付方式。

A.股票支付　　B.债券支付　　C.混合证券支付　　D.现金支付

18.若通过收购股权而使收购方成为被收购方的股东，在这种情况下收购方的风险是（　　）。

A.承担被收购公司的部分债务　　B.承担被收购公司的全部债务

C.承担被收购公司的债权　　D.没有债权、债务风险

19.（　　）使得并购最终能够实现“1+1>2”，成为并购创造价值的源泉所在。

A.并购整合　　B.杠杆收购　　C.管理层收购　　D.横向并购

20.某项目中介对帮助PE寻找投资项目很有热情，也与很多民营企业家有着良好的私人关系，手中掌握了大量的项目信息，以下为该项目中介提供给PE的推荐项目内容全文，并希望PE答复。你认为PE可能会对（　　）项目感兴趣，会作出什么选择。

A.原料药制造商，10亿美元销售，计划2017年年底上市，新的项目是为国外大药厂做研发外包

B.物流公司，2016年利润1 100万美元，正在做私募，计划2017年年底上市，向供应链管理方向发展

C.家俬大卖场，1亿美元利润，正在做私募，融资后继续扩张

D.以上信息太笼统，无法选择

21.2014年8月，浙江民营汽车企业吉利完成了对福特旗下的世界名车沃尔沃的全资收购，总收购金额为18亿美元。吉利的并购行动体现的经济生活道理是（　　）。

①兼并就是大企业对小企业的并购　　②兼并扩张是企业的重要经营战略

③企业“走出去”参与经济技术合作　　④企业目标是缩小与世界汽车强国距离

A.①②　　B.②③　　C.③④　　D.①④

22.并购方如果是一家非上市公司，一般会采用的收购方式是（　　）。

A.认股权证　　B.现金收购　　C.普通股　　D.可转换债券

23.以下除了选项（　　），都是兼并与收购的相同表现。

A.二者都是企业对市场竞争的本能反应，是一种企业自愿行为，而不是政府行为

B.二者都是一种有偿的产权交易行为，而不是无偿的调拨

C.二者属于资本经营的基本形式，都是通过产权流动来实现企业之间的重新组合

D.二者都是通过内部扩张战略来谋求企业自身的发展，从而提高企业的竞争力

24.并购的一般程序依次为（　　）。

A.选择目标企业、价值评估、确定实施方式、重组整合

B.价值评估、选择目标企业、确定实施方式、重组整合

C.确定实施方式、选择目标企业、价值评估、重组整合

D.选择目标企业、重组整合、价值评估、确定实施方式

25.如果并购企业利用经济的互补性和规模经济实施并购，并购企业谋求的是（　　）。

A.管理协同效应　　B.税收协同效应　　C.经营协同效应　　D.财务协同效应

26.生产彩管的A公司通过协议控股彩电生产B公司，又收购生产彩显玻壳的C公司，这种并购方式属于（　　）。

A.横向并购　　B.纵向并购　　C.混合并购　　D.跨国并购

27.实证研究证明，某一特定的乘数用于评估某些特定类型的企业较为准确，通常对于工业企业可以使用（　　）进行评估。

A.市盈率　　B.市净率　　C.每股市价　　D.股价销售收入比

28.如果认为，任何一个了解行情的潜在投资者在购置一项资产时，他愿意支付的价格不会超过建造一项与所购资产具有相同用途的替代品所需的成本，则这种观点构成了（　　）的理论依据。

A.重置成本法　　B.市场价值法　　C.清算价值法　　D.净现值法

29.由于现行市价法直接以目标企业的市场价值作为估算价值，因此只适用于（　　）。

A.非上市公司　　B.独资企业　　C.上市公司　　D.合伙企业

30.在国有企业与民营企业之间的并购支付方式中，（　　）支付方式几乎不用。

A.现金支付　　B.股票支付　　C.综合支付　　D.无偿划拨

31.混合并购的主要特征是（　　）。

A.取得其他企业的控制权

B.并购双方不处于同一产业且没有技术联系

C.并购方出资既有现金，也有股票、债券等

C.并购双方不止两家企业

32.敌意收购受到各国政府限制，主要是因为（　　）。

A.对国家安全构成威胁

B.行动迅速隐秘，政府不容易监管

C.可能引发经济危机

D.导致证券市场的不良波动，影响企业的正常经营

33.按照我国法律的规定，当并购方通过证券交易所的证券交易收购上市公司，持有该公司已发行股份的（　　）时，应依法向该企业的所有股东发出公开收购要约。

A.10%　　B.20%　　C.30%　　D.50%

34.下列关于“自由现金流量”的表述，正确的是（　　）。

A.税后净利+折旧

B.经营活动产生的现金流量净额

C.经营活动产生的现金流量净额+投资活动产生的现金流量净额+筹资活动产生的现金流量净额

D.企业履行了所有财务责任和满足了再投资需要以后的现金流量净额

35.根据我国税法的规定，兼并亏损企业，可以取得（　　）的财务效应。

A.获得税收返还　　B.节约所得税　　C.免征所得税　　D.免缴印花税

36.A公司拟以增发新股换取B公司全部股票的方式收购B公司。收购前A公司的普通股为1 600万股，净利润为2 400万元；B公司的普通股为400万股，净利润为450万元。假定完成收购后A公司股票市盈率不变，要想维持A公司并购前后股票的市价不变，A、B公司的股票交换率应为（　　）。

A.0.65　　B.0.75　　C.0.9375　　D.1.33

37.企业并购后，通过整合无法使整个企业或集团产生管理经营上的协同效应，这就产生了（　　）。

A.整合风险　　B.营运风险　　C.融资风险　　D.并购风险

38.某些并购方案在短期内使并购方股东每股收益稀释，但仍被股东采纳的主要原因是（　）。

A.获得被并购方的特殊资产　　B.并购的协同效应在长期内发生作用

C.企业有多余的资金　　D.反收购的需要

39.用比较收益法评价公司价值时，市盈率所起的作用是（　　）。

A.参照物作用　　B.直接作用　　C.乘数作用　　D.过渡作用

二、多项选择题

1.企业并购按实现方式划分可分为（　　）。

A.协议收购　　B.要约收购　　C.股份交易式并购

D.现金购买式并购　　E.承担债务式并购

2.协同效应对国际企业追求效率的影响主要表现在（　　）方面。

A.经营协同　　B.管理协同　　C.财务协同

D.人才技术协同　　E.效益协同

3.某家电销售公司准备并购一家空调生产厂家，在制订并购方案时，公司管理层提出并购的风险很大，需要提前做好准备，分析可能导致并购失败的原因，防患于未然。在下列各项中，可能导致并购失败的原因有（　　）。

A.并购后不能很好地进行企业整合　　B.没有获取规模经济

C.决策不当的并购　　D.支付过高的并购费用

4.应用收益法时通常可选择的标准市盈率有（　　）。

A.并购时目标企业的市盈率

B.与目标企业具有可比性企业的市盈率

C.目标企业所在行业的市盈率

D.企业投资的预期回报率

E.企业在其投资上获得的超过投资者要求收益的市盈率

5.一般情况下，并购企业在并购行动过程中发生的成本有（　　）。

A.并购机会成本　　B.并购完成成本　　C.并购退出成本

D.整合改制成本　　E.注入资金成本

6.并购行为给并购企业带来的风险包括（　　）。

A.体制风险　　B.反收购风险　　C.融资风险

D.信息风险　　E.营运风险

7.利用成本法估价常用的计价标准有（　　）。

A.市场价值　　B.清算价值　　C.净资产价值

D.净现值　　E.重置价值

8.一般来说，成功的杠杆并购应具备的条件是（　　）。

A.企业管理层有较高的技能　　B.长期负债不多

C.市场占有率高　　D.现金流量比较稳定

E.目标公司的实际价值远远高于账面价值

9.并购包括（　　）。

A.吸收兼并　　B.新设兼并　　C.资产收购

D.股份收购　　E.杠杆并购

10.在企业并购中常见的并购类型有（　　）。

A.部分并购　　B.垂直并购　　C.混合并购　　D.横向并购

11.杠杆收购有自身的特点，具体包括（　　）。

A.高负债　　B.高风险　　C.高收益　　D.高难度

12.对于上市公司的收购有很多方法，例如在下列方式中的（　　）。

A.二级市场收购　　B.协议收购　　C.要约收购　　D.委托收购

13.目前在中国实施管理层收购存在着客观的问题和状况，例如（　　）。

A.政策背景不同　　B.市场条件不同，行政色彩浓厚

C.管理层收购的目的多样化　　D.交易价格确定存在重大问题

14.（　　）可以用来对目标公司作出价值评估。

A.成本法　　B.市场法　　C.折现现金流法　　D.期权定价法

15.公司并购以后可以采取的支付方式有（　）。

A.固定资产折现支付　　B.现金支付

C.股票支付　　D.综合证券支付

16.在并购过程中，并购企业对目标企业的股权或资产进行价值评估时，可依据的标准有（　　）。

A.公平价值　　B.清算价值　　C.续营价值

D.账面价值　　E.市场价值

17.甲公司得知乙公司有一特殊用途的设备，拟通过并购方式获得所有权，甲公司在对该设备的价值进行估算时，可依据该设备的（　　）进行评估。

A.清算价值　　B.账面价值　　C.公平价值

D.续营价值　　E.市场价值

18.采用比率估价法进行并购价值评估，一般采用的比率是（　　）。

A.市盈率　　B.股价与账面价值比

C.股价与销售收入比　　D.股价与现金流量比

19.以下并购防御战略中会造成并购成本提高的策略有（　　）。

A.资产重估　　B.股份回购

C.“白衣骑士”策略　　D.“金色降落伞”策略

20.站在集团总部的角度，在整个并购过程需要抓住的关键问题有（　　）。

A.目标公司的搜寻与抉择　　B.并购资金融通

C.并购一体化整合　　D.并购的价值评估

21.并购后进行资产整合是提高企业资产配置效率和资本市场价值的有效方法，资产整合的方式主要有（　　）。

A.吸收　　B.债转股　　C.剥离　　D.分立

22.协同效应具体包括的形式有（　　）。

A.管理协同效应　　B.经营协同效应　　C.财务协同效应　　D.利润协同效应

23.利用现金流量折现法评估目标企业价值时，可供选择的现金流量有（　　）。

A.股利现金流量　　B.股权现金流量　　C.负债现金流量　　D.企业现金流量

24.在下列关于我国企业并购支付方式的说法中，正确的是（　　）。

A.现金支付是我国企业并购的主要支付方式

B.股票支付在企业并购中所占比例非常高

C.综合证券支付方式少之又少

D.无偿划拨方式在国有企业改革过程中被广泛使用

25.在并购活动中，设计并选择合理的支付方式是一项较为复杂且关系并购成败的工作，（　　）因素是需要在选择并购支付方式时考虑的。

A.法律制度　　B.支付金额及融资额度的大小

C.融资成本　　D.并购公司的财务战略和现实状况

26.现金支付方式的显著优点有（　　）。

A.现金支付方式清楚明了

B.没有复杂的技术和程序

C.易于为并购双方所接受

D.可以使并购方的股东控制权不变而保持现有的股权结构

27.企业并购的资金来源主要有（ ）。

A.固定资产折旧 B.银行借款 C.债券融资 D.股票融资

28.股票支付方式的缺点有（ ）。

A.改变了并购方原有股东的股权比例结构

B.容易使不愿意被并购的目标企业部署反收购措施

C.所有股东将承担股票价格大幅波动的风险

D.筹资成本高，耗费时间长，手续繁琐

29.企业并购后的整合主要包括（ ）。

A.管理组织整合 B.人力资源整合 C.财务整合 D.企业文化整合

30.并购后进行资产整合是提高企业资产配置效率和资本市场价值的有效方法，资产整合的方式主要有（ ）。

A.吸收 B.债转股 C.剥离 D.分立

31.企业并购可能基于多方面考虑，其动因主要表现为（ ）。

A.谋求协同效应 B.谋求税收效应 C.谋求信息效应 D.开展多样化经营

32.协同效应具体包括的形式有（ ）。

A.管理协同效应 B.经营协同效应 C.财务协同效应 D.利润协同效应

33.利用现金流量折现法评估目标企业的价值时，可供选择的现金流量有（ ）。

A.股利现金流量 B.股权现金流量 C.负债现金流量 D.企业现金流量

34.选择目标企业应该考虑的因素有（ ）。

A.目标企业所处的行业

B.目标企业的营运状况、盈利能力、变现能力和负债水平

C.目标企业的核心技术、研发能力

D.目标企业的管理体系

35.目标企业价值评估方法的类别主要有（ ）。

A.面向未来的评估方法 B.以收益折现为基础的评估方法

C.以相对价值为基础的评估方法 D.以资产为基础的评估方法

36.如果以可比公司分析法评估目标企业的价值，最常采用的比率有（ ）。

A.市盈率 B.市净率 C.每股市价 D.股价销售收入比

三、判断题

1.通过并购有较高市盈率但每股盈余较低的目标公司，可以使国际企业的每股盈余不断上升。（ ）

2.收购股权与收购资产的区别在于：前者是购买一家企业的股份，并因此承担其债权、债务；后者是购买一家企业的资产，并不因此而承担其债务。（ ）

3.如果并购企业实施并购的目的在于获得目标企业并购后的收益，则并购企业依据持

续经营价值对目标企业定价最为合理。（ ）

4.使用收益法估算目标企业的价值，以投资为出发点，对企业未来经营收益予以充分考虑。但因其对证券市场要求较高，所以在我国很难完全运用。（ ）

5.杠杆并购的突出特点是并购公司不需投入资金即可完成并购。（ ）

6.如果并购企业的市盈率大于目标企业的市盈率，只要并购企业出价超过目标企业的市价，并购企业即可在股票市价波动中获得好处。（ ）

7.并购是公司经营成功的体现，而剥离、分立则是公司经营不成功的体现。（ ）

8.股票支付方式对于主并企业的股东来说并不会使其股本结构发生变化。（ ）

9.自由现金流量体现了股权投资者拥有的现金流量总和。（ ）

10.实质上，杠杆收购是收购公司主要通过借债获得目标公司的产权，且从后者的现金流量中偿还负债的收购方式。（ ）

11.管理层收购从激励的角度来说，并不利于激励管理者才能的发挥。（ ）

12.杠杆收购的条件之一是被并购前的资产负债率较高。（ ）

13.企业实施并购计划，能够抵消并购企业的财务风险。（ ）

14.企业如果使用自己公司的现金或股票进行并购，不会给并购企业带来财务风险。（ ）

15.在实施并购计划时，是否应整合不是关键问题。（ ）

16.对目标公司实现了接管，取得了控制权，这即意味着并购成功。（ ）

17.当公司在遇到敌意收购而无力反击时，迫不得已可能采取的两败俱伤的策略一般称为“焦土策略”。（ ）

18.收购是兼并的一种形式，是控股式兼并。（ ）

19.公司兼并和收购其本质上都是公司股权的有偿转让。（ ）

20.通过并购获得生产能力可以使公司较快地发展壮大。（ ）

21.“自由现金流量假说”认为管理者与所有者之间的代理成本冲突与自由现金流量大小有关。（ ）

22.收购一般发生在被收购企业正常经营的情况下，兼并多发生在被兼并企业财务状况不佳、生产经营停滞或半停滞之时。（ ）

23.企业并购失败的主要原因一般有以下几个方面：并购后不能很好地进行企业整合，决策不当的并购以及支付过高的并购费用等。（ ）

24.如果并购企业实施并购的目的在于获得目标企业并购后的收益，则并购企业依据持续经营价值对目标企业定价最为合理。（ ）

25.并购可以实现社会资源的合理配置并取得规模经济效益，因此，目前在我国有关企业并购的法规中，规定并购方在持有某一上市公司5%的股票后应立即公告。这是对并购方的并购行为给予的法律支持。（ ）

26.目标公司清算出售，并购后目标公司不再存在时其资产的可变现净值称为净资产价值。（ ）

27.并购不能完全替代内部投资，但能够提高国际企业在成长发展方面的效率。（ ）

28.杠杆并购的突出特点是并购公司不需投入资金即可完成并购。（ ）

29.并购的动机主要包括：避开进入壁垒、获得协同效应、减少竞争、开发新的市场。（　）

30.并购负债率较高的目标企业，并购方应采取杠杆并购。（　）

31.善意收购由于事先与目标企业协商，征得其同意才进行收购，因此它的并购成本肯定比恶意收购小。（　）

32.要约收购直接在股票市场中进行，自主性强，速战速决。敌意收购多采用这种方式。（　）

33.经过调查研究发现，海尔集团往往不需要投入大量资金，就能使并购前经营停滞、濒临破产的企业（称为休克鱼）在短时间内起死回生，迅速恢复并扩大生产，其成功的秘诀就是并购带来的协同效应。（　）

34.经济利润模型的基本思想是：如果每年的息前税后利润正好等于债权人和股东要求的收益，即经济利润等于0，则企业的价值没有增加，也没有减少，仍然等于投资资本。（　）

35.按照市价回购本公司的股票，假设净资产收益率、市净率和市盈率不变，则回购会使每股净资产上升。（　）

36.在并购目标企业的价值估计方法中，相对于比较收益法，贴现现金流量法没有考虑并购的风险因素。（　）

37.如果并购企业的市盈率大于目标企业，只要并购企业的出价超过目标企业的市价，并购企业就可以在股票市价的波动中获得好处。（　）

38.被收购方的股东能获得并购收益的根本原因是并购价超过了被并购企业的市场价值。（　）

39.以技术、知识为基础的智力型企业属于高新技术企业，盈利能力强、发展潜力大，比较适合用杠杆收购来实施对这些企业的收购。（　）

40.股份回购可以提高目标公司的股票价格和负债比率，从而有效降低并购方收购的兴趣。因此，我国公司也可以采用这种方式保护自己不被别人收购。（　）

四、计算分析题

1.目的：练习市盈率与并购净收益计算。

资料：甲公司的每股收益为2元，市盈率为20倍，共发行100万股股票，而乙公司的每股收益为1元，市盈率为10倍，共发行80万股股票。现甲公司准备并购乙公司，预计并购后的新公司价值为5 100万元，经过谈判，乙公司的股东同意以每股11.25元的价格成交，在并购中发生谈判费用50万元，法律顾问费30万元，其他固定费用10万元。

要求：

（1）运用市盈率法计算甲、乙两公司的价值。

（2）计算并购收益和并购净收益，并依据并购净收益作出甲公司应否并购乙公司的判断。

2.目的：练习合并后每股收益与股票市价交换率的计算。

资料：甲企业计划通过发行股票收购乙企业，并购时甲、乙两企业的有关财务信息见

表10-1：

表10-1　　甲、乙两企业有关财务信息

项　目	甲企业	乙企业
净利润（万元）	500	100
普通股股数（万股）	200	100
每股市价（元）	20	12

并购后甲、乙两企业的收益能力不变。

要求：

（1）当甲企业以每股15元的价格收购乙企业股票后，甲企业的每股收益与并购前相比变化多少；原乙企业的股东每股收益与并购前变化多少？

（2）确保甲企业股东每股收益维持并购前水平的股票交换率是多少？

3.目的：练习并购收益、并购溢价的计算。

资料：甲公司拟收购乙公司，甲公司目前的市场价值为8 000万元，乙公司目前的市场价值为2 000万元，估计合并后新公司的市场价值将达到15 000万元。乙公司股东要求以2 500万元成交，并购的交易费用为500万元。

要求：

（1）计算并购收益为多少？

（2）计算并购溢价为多少？

（3）计算并购净收益为多少？

4.目的：练习相对价值法——市盈率法的运用。

资料：甲公司由于经营发展需要并购乙公司，甲公司的资本总额为500万元，负债与权益之比为2∶3，资本收益率（税前）为20%，股票市盈率为25；乙公司的资本总额为200万元，负债与权益之比为1∶1，股票市盈率为15，所得税税率为25%。两公司的负债均为长期银行借款，银行借款的年利率为10%，预计并购后乙公司能获得与甲公司相同水平的资本收益率和市盈率。

要求：采用市盈率法计算目标企业乙公司的并购价值。

5.目的：练习经济利润的计算。

资料：甲公司的投资资本为1 500万元，投资资本报酬率为14%，负债资本成本为6%，股权资本成本为10%，公司负债比率为50%。

要求：计算甲公司当期的经济利润。

6.目的：练习销售乘数的计算。

资料：某公司2016年的每股销售收入为100元，每股收益为2元，支付的每股股利为1元。公司的预期增长率为6%，β系数为0.9。目前国债利率为7%，股票的风险附加率为5%。

要求：估计公司合适的销售乘数。

五、综合题

1.资料：A公司拟采用并购方式取得B公司的控制权。B公司的生产经营特点决定其未来创造现金流量的能力较强，鉴于此，A公司的最高决策层决定对B公司的估价采用贴现现金流量法。有关B公司预测数据如下：2016年B公司实现的现金净流量为100万元，估计今后5年的现金净流量为每年以25%的幅度递增；B公司资本结构为：负债占40%，股权资金占60%；证券市场无风险报酬率为8%，平均风险股票必要报酬率为13%，B公司股票的β系数为1.2；负债利息率为10%（税后）。

要求：若A公司只有现金600万元，能否实现对B公司的并购？

2.资料：浙江胜利机电公司、浙江航电公司和广东通用机械公司为国内某机电产品的三家主要制造商。浙江胜利机电公司和浙江航电公司的规模较大，市场占有率和知名度高，营销和管理水平也较高，两家公司势均力敌。浙江胜利机电公司通过5年前改组后，战略转型进入该行业，销售渠道略为不足，但其拥有一项该种产品的关键技术，而且是未来该种产品的发展方向，需要投入资金扩大规模和开拓市场。广东通用机械公司的财务状况良好，资金充足，是银行比较信赖的企业，产品在南方地区具有一定的品牌影响力，在广东市场有较好的份额和渠道优势。因股东有更好的投资渠道，其管理层将放弃机电市场，实施战略转型。目前浙江胜利机电公司拟并购广东通用机械公司，当然浙江航电公司也在筹划其对广东通用机械公司的并购。

浙江胜利机电公司率先向广东通用机械公司股东提交了收购协议（100%股权收购），并获得同意。经初步评估，价款总支付为20 000万元，广东通用机械公司的账面净资产价值为20 000万元。在并购尽职调查期间，浙江胜利机电公司发现广东通用机械公司的其他应收款存在一定的质量问题，该公司其他应收款账面价值为1 000万元，其3年以上期限的应收款为400万元，公司计提了50%的坏账准备，其余款项均在1年以内。另外，浙江胜利机电公司本来是希望通过并购后大幅解聘原企业员工来增加效率，但未曾想到公司的辞退福利大概需要200万元。广东通用机械公司并没有确认这笔负债。

要求：

（1）请从并购态度上分析浙江胜利机电公司并购的类型。

（2）分析该并购可能会给浙江胜利机电公司带来的利益。

（3）鉴于尽职调查的结果，讨论该并购是否物有所值？

（4）广东通用机械公司由于对当地环境造成了破坏正遭受所在社区居民的诉讼（标的为2 000万元），经公司法律顾问估计，需要赔偿1 000万元的概率为80%，赔偿2 000万元的概率为50%。此时，浙江胜利机电公司是否应该实施并购？

3.资料：杭州新软公司和成都科创公司为两家自助医疗系统开发企业，适用的企业所得税税率均为15%。其经营业务分别在华东地区和西南地区。两家公司经营同类业务，分别占领了沪宁杭、成渝的大部分市场，但资金周转存在一定困难，可能影响未来的持续发展。2017年1月，杭州新软公司为拓展市场，形成以杭州为中心、辐射华东的新市场领域，着手筹备并购成都科创公司。并购双方经过多次沟通，于2017年3月最终达成一致。

杭州新软公司准备收购成都科创公司100%的股权，为此聘请资产评估机构对成都科创公司进行价值评估，评估基准日为2016年12月31日。资产评估机构采用收益法和市场法两种方法对成都科创公司价值进行评估。并购双方经协商，最终确定按市场法的评估结果作为交易的基础，并得到有关方面的认可。

与成都科创公司价值评估相关的资料如下：

（1）2016年12月31日，成都科创公司的资产负债率为50%，税前债务资本成本为8%。假定无风险报酬率为6%，市场投资组合的预期报酬率为12%，可比上市公司无负债经营的β系数为0.8。通过测算，成都科创公司负债经营的β系数为1.48，即负债经营β系数= 0.8×［1+（1-15%）×（50%÷50%）］=1.48。

（2）成都科创公司2013年的税后利润为200万元，其中包含2016年12月20日成都科创公司处置一项无形资产的税后净收益10万元。

（3）2016年12月31日，可比上市公司的平均市盈率为15倍。假定并购成都科创公司前，杭州新软公司的价值为2亿元；并购成都科创公司后，经过内部整合，杭州新软公司的价值将达到3亿元。杭州新软公司应支付的并购对价为3 000万元。杭州新软公司预计除了并购对价款外，还将发生相关交易费用50万元。假定不考虑其他因素。

要求：

（1）分别从行业相关性的角度和被并购企业意愿的角度，判断杭州新软公司并购成都科创公司属于何种并购类型，并简要说明理由。

（2）计算用收益法评估成都科创公司价值时所使用的折现率。

（3）用相对价值分析法计算成都科创公司的价值。

（4）计算杭州新软公司并购收益和并购净收益，并从财务管理角度判断该并购是否可行。

4.资料：ABC公司拟采用经理层融资收购的方式以5 000万元的价格出售一全资子公司，具体的资金来源：其中管理者以现金1 000万元出资，其余款项来自于以公司全部资产作抵押的贷款，贷款的年利率为10%，今后5年每年年末等额偿还本金，并支付每年年末未偿还本金的利息。公司目前的销售收入为20 000万元，预计该公司前5年每年的销售收入分别为20 000万元、21 000万元、22 000万元、23 000万元、24 000万元，销售息税前利润率为10%，固定资本增长和营运资金增长（设为发生在各年年末）占销售额增长的比率分别为10%和5%，预计从第6年开始该子公司的自由现金流量将每年以2%的增长率增长，公司所得税税率为25%，所有债务必须用收入偿还。

要求：假设投资人要求的最低报酬率为10%，试分析该子公司能否顺利出售。

第二部分　案例分析题

案例一

双汇集团的并购案例分析

（一）案例资料

1.公司概述

双汇国际全名双汇国际控股有限公司，位于中国香港，主要从事投资、国际贸易及多元化业务，是中国最大的肉类加工企业和中国最大的肉类上市公司双汇集团的控股股东。

双汇集团是国家农业产业化重点龙头企业，总资产约200亿元，员工6万多人，每年消化1 500万头生猪、70万吨鸡肉、17万吨淀粉、7万吨植物蛋白，年转化粮食1 000多万吨，带动周边养殖业、饲料业、屠宰加工业实现产值600多亿元，间接为170多万农民提供了就业。

双汇投资发展股份有限公司（简称双汇发展）是双汇集团的控股子公司，2013年度的营业收入约450亿元，净利润38.6亿元，总资产197亿元，在深圳证券交易所上市（股票代码000895）。截至2013年年底，公司和主要子公司的员工总数为68 986人。公司拥有国家级的技术研发中心、国家认可实验室和博士后流动站，拥有200多人的技术开发队伍。公司目前已开发出高、低温肉制品，调理制品，生鲜产品等1 000多个品种，每年可以开发新产品100多种，每年的新产品销量不低于当年肉制品销量的10%。公司强大的综合研发能力确保公司在肉制品加工技术和新产品开发方面始终领先于竞争对手，从而保持了强大的活力和竞争优势。

双汇国际、双汇集团、双汇发展等公司的产权及控制关系如图10-1所示：

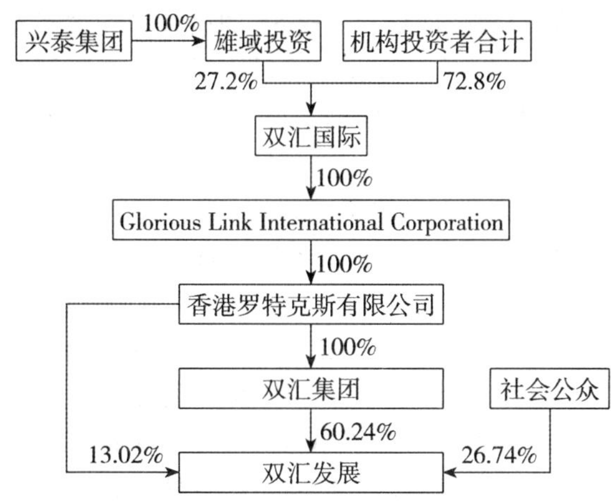

图10-1　双汇国际、双汇集团、双汇发展等公司的产权及控制关系

自2006年以来，双汇国际、双汇集团、双汇发展等相关公司发生了一系列并购行为，通过并购与被并购，双汇集团与双汇发展完成了战略转型，并成为全球最大的生猪养殖和猪肉加工企业。

2.美国高盛集团等外资收购双汇集团

双汇集团是以肉类加工为主的大型食品集团，2005年的销售收入超过200亿元，净利润超过1亿元。集团持有上市公司双汇发展35.715%的股权。2006年3月3日，漯河市国资委在北京产权交易所挂牌，将其持有的双汇集团100%的股权对外转让，底价为10亿元。2006年4月26日，由美国高盛集团、鼎辉中国成长基金Ⅱ授权，代表上述两家公司参与投标的罗特克斯有限公司（高盛集团的一家子公司）以20.1亿元中标双汇的股权拍卖，获得双汇集团100%的股权，间接持有双汇发展35.715%的股权。高盛旗下的罗特克斯有限公司最终以25.72亿元赢得了双汇集团100%的股权和上市公司双汇发展60.715%的绝对控股地位。高盛入主双汇，不仅“帮助双汇理清产权体系，打通国际资本市场的融资通道”，更是大大提升了双汇的“分配制度、管理水平、核心竞争力、员工素质、品牌的国际知名度、企业的国际影响力”。

3.双汇集团的管理层收购（MBO）

2006年，双汇集团100%的股权转让，双汇MBO进程迎来重大转机。随着地方政府的退出，财务投资者高盛、鼎晖的入围，双汇管理层在企业的实际控制力进一步加大。而财务投资者的退出机制，也让双汇管理层找到了更好的进入途径。

2007年，包括董事长万隆在内的300余名双汇员工，通过境外公司兴泰集团，间接持有了双汇国际30%以上的股权。其中，董事长万隆作为兴泰的第一大股东，间接持有双汇国际14.4%的股权。作为中国证券市场上第一宗整体上市同时完成管理层收购（MBO）的经典案例，双汇的管理层收购最终是通过外资财务投资人让渡表决权实现的。2010年11月29日，上市公司“双汇发展”连发18条公告，公布了一揽子资产重组方案，资产整体注入同时，运转经年的双汇管理层股权激励也一步到位，备受瞩目的双汇发展资产重组交易终于尘埃落定。双汇集团完成管理层收购后，双汇管理层控制的兴泰集团直接持有双汇国际30.23%的股份，为最大单一股东；另外，新设立的“运昌公司”，持有双汇国际6%的股权，专门用于管理层股权激励计划。若这6%的股权最终被兴泰集团获得，管理层将拥有双汇国际36.23%的股份。同时，通过一系列的制度安排，双汇管理层拥有双汇国际股东大会53.2%的表决权，成为双汇国际的实际控制人，并最终成为双汇发展的实际控制人。

4.双汇国际收购美国史密斯菲尔德食品公司

2013年5月29日，中国肉类产品巨头双汇国际宣布以71亿美元（折合人民币435亿元）收购世界最大肉产品公司——美国史密斯菲尔德食品公司。其中支付现金47亿美元（约人民币289亿元），并承担后者的债务约24亿美元（约人民币147亿元）。

（1）史密斯菲尔德食品公司概况。成立于1936年的史密斯菲尔德食品公司，其猪肉年屠宰能力高达约4万头，旗下拥有包括Armour、Farmland等10余个著名猪肉产品品牌。在最新的2013年《财富》全球最受赞赏公司排行榜中，史密斯菲尔德在食品生产领域中仅次于新加坡丰益国际集团（Wilmar International），位居全球第二。从史密斯菲尔德食品公布的财务报表分析，受饲料等成本上升、市场饱和、食品安全等诸多因素的影响，近年来该公司的市场经营一直陷于举步维艰的局面之中。一方面，销售额增长缓慢，基本上维持在130亿美元左右的规模。另一方面，净利润大起大落，尤其是在2013年表现糟糕。2009年受饲料成本上升等因素的影响，史密斯菲尔德食品公司出现自上市以来的首次亏损，且亏损额高达1.98亿美元。此后的2011年虽然盈利达到5.21亿美元的峰值，但以后逐年显著下滑。2012年全年实现净利润3.61亿美元，2013年则下降了一半，仅为1.83亿美元。

（2）并购估值。在收购中，双汇用现金收购其已发行在外的所有股票，比史密斯菲尔德公开声明此次交易之前最后一次开盘的收盘价还要高31%。从交易细节看，企业价值估值为71亿美元，其中股权价值为47亿美元，净负债为24亿美元；就股权对价47亿美元来看，根据2012年的利润3.6亿美元测算，静态市盈率为13倍，比较史密斯菲尔德食品公司2012年的10倍市盈率，这个对价的溢价约为31%，看起来是合理的。但如果按照在案例中的数据2013年的净利润仅为1.83亿美元测算，则动态市盈率高达25.7倍，从这个角度看，明显高了。

（3）并购融资：典型的杠杆收购（LBO）模式。双汇国际虽然是国内上市公司双汇发展（000895）的控股股东，但自身并不从事实体业务，是一家注册于开曼群岛的离岸持股壳公司。作为一家离岸持股壳公司，双汇国际所持有的现金，与71亿美元的收购对价相比，存在巨大的缺口。那么，双汇国际的巨额收购资金从哪里来呢？双汇国际的收购资金将由自有资金和外部融资完成。根据日前史密斯菲尔德食品公司向SEC提交的文件，中国银行纽约分行已经承诺向双汇提供40亿美元的定期贷款，而作为收购交易顾问的摩根士丹利亦承诺提供39亿美元的融资。也就是说，此项收购采取杠杆收购模式。在杠杆收购过程中，担任收购交易顾问的投资银行一般会事先提供过桥贷款承诺。收购执行时，如果计划通过夹层融资和高级债务等方式的收购资金来源不能实现时，投资银行就得提供过桥贷款。如果实现，则不用提供过桥贷款。在此次收购中，收购方双汇国际将以股权资金形式提供部分收购资金。摩根士丹利承诺提供的39亿美元，其中的7.5亿美元的循环信贷和16.5亿美元的定期贷款为高级债务，另外15亿美元为过桥贷款，在收购执行时，会根据实际情况转为夹层融资等。中国银行纽约分行承诺提供40亿美元的定期贷款，也是高级债务。双汇国际将以现有的中国资产和收购的史密斯菲尔德资产，抵押给提供债务资金的摩根士丹利和中国银行纽约分行。

5.双汇发展的主要财务指标

通过双汇国际、双汇集团等公司的并购与资本运作，双汇集团与双汇发展完成了战略转型，企业绩效逐年提升，双汇发展2004—2013年主要财务指标见表10-2。

表10-2 **双汇发展2004—2013年主要财务指标** 金额单位：亿元

年份	2013	2012	2011	2010	2009	2008	2007	2006	2005	2004
营业收入	449.50	397.05	358.32	363.10	283.51	260.10	218.45	154.31	134.60	100.56
毛利	48.44	35.80	16.45	16.94	12.42	9.78	7.65	6.51	6.64	4.68
净利润	38.58	28.85	13.34	11.59	9.11	6.99	5.62	4.7	3.71	2.98
资产	197.46	166.95	165.86	71.50	57.53	44.56	40.24	37.04	28.30	31.05
净资产	150.03	125.54	101.32	46.09	37.17	30.27	27.34	25.88	18.92	21.86
毛利率	10.8%	9%	4.59%	4.67%	4.4%	3.76%	3.5%	4.21%	4.93%	4.66%
销售净利润率	8.58%	7.27%	3.72%	3.2%	3.2%	2.69%	2.57%	3%	2.76%	2.96%
净资产收益率	25.7%	23%	13.2%	25.1%	24.5%	23.1%	20.6%	18.2%	19.6%	13.6%

资料来源：根据双汇发展年报数据整理。

（二）案例分析要求

1.根据双汇发展的主要财务指标，并结合其他相关信息，分析双汇集团的管理层收购（MBO）和美国密斯菲尔德食品公司收购带来的并购效应。

2.双汇国际为什么在收购中没有采用其他类型的收购方式，而是采用了杠杆收购？杠杆收购适用于哪些公司？

3.结合此案例，分析杠杆收购的利弊。

4.根据市盈率估算目标公司的价值，这是何种类型的价值评估方法？这种类型的评估方法如何应用？

5.无论从动态还是静态视角，双汇收购美国密斯菲尔德食品公司的市盈率均高于该公司被收购前的10倍市盈率（基于2012年的数据计算），为什么双汇仍然用高溢价收购了美国密斯菲尔德食品公司？

6.结合本案例，讨论：并购企业应如何合理地对目标企业进行估价？

7.分析高盛集团等外资收购双汇集团的动因？

案例二

百联集团的吸收合并案例

（一）案例资料

1.公司概况

百联集团原名为上海百联（集团）有限公司，系根据《上海市人民政府关于同意组建上海百联（集团）有限公司的批复》（沪府〔2003〕28号）批准成立。经上海市国资委《关于上海一百（集团）有限公司等四个集团国有资产划转的批复》（沪国资委产〔2003〕300号）批准，上海一百（集团）有限公司、华联（集团）有限公司、上海友谊（集团）有限公司和上海物贸（集团）总公司等4家公司的国有资产划至上海百联（集团）有限公司，并由上海百联（集团）有限公司统一经营管理。根据上海市国有资产管理办公室2003年4月颁发的《企业国有资产占有产权登记表》，上海百联（集团）有限公司成立时的注册资本为10亿元人民币。2004年6月2日，上海百联（集团）有限公司更名为百联集团有限公司。百联集团的主营业务包括超市、综合百货、物资贸易、房产置业、物流配送、电子商务等。百联集团旗下拥有百联股份、友谊股份、联华超市、第一医药、上海物贸共5家上市公司和一批享誉国内外的知名企业，是国内最大的商贸流通集团。百联集团有限公司在全国25个省市拥有7 000余家营业网点，几乎涵盖了国际商贸流通领域现有的全部业态，包括大卖场、标准超市、便利店、百货店、购物中心、奥特莱斯等。

百联股份原名上海市第一百货商店股份有限公司（以下简称“第一百货”），1992年4月经上海市人民政府财贸办公室〔92〕第147号文批准，由上海市第一百货商店（集团）公司独家发起并向社会公众公开发行人民币普通股5 300 000股后，以募集方式设立为股份有限公司。1993年2月19日，第一百货在上海证券交易所挂牌上市。2004年11月，经上海市人民政府沪府〔2004〕26号文、国务院国资委国资产权〔2004〕743号文以及中国证监会证监公司字〔2004〕84号文批复同意，并经第一百货和上海华联商厦股份有限公司股东大会表决通过，第一百货以吸收合并方式合并上海华联商厦股份有限公司（以下简称“华联商厦”）。合并成功后，第一百货更名为上海百联集团股份有限公司（股票简称：百联股份）。

友谊股份的前身为上海友谊华侨股份有限公司（以下简称“友谊华侨”），系于1993年12月31日经上海市外国投资工作委员会沪外资委批字〔93〕第1342号文、上海市人民政府财贸办公室沪府财贸〔93〕第317号文和上海市证券管理办公室沪证办〔93〕121号文批准，采用公开募集方式设立的股份有限公司。友谊华侨于1993年10月发行A股8 030 500股，发行价格为5.20元/股；并于1993年12月发行B股40 000 000股，发行价格为0.44美元/股。友谊华侨A、B股股票分别于1994年2月4日和1994年1月5日在上海证券交易所上市交易，友谊股份的股权控制关系如图10-2所示。

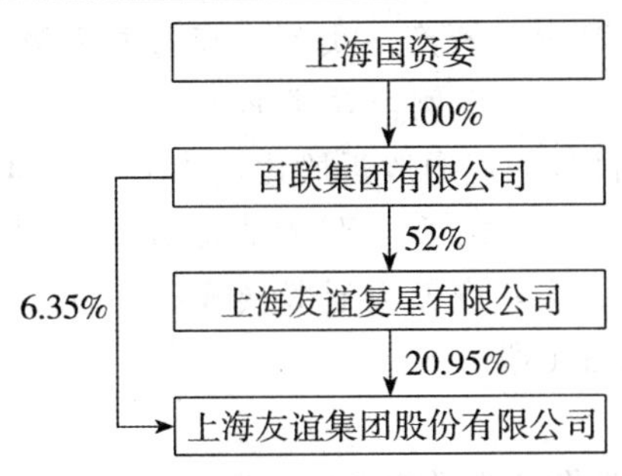

图10-2　友谊股份的股权控制关系图

注：百联集团有限公司直接持有友谊股份6.31%的A股股份，通过下属境外全资子公司昌合有限公司间接持有友谊股份0.04%的B股股份，通过上海友谊复星有限公司间接持有友谊股份20.95%的A股股份，直接和间接合计持有友谊股份27.30%的股份。

2.行业背景介绍

2000年以来，我国零售行业的市场集中度稳步攀升。根据中国商业联合会公布的中国零售百强企业及销售规模，2009年零售百强企业的总销售规模达到13 668.3亿元，较2008年增长了13.2%，前十名企业的销售总额占百强企业销售总额的比例达到46.7%，较2005年和2000年分别提高了3.5个百分点和26个百分点。零售百强企业销售总额占社会消费品零售总额的比例也保持了上升的态势，由2000年的6.6%提高到2009年的10.9%。

外资企业以大型超市为主，规模扩张明显加快。自我国全面开放零售行业以来，外资零售企业加快了在中国市场的扩张速度，销售规模和店铺数量逐年上升。在2009年中国零售百强企业中，外资企业数量已达到17家，合计销售额为2 568.4亿元，占零售百强企业销售总额的18.8%。外资零售企业的经营比较单一，主要集中在大型超市业态。在经营规模和管理效率上，外资大型超市均具有明显的优势，表现为较高的单店效益。从门店的分布来看，东部沿海发达地区是外资零售企业扩张的首要选择，但随着对中国市场的了解，外资零售企业开始逐步向内陆地区渗透，区域布局更加合理。根据中国连锁经营协会公布的统计数据，2009年5家经营大型超市业态的外资企业新开店数量合计为115家，较2008年增加了47家，其中沃尔玛的门店数增幅超过40%，新开门店主要位于非省会城市。

2010年8月，国务院颁布《国务院关于促进企业兼并重组的意见》(国发〔2010〕27号)，指出“推动优势企业实施强强联合、跨地区兼并重组、境外并购和投资合作，提高产业集中度，促进规模化、集约化经营，加快发展具有自主知识产权和知名品牌的骨干企业，培养一批具有国际竞争力的大型企业集团，推动产业结构优化升级。”在中央“保增长、扩内需、调结构”以及拉动内需、扩大消费的政策背景下，上海市政府非常重视经济结构调整，并将国资战略性重组列为经济结构调整的重点之一。百联集团作为上海最大的商业集团，也要通过股权调整，整合内部资源，为进一步跨区域兼并重组，打造具有核心竞争力的商业龙头创造条件。

3.百联股份吸收华联

为做大做强流通服务业，应对加入世界贸易组织后开放分销领域和服务贸易带来的挑战，积极参与国际合作和竞争，第一百货拟以吸收合并方式合并华联商厦。华联商厦全部非流通股折换为第一百货的非流通股，全部流通股折换为第一百货的流通股；合并完成后华联商厦的法人资格注销，其全部资产、负债、权益并入第一百货。合并方案针对非流通股和流通股分别设定两个折股比例。华联商厦和第一百货的非流通股折股比例为1：1.273，华联商厦和第一百货的流通股折股比例为1：1.114。按照1：1.273的非流通股折股比例，华联商厦非流通股换成第一百货非流通股的数量为379 523 026股；按照1：1.114的流通股折股比例，华联商厦流通股换成第一百货流通股的数量为138 656 330股，合计换股总量为518 179 356股。

4.友谊吸收百联股份

友谊股份拟以新增A股股份换股吸收合并百联股份，友谊股份为吸并方，百联股份为被吸并方。本次交易完成后，友谊股份将作为存续方，百联股份被友谊股份吸收合并后将终止上市并注销法人资格，其全部资产、负债、权益、业务和人员将并入友谊股份。在本次重组前，友谊股份主要从事零售商业业务，以连锁超市、购物中心、特色百货和装潢建材为核心业务。其中，连锁超市业务主要包括大型超市、标准超市和便利店三种业态。百联股份主要经营百货业务，由于历史原因，友谊股份亦经营一部分百货业务，由此造成两家上市公司之间在百货业务方面存在部分同业竞争。因此，百联集团亟须对这两家上市公司进行全面重组，以实现百货超市类零售业资产的整合。在本次交易后，新友谊将成为百联集团旗下经营百货和超市业务的唯一上市平台，将彻底解决友谊股份与百联股份之间的同业竞争问题。友谊股份吸收百联股份的交易路径如图10-3所示。

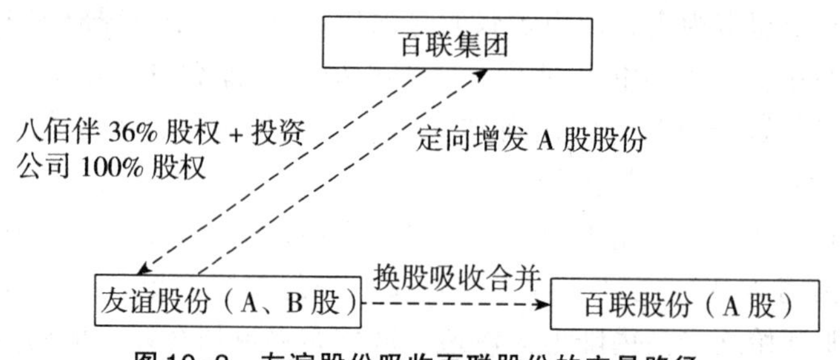

图10-3 友谊股份吸收百联股份的交易路径

资料来源：根据深圳证券交易所、巨潮网、公司公告整理。

（1）发行股份购买资产。友谊股份向百联集团发行A股股份购买百联集团持有的八佰伴36%的股权和投资公司100%的股权。本次拟购买的八佰伴36%的股权和投资公司100%的股权以资产评估值为作价依据，根据财瑞评估和东洲评估出具的资产评估报告（已经在上海市国资委备案），本次拟购买的八佰伴36%的股权的评估值为180 594.42万元，拟购买的投资公司100%的股权的评估值为290 234.31万元，两者合计为470 828.73万元。本公司拟发行302 394 810股A股作为支付对价，发行价格为公司审议本次重大资产重组事项的董事会决议公告日前20个交易日的A股股票交易均价经除息调整后的价格，即每股15.57元。

（2）友谊股份换股吸收合并百联股份。友谊股份以新增A股股份换股吸收合并百联股份。换股价格根据友谊股份和百联股份审议本次交易的董事会决议公告日前20个交易日的A股股票交易均价经除息调整后确定，分别为每股15.57元和每股13.41元，由此确定百联股份与友谊股份的换股比例为1：0.861，即每1股百联股份的A股股份换0.861股友谊股份的A股股份。

（二）案例分析要求

1.为什么百联集团的两次重大并购都选择了吸收合并这个方式？吸收合并与其他并购方式有何差异。

2.结合相关资料和其他信息，分析百联集团这两次重大并购的效应与可能存在的风险。

3.谈谈在本案例中的并购支付方式及其特点。

第三部分　参考答案

☆ 练习题参考答案

一、单项选择题

1.B　2.C　3.A　4.A　5.D　6.A　7.B　8.B　9.A　10.C　11.C　12.A　13.A　14.C　15.D　16.C　17.D　18.B　19.A　20.D　21.B　22.B　23.D　24.A　25.C　26.B　27.A　28.A　29.C　30.D　31.B　32.D　33.C　34.D　35.B　36.B　37.B　38.B　39.C

二、多项选择题

1.CDE　2.ABCD　3.ACD　4.ABC　5.ABCDE　6.ABCDE　7.BCE　8.ABCDE　9. ABCD　10. BCD　11.ABCD　12.BCD　13.ABC　14.ABCD　15.BCD　16.ABCDE　17.AE　18.ABCD　19.BCD　20.ABCD　21.ABCD　22.ABC　23.ABD　24.ACD　25.ABCD　26.ABCD　27.ABCD　28.ABCD　29.ABCD　30.ABCD　31.ABCD　32.ABC　33.ABD　34.ABCD　35.BCD　36.ABD

三、判断题

1.×　2.√　3.√　4.√　5.×　6.√　7.×　8.×　9. ×　10.√　11.×　12.×　13.×　14.×　15.×　16.×　17.√　18.×　19.×　20.√　21.√　22.√　23.√　24.√　25.×　26.×　27.×　28.×　29.×　30.×　31. ×　32.√　33.√　34.√　35.×　36.×　37. ×　38.√　39.×　40.×

四、计算分析题

1.解：

（1）运用市盈率法计算甲、乙两公司的价值。

甲公司价值=2×20×100=4 000（万元）

乙公司价值=1×10×80=800（万元）

（2）计算并购收益和并购净收益。

并购收益=5 100-（4 000+800）=300（万元）

并购费用=50+30+10=90（万元）

并购溢价=11.25×80-800=100（万元）

并购净收益=300-100-90=110（万元）

因为并购净收益大于0，所以，依据并购净收益可以作出甲公司并购乙公司的判断。

2.解：

（1）股票交换比率为：$\frac{15}{20}=0.75$

甲企业的0.75股相当于乙企业的1股。

并购后甲企业股东每股收益= $\frac{500+100}{200+75}$ =2.18（元）

并购前甲企业股东每股收益=500÷200=2.5（元）

每股收益下降额=2.5-2.18=0.32（元）

并购后原乙企业股东每股收益=2.18×0.75=1.635（元）

并购前原乙企业股东每股收益=100÷100=1（元）

每股收益提高额=1.635-1=0.635（元）

（2） $\frac{500+100}{200+100\times R_1}$ =2.5

R_1=0.4

以每0.4股甲企业股票交换1股乙企业股票。

3.解：

（1）并购收益=并购后的市场价值-并购前各公司的市场价值

=15 000-（8 000+2 000）=5 000（万元）

（2）并购溢价=2 500-2 000=500（万元）

（3）并购净收益=并购收益-并购溢价-并购费用

=5 000-500-500=4 000（万元）

或：并购净收益=并购后的企业价值-并购前甲公司的市场价值-并购交易价格-并购费用

=15 000-8 000-2 500-500=4 000（万元）

4.解：

200×20%-200× $\frac{1}{2}$ ×10%=30（万元）

30×（1-25%）=22.5（万元）

22.5×25=562.5（万元）

5.解：

加权平均资本成本=6%×0.5+10%×0.5=8%

甲公司当期的经济利润=（14%-8%）×1 500=90（万元）

6.必要报酬率=7%+0.9×（12%-7%）=11.5%

股价=1×（1+6%）÷（11.5%-6%）=19.3（元）

销售乘数=19.3÷100=0.193

五、综合题

1.解：

（1）B公司今后5年的现金流量预测如下：

①100×1.25=125（万元）

②125×1.25=156.25（万元）

③156.25×1.25=195.31（万元）

④195.31×1.25=244.14（万元）

⑤244.14×1.25=305.18（万元）

（2）加权平均资本成本为：

40%×10%+［8%+1.2×（13%-8%）］×60%=12.4%

B公司价值为：

$$\frac{125}{(1+12.4\%)^1}+\frac{156.25}{(1+12.4\%)^2}+\frac{195.31}{(1+12.4\%)^3}+\frac{244.14}{(1+12.4\%)^4}+\frac{305.18}{(1+12.4\%)^5}=695.49\text{（万元）}$$

A公司尚有资金缺口95.49万元（695.49-600），如不运用其他融资方式或改变并购方式，则无法实现并购。

2.解：

（1）由于双方处于同一行业，因此，该并购属于横向并购。

（2）①该并购有助于企业发挥协同效应：并购之后，两家公司的资源共享，有助于企业整合资源。另外，可以通过共用采购、销售渠道，扩大采购和销售的规模，提高规模经济效益。②该并购有助于企业迅速实现规模扩张，确立浙江胜利机电公司在行业中的领先地位：并购之后，由于生产同类产品，所以可以迅速扩大该公司的生产规模。因浙江胜利机电公司与浙江航电公司势均力敌，在行业中并不占有优势地位，并购有助于确立浙江胜利机电公司在行业中的优势地位。

（3）尽职调查结果显示的不利事项可能会减少净资产400万元（补提50%的坏账准备和辞退福利）。该公司用账面价值作为评估价值，此方法忽略了无形资产价值，这个价值可能远远大于400万元。结合协同效应分析，该项目是物有所值的。

（4）广东通用机械公司需要赔偿1 000万元的概率为80%，赔偿2 000万元的概率为50%。确实带来了较大损失，但是如果放弃，把机会留给对手，将带来一大笔机会成本，并在将来的竞争中失去市场和机会。同时，这个损失还应与并购效应和无形资产价值进行权衡。综合分析，浙江胜利机电公司应继续实施并购。

3.解：

（1）从行业相关性角度，杭州新软公司并购成都科创公司属于横向并购。理由：杭州新软公司与成都科创公司属于经营同类业务的企业。从被并购企业的意愿角度，杭州新软公司并购成都科创公司属于善意并购。理由：并购双方经过多次的沟通，并于2017年3月最终达成一致；在并购洽谈期间，并购双方并未发生敌意收购那种强力冲突和对抗。这说明，该并购行为是善意并购。

（2）股权资本成本Re=6%+1.48×（12%-6%）=14.88%

债务资本成本Rd=8%×（1-15%）=6.8%

加权平均资本成本Rwacc=14.88%×50%+6.8%×50%=10.84%

（3）

调整后成都科创公司2016年税后利润=200-10=190（万元）

成都科创公司价值=190×15=2 850（万元）

（4）计算并购收益和并购净收益

并购收益=30 000-（20 000+2 850）=7 150（万元）

并购溢价=3 000-2 850=150（万元）

并购净收益=7 150-150-50=6 950（万元）

杭州新软公司并购成都科创公司后能够产生6 950万元的并购净收益，并购净收益>0，从财务管理角度分析，此项并购交易可行。

4.解：

ABC公司未来5年内每年自由现金流量计算见表10-3。

表10-3 ABC公司未来5年内每年自由现金流量计算表 单位：万元

年份	1	2	3	4	5
销售收入	20 000	21 000	22 000	23 000	24 000
息税前利润	2 000	2 100	2 200	2 300	2 400
每年支付利息	4 000×10%=400	（4 000−800）×10%=320	（3 200−800）×10%=240	（2 400−800）×10%=160	（1 600−800）×10%=80
税前利润	1 600	1 780	1 960	2 140	2 320
税后净利润	1 200	1 335	1 470	1 605	1 740
每年年末还贷	800	800	800	800	800
增加固定资产		（21 000−20 000）×10%=100	（22 000−21 000）×10%=100	（23 000−22 000）×10%=100	（24 000−23 000）×10%=100
增加营运资本		（21 000−20 000）×5%=50	50	50	50
自由现金流量	400	385	520	655	790

子公司的价值=400×（P/F，10%，1）+385×（P/F，10%，2）+520×（P/F，10%，3）+655×（P/F，10%，4）+790×（P/F，10%，5）+ $\frac{790\times(1+2\%)}{10\%-2\%}$ ×（P/F，10%，5）

=8 264.3713（万元）

由于并购价值高于5 000万元的价格，所以子公司能顺利出售。

☆ 案例分析题要点与提示

案例一

1.并购效应有：管理、经营和财务方面的协同效益。从几次并购（或被并购）的时间分析，公司的盈利能力均有较好的提升，资产规模和销售规模都有较大提升。(学生分析时，需详细列举数据)。另外，双汇希望借力其品牌优势走向国际市场，并引入全球领先的生产技术和食品安全管理体系；高盛入主双汇，不仅“帮助双汇理清产权体系，打通国际资本市场的融资通道”，更是大大提升了双汇的“分配制度、管理水平、核心竞争力、员工素质、品牌的国际知名度、企业的国际影响力”。

2.双汇国际为什么在收购中没有采用其他类型的收购方式，而是采用了杠杆收购？大致原因如下：双汇国际没有自身实业，仅为一家离岸持股壳公司；杠杆收购具有其特有的益处。

杠杆收购往往适用于具有以下特点的目标公司：强劲、稳固的市场地位；稳定的、可预测的现金流；拥有坚实的抵押资产基础；资产负债率较低；资本性支出较低；有减少开支的潜力；资产可剥离。

3.分析杠杆收购的利弊。

（1）杠杆收购的好处：从战略上看，本次是控制权的并购，双汇可以获得战略资源、扩大规模、引入先进技术与管理经验，符合公司整体发展战略，目标公司股东亦有权要求较高的溢价。通过夹层融资和高级债务形式的杠杆融资，收购方只要支付整个收购价格的20%～30%的资金，就能收购整个目标公司。如果没有杠杆融资，此次双汇国际亦不可能收购史密斯菲尔德。高级债务和夹层融资的提供者被优先支付固定收益，项目收益率超过上述固定收益率的部分，亦归属于股权投资者。因此，在一项成功的杠杆收购中，作为股权投资者的收购方通常会获得更高的收益回报。此外，债务利息的税收减免效应能够创造更大的价值。

（2）杠杆收购的弊端：高额利息支付导致固定成本支出增加，目标公司应对商业周期衰退的能力将会减弱。而金融危机、经济衰退、政策调整等不可预见事件将极大提高风险。此外，如果目标公司的经营管理不善、管理层与收购方动机不一致亦会威胁杠杆收购的成功。

4.根据市盈率估算目标公司价值，属于相对价值评估方法。其应用方法是：确定公司的盈利水平；确定行业内可比企业的平均市盈率；用平均市盈率乘以盈利水平。

5.股票的交易价格在一定程度上代表了企业资产的价值。但由于经济情况、市场环境、投资者心理预期和时机等因素的影响，股票的价格与其市场价值并不必然完全等同。同时，双汇购买的是史密斯菲尔德的控股股权，与证券市场上流通的非控股股权存在本质区别。对于控股股权，投资者通常需要支付控股权溢价。因此，在采用市场法进行估值的时候，要充分关注估值时点，考虑交易当时的经济情况、市场环境等因素，并适当考虑控股权溢价或少数股权折价的影响。

6.结合公司实际，综合考虑各种价值评估方法，并简要分析各种价值评估方法对本案例的适用性。

7.高盛集团等外资收购双汇集团的动因：帮助美国史密斯菲尔德食品公司顺利进入中国市场；成功的财务投资和战略投资者，获得最大收益。

案例二

1.（1）选择吸收合并方式的原因：减少不公正的关联交易，促进证券市场的健康发展；构建新的资本运作平台，为公司拓宽融资渠道。

（2）吸收合并与其他并购方式的区别：吸收合并，是指两个或两个以上的公司合并后，其中一个公司吸收其他公司而继续存在，而剩余公司主体资格同时消灭的公司合并。合并方（或购买方）通过企业合并取得被合并方（或被购买方）的全部净资产，合并后注销被合并方（或被购买方）的法人资格，被合并方（或被购买方）原持有的资产、负债，在合并后成为合并方（或购买方）的资产、负债。其他并购方式主要有收购，即一个公司通过产权交易取得其他公司一定程度的控制权，以实现一定经济目标的经济行为。在吸收合并中，被合并企业作为法人实体不复存在；而在收购中，被收购企业可仍以法人实体存在，其产权可以是部分转让。吸收合并后，兼并企业成为被兼并企业新的所有者和债权、债务的承担者，是资产、债权、债务的一同转换；而在收购中，收购企业是被收购企业的新股东，以收购出资的股本为限承担被收购企业的风险。吸收合并后一般需调整其生产经营、重新组合其资产；而收购一般发生在企业正常的生产经营状态，产权流动比较平和。

2.百联集团这两次重大并购的效应与可能存在的风险。

（1）实现商业资源一体化，打造大型上市商业集团。从产业整合角度，百联集团亟须建立统一的百货超市类产业平台，实现商业资源一体化，发挥两种业态的联动优势及协同效应，打造一家大型的上市商业集团。

（2）解决上市公司之间的同业竞争问题。百联股份主要经营百货业务，由于历史原因，友谊股份亦经营一部分百货业务，由此造成两家上市公司之间在百货业务方面存在部分同业竞争。因此，百联集团亟须对这两家上市公司进行全面重组，以实现百货超市类零售业资产的整合。在本次交易后，新友谊将成为百联集团旗下经营百货和超市业务的唯一上市平台，彻底解决友谊股份与百联股份之间的同业竞争问题。新友谊将集聚百联集团的优质百货类和超市类资产，成为国内综合实力最强的零售业上市公司之一。

（3）做实公司主业，改善治理结构。在本次重组前，友谊股份为一家控股型公司，主要持有联华超市34.03%股权，通过对联华超市的投资收益来获取经营利润，而联华超市是一家在中国香港联合交易所上市的公司。本次重组一方面增加了友谊股份对联华超市的控股比例，另一方面将通过本次交易取得百联集团与百联股份旗下的百货业务，有效解决友谊股份自身的主营业务定位问题，并进一步完善管理架构和公司治理结构，有助于增强上市公司的可持续经营能力。

（4）整合带来的协同效应。合并之后公司将实行统一采购、物流资源共享，可以优化公司的集合管理水平，降低管理成本；并通过差异化定位等方式整合业态，可以更好地满足市场的差异化需求，发挥协同效应，实现上市公司综合盈利能力的提升。

（5）公司所面临的风险："大而全"的经营模式最终能否有效转化为"大而强"的核心竞争力，内部控制制度的优化、管理协作、效率提升将是最具挑战性的关键因素。

3.在本案例中的并购支付方式是以股票支付为主，现金支付为辅。

附录一　综合模拟试卷

模拟试卷（A）

考试方式：＿闭卷＿完成时限：＿120分钟＿

班级名称：＿＿＿＿＿＿学号：＿＿＿＿＿＿姓名：＿＿＿＿＿＿

题　号	一	二	三	四	五	总分
分　值	20	10	10	10	50	100
得　分						
阅卷人						

一、单项选择题（每小题1分，共20分；每小题只有一个恰当选项，请将恰当选项的字母写入题后答卷相应位置）

1.企业财务管理的最佳目标应是（　　）。

A.利润最大化　　B.资本利润最大化　　C.企业价值最大化　　D.每股利润最大化

2.投资者对待风险的态度应该是（　　）。

A.避免风险　　B.敢于冒险

C.不考虑风险大小　　D.认真权衡收益与风险的关系

3.对证券持有人而言，证券发行人无法按期支付债券利息或偿付本金的风险是（　　）。

A.流动性风险　　B.系统风险　　C.违约风险　　D.购买力风险

4.A方案在3年中每年年初付款100元，B方案在3年中每年年末付款100元，若利率为10%，则二者在第3年年末时的终值相差（　　）元。

A.33.1　　B.31.3　　C.133.1　　D.13.31

5.采用销售百分比法预测资金需要量时，下列项目中被视为不随销售收入的变动而变动的是（　　）。

A.库存现金　　B.应付账款　　C.存货　　D.公司债券

6.在企业总资产周转次数为1.6时，会引起该指标下降的经济业务是（　　）。

A.销售商品取得收入　　B.借入一笔生产资金借款

C.用银行存款购入一台设备　　D.用银行存款支付一年的电话费

7.一项500万元的借款，借款期为5年，年利率8%，若每半年复利一次，年实际利率会高出名义利率（　　）。

A.4%　　B.0.24%　　C.0.16%　　D.0.8%

8.普通股价格10.5元，筹资费用每股0.5元，第一年支付股利1.5元，股利增长率为5%，则该普通股的成本最接近于（　　）。

A.10.5%　　B.15%　　C.19%　　D.20%

9.下列筹资方式中，资本成本最高的一种是（　　）。

A.普通股　　B.优先股　　C.长期债券　　D.长期借款

10.在公司资本结构决策中，如果负债比率由低调高，则对公司股东产生的影响是（　　）。

A.可能会降低公司加权资本成本，从而增大股东价值

B.提高公司的经营风险

C.降低股东承受的风险

D.增加财务杠杆，从而降低股东收益

11.某企业去年的销售净利率为5.73%，资产周转率为2.17%；今年的销售净利率为4.88%，资产周转率为2.88%。若两年的资产负债率相同，今年的权益净利率与去年相比变化趋势为（　　）。

A.下降　　B.不变　　C.上升　　D.难以确定

12.若净现值为负数，表明该投资项目（　　）。

A.为亏损项目，不可行

B.它的投资报酬率没有达到预定的贴现率，不可行

C.它的投资报酬率小于0，不可行

D.它的投资报酬率不一定小于0，因此也可能是可行方案

13.已知某投资项目的原始投资额为100万元，建设期为2年，投产后第1—8年每年的现金净流量为25万元，第9、10年每年的现金净流量为20万元，则该项目包括建设期的回收期为（　　）。

A.4年　　B.5年　　C.6年　　D.7年

14.β系数可以衡量（　　）。

A.个别公司股票的市场风险　　B.个别公司股票的特有风险

C.所有公司股票的市场风险　　D.所有公司股票的特有风险

15.一般而言，下列证券的风险程度由小到大的顺序是（　　）。

A.政府证券、公司证券、金融证券　　B.金融证券、政府证券、公司证券

C.公司证券、政府证券、金融证券　　D.政府证券、金融证券、公司证券

16.当两种证券完全正相关时，由此所形成的证券组合（　　）。

A.能分散一定程度的风险

B.不能分散风险

C.证券组合风险小于单项证券风险的加权平均

D.可分散全部风险

17.某企业全年需要用A材料2 400吨，每次订货成本为400元，每吨材料年储存成本为12元，则全年最佳订货次数为（　　）次。

A.12　　B.6　　C.3　　D.4

18.某公司的经营杠杆系数为1.8，财务杠杆系数为1.5，则该公司销售额每增长1倍，就会造成每股收益增加（　　）倍。

A.1.2 B.1.5 C.0.3 D.2.7

19.应收账款的机会成本是指（ ）。

A.应收账款不能收回而发生的损失 B.调查顾客信用情况的费用

C.应收账款占用资金的应计利息 D.催收账款发生的各项费用

20.A公司只生产经营单一产品，其单位变动成本为10元，计划销售量1 000件，每件售价15元。如果公司想实现利润800元，则固定成本应控制在（ ）元。

A.4 200 B.4 800 C.5 000 D.5 800

二、多项选择题（每小题2分，共10分；在备选答案中选择两个或两个以上恰当的答案，将其字母填入题后答卷相应位置，多选或漏选不得分）

1.企业降低经营风险的途径一般有（ ）。

A.增加销售量 B.增加自有成本 C.降低变动成本

D.降低固定成本比例 E.提高产品售价

2.公司资本结构最佳时，应该（ ）。

A.资本成本最低 B.财务风险最小 C.经营杠杆系数最大

D.债务资金最多 E.公司价值最大

3.下列几个因素中，影响内含报酬率的是（ ）。

A.银行存款利率 B.银行贷款利率 C.投资项目有效年限

D.初始投资金额 E.企业最低投资收益率

4.股票投资的缺点是（ ）。

A.购买力风险高 B.求偿权居后

C.价格不稳定 D.收益不稳定

5.影响收益分配政策的公司因素包括（ ）。

A.公司举债能力 B.未来投资机会

C.资产流动状况 D.筹资成本

三、判断题（每小题1分，共10分；正确的在题后答卷相应位置内打√，错误的打×）

1.如果项目净现值小于零，即表明该项目的预期利润小于零。 （ ）

2.所有企业或投资项目面临的系统性风险是相同的。 （ ）

3.因为现金的管理成本是相对固定的，所以在确定现金最佳持有量时，可以不考虑它的影响。 （ ）

4.与发放现金股利相比，股票回购可以提高每股收益，使股价上升或维持在一个合理的水平上。 （ ）

5.风险与收益对等原则意味着，承受任何风险都能得到相应的收益回报。 （ ）

6.一般认为，奉行激进型筹资政策的企业，其资本成本较低，但风险较高。 （ ）

7.某企业以“2/10，N/40”的信用条件购入原料一批，若企业延至第30天付款，则可计算得出其放弃现金折扣的机会成本为36.73%。 （ ）

8.公司奉行剩余股利政策的目的是保持理想的资本结构；采用固定股利政策主要是为

了维持股价。固定股利支付率政策将股利支付与公司盈利紧密相连，而低正常股利加额外股利政策使公司在股利支付中较具有灵活性。（　　）

9.当代证券组合理论认为，不同股票的投资组合可以降低风险，股票的种类越多，风险越小，包含全部股票的投资组合风险为零。（　　）

10.收购股权和收购资产的主要差别是：收购股权是购买目标企业的股份，不承担该企业的债权和债务；收购资产是购买目标企业所有的资产，因此也包括目标企业的债权和债务。（　　）

四、简答题（列示要点，每题5分，共10分）

1.为什么说进行投资决策时使用折现现金流量指标更合理？

2.试分析公司债券发行价格的决定因素。

五、计算分析题（共50分，要求有计算分析过程）

1.资料：A公司股票的β系数为2.0，无风险利率为6%，股票的平均必要报酬率为10%。

要求：

（1）若该股票为固定成长股票，投资人要求的必要报酬率一直不变，股利成长率为4%，预计一年后的股利为1.5元，则该股票的价值为多少？（4分）

（2）若股票未来3年的股利为零成长，每年股利额为1.5元，预计从第4年起转为正常增长，增长率为6%，同时β系数变为1.5，其他条件不变，则该股票的价值为多少？（6分）

2.资料：AS公司正在考虑开发一种新产品。假定该产品行销期估计为5年，5年后停产。生产该产品获得的收入和需要的成本等有关资料如下所示：

投资购入机器设备　　100 000元

投产需垫支流动资本　　50 000元

每年的销售收入　　80 000元

每年的材料、人工等付现成本　　50 000元

前4年每年的设备维修费　　2 000元

5年后设备的残值　　10 000元

假定该项新产品的投资报酬率为10%，不考虑所得税。

要求：

（1）计算项目各年的现金净流量。（3分）

（2）计算该项目的内部收益率。（5分）

（3）用内部收益率指标对该项新产品开发方案是否可行作出评价。（2分）

3.资料：已知某公司当前的资本结构见下表：

筹资方式	金额（万元）
长期债券（年利率8%）	1 000
普通股（4 500万股）	4 500
留存收益	2 000
合 计	7 500

因生产发展需要，公司年初准备增加资本2 500万元。现有两个筹资方案可供选择：甲方案为增加发行1 000万股普通股，每股市价2.5元；乙方案为按面值发行每年年末付息、票面利率为10%的公司债券2 500万元。假定股票与债券的发行费用可以忽略不计，企业所得税税率为25%。

要求：

（1）计算两种筹资方案下每股收益无差别点的息税前利润。（4分）

（2）计算处于每股收益无差别点时乙方案的财务杠杆系数。（4分）

（3）如果公司预计息税前利润为1 200万元，指出该公司应采用的筹资方案。（2分）

4.资料：某公司目前的年度赊销收入为5 500万元，总成本为4 850万元（其中固定成本1 000万元），信用条件为“N/30”，资金成本率为10%。该公司为扩大销售，拟订了A、B两个信用条件方案（一年按360天计算）。

A方案：将信用条件放宽到“N/60”，预计坏账损失率为4%，收账费用为80万元，预计赊销收入会增加10%。

B方案：将信用条件放宽为“2/10，1/20，N/60”，预计赊销收入会增加20%，估计约有70%的客户（按赊销额计算）会利用2%的现金折扣，10%的客户会利用1%的现金折扣，平均坏账损失率为3%，收账费用为60万元。

要求：计算A、B两个方案的税前损益，并确定该公司应选择何种方案。（10分）

5.资料：A公司2017年度财务资料如下：

A公司资产负债表（简表）

2017年12月31日　　　　单位：千元

资产		负债和所有者权益	
货币资金（年初400）	500	应付账款	1 000
应收账款（年初2 200）	2 000	其他流动负债	750
存货（年初900）	1 000	流动负债合计	1 750
流动资产合计	3 500	长期负债	1 750
固定资产净额（年初5 000）	5 000	股本	5 000
资产总计（年初8 500）	8 500	负债和所有者权益总计	8 500

A公司净利润计算表

2017年度　　　　单位：千元

项目	本期金额
销售收入	12 000
销售成本	10 000
毛利	2 000
管理费用	1 160
利息费用	300
税前利润	540
所得税	162
净利润	378

该公司当期向外赊购净额为10 000千元，销售净利率、资产净利率与权益净利率的行业值分别为3.5%、5%和8.3%。

要求：

（1）根据资料，填写下列财务比率计算表（一年按360天计算）。（6分）

财务比率计算表

比率名称	A公司	行业
流动比率		1.98
速动比率		1.33
资产负债率		40%
利息保障倍数		3.8
存货周转率		10次
应付账款周转率		8次

（2）评价企业的短期偿债能力和长期偿债能力，并指出存在的问题，说明问题产生的原因。（4分）

参考答案（A）

一、单项选择题

1.C　2.D　3.C　4.D　5.D　6.B　7.C　8.D　9.A　10.A　11.C　12.B　13.C　14.A　15.D　16.B　17.B　18.D　19.C　20.A

二、多项选择题

1.ACDE　2.AE　3.CD　4.BC　5.ABCD

三、判断题

1.×　2. ×　3.√　4.√　5.×　6.√　7.√　8.√　9.×　10.×

四、简答题

1.（1）非折现指标把不同时间点上的现金收入和支出当作毫无差别的资金进行对比，忽略了资金的时间价值因素，这是不科学的。折现指标则把不同时间点收入或支出的现金按照统一的折现率折算到同一时间点上，使不同时期的现金具有可比性，这样才能作出正确的投资决策。

（2）非折现指标中的投资回收期法只能反映投资的回收速度，不能反映投资的主要目标——净现值的多少。同时，由于投资回收期没有考虑时间价值因素，因而高估了投资的回收速度。

（3）投资回收期、平均报酬率等非折现指标对使用寿命不同、资金投入的时间和提供收益的时间不同的投资方案缺乏鉴别能力。折现指标法则可以通过净现值、报酬率和获利指数等指标，有时还可以通过净现值的年均化方法进行综合分析，从而作出正确、合理的决策。

（4）非折现指标中的平均报酬率、平均会计报酬率等指标，由于没有考虑资金的时间价值，实际上夸大了项目的盈利水平。折现指标中的报酬率是以预计的现金流量为基础，考虑了货币的时间价值以后计算出的真实报酬率。

（5）在运用投资回收期这一指标时，标准回收期是方案取舍的依据，但标准回收期一般都是以经验或主观判断为基础来确定的，缺乏客观依据。贴现指标中的净现值和内含报酬率等指标实际上都是以企业的资本成本为取舍依据的。任何企业的资本成本都可以通过计算得到。因此，这一取舍标准符合客观实际。

2.公司债券发行价格高低主要取决于下列4个因素：

（1）债券面额。债券的票面金额是决定债券发行价格最基本的因素。债券发行价格的高低从根本上取决于债券面额的大小。一般而言，债券面额越大，发行价格越高。但是，如果不考虑利息因素，债券面额是债券到期价值，即债券的未来价值，而不是债券的现在价值，即发行价格。

（2）票面利率。债券的票面利率是债券的名义利率，通常在发行债券之前就已确定，并注明于债券票面上。一般而言，债券的票面利率越高，发行价格就越高；反之，发行价格越低。

（3）市场利率。债券发行时的市场利率是衡量债券票面利率的参照系，两者往往不一致，因此共同影响债券的发行价格。一般来说，市场利率越高，债券的发行价格越低；反之，债券的发行价格越高。

（4）债券期限。同银行借款一样，债券的期限越长，债权人的风险越大，要求的利息报酬就越高，债券的发行价格可能较低；反之，债券的发行价格可能较高。债券的发行价格是上述4个因素综合作用的结果。

五、计算分析题

1.（1）A公司股票的必要报酬率=6%+2.0×（10%-6%）=14%

股票价值=1.5÷（14%-4%）=15（元）

（2）A公司股票的必要报酬率=6%+1.5×（10%-6%）=12%

股票价值=1.5×（P/A，12%，3）+1.5×（1+6%）÷（12%-6%）×（P/F，12%，3）

=1.5×2.4018+26.5×0.7118

=22.4654（元）

2.（1）NCF_0=固定资产投资+垫支的流动资本

=-100 000-50 000=-150 000（元）

NCF_{1-4}=销售收入-付现成本

=80 000-50 000-2 000=28 000（元）

NCF_5=销售收入-付现成本+残值+回收垫支的流动资本

=80 000-50 000+10 000+50 000

=90 000（元）

（2）由于投产各年的经营净现金流量不等，所以采用试算法进行测试。

从9%开始逐次测试。

当折现率为9%时：

NPV=-150 000+28 000×（P/A，9%，4）+90 000×（P/F，9%，5）

=-780 （元）

因为NPV为负数，必须用一个更小的折现率8%来测试：

NPV=-150 000+28 000×（P/A，8%，4）+90 000×（P/F，8%，5）

=4 026（元）

用插值法计算内部收益率：

IRR=8.84%

（3）内部收益率8.84%<投资报酬率10%，所以该方案不可行。

3.（1）每股收益无差别点的计算如下：

$$\frac{(EBIT-1\,000\times8\%)\times(1-25\%)}{4\,500+1\,000}=\frac{(EBIT-1\,000\times8\%-2\,500\times10\%)\times(1-25\%)}{4\,500}$$

由上式可以得出：EBIT=1 455（万元）

（2）乙方案的财务杠杆系数为：

$$DFL=\frac{1\,455}{1\,455-1\,000\times8\%-2\,500\times10\%}=1.29$$

（3）如果公司的预计息税前利润为1 200万元，公司应采用甲方案。

4.变动成本率=（4 850-1 000）÷5 500×100%=70%

B方案的平均收账天数=10×70%+20×10%+60×20%=21（天）

A、B方案的比较见下表：

A、B方案的比较 单位：元

项 目	A方案	B方案
赊销收入	5 500×（1+10%）=6 050	5 500×（1+20%）=6 600
变动成本	6 050×70%=4 235	6 600×70%=4 620
现金折扣成本	0	6 600×2%×70%+6 600×1%×10%=99
机会成本	（6 050÷360）×60×70%×10%=70.58	（6 600÷360）×21×70%×10%=26.95
坏账成本	6 050×4%=242	6 600×3%=198
收账费用	80	60
税前损益	1 422.42	1 596.05

因为B方案的税前损益大于A方案，所以应选择B方案。

5.（1）

财务比率计算表

比率名称	A公司	行业
流动比率	2	1.98
速动比率	1.43	1.33
资产负债率	41.18%	40%
利息保障倍数	2.8	3.8
存货周转率	10.53次	10次
应付账款周转率	10次	8次

上述各财务比率具体计算过程省略。

(2) 该公司的流动比率和速动比率分别为2和1.43，且都比行业值略好，说明其短期偿债能力较强。该公司的资产负债率为41.18%，利息保障倍数为2.8，从长期看，该公司具有正常的债务偿付能力。虽然如此，但是与行业相比，资产负债率大于行业值且利息保障倍数小于行业值，说明该公司的长期偿债能力在行业中相对较弱。其原因不是负债过高，而是盈利能力较低。其销售净利率、资产净利率与权益净利率分别为3.15%、4.45%、7.56%，都低于行业值。

模拟试卷（B）

考试方式：闭卷　完成时限：120分钟

班级名称：　　　学号：　　　姓名：

题　号	一	二	三	四	五	总分
分　值	20	10	10	10	50	100
得　分						
阅卷人						

一、单项选择题（每小题1分，共20分；每小题只有一个恰当选项，请将恰当选项的字母写入题后答卷相应位置）

1.企业财务管理目标的最优表达是（　　）。

A.利润最大化　　B.每股利润最大化

C.企业价值最大化　　D.资本利润最大化

2.企业与债权人的财务关系在性质上是一种（　　）。

A.经营权与所有权关系　　B.债权债务关系

C.投资与被投资关系　　D.委托代理关系

3.偿债基金系数和（　　）互为倒数。

A.普通年金现值系数　　B.普通年金终值系数

C.复利现值系数　　D.复利终值系数

4.一般情况下，无风险利率是指没有通货膨胀时的（　　）利率。

A.股票　　B.企业债券　　C.国库券　　D.银行存款

5.某企业取得3年期长期借款300万元，年利率为9.5%，每年付息一次，到期一次还本，筹资费用率为5%，企业所得税税率为25%，则该项长期借款的资金成本为（　　）。

A.9.5%　　B.7.125%　　C.10%　　D.7.5%

6.某股份公司成立时初次发行股票的发行价格以公司过去3年已实现每股税后利润算术平均值为依据，根据会计师事务所审定改制前3年的每股税后利润分别为0.6元、0.6元和0.8元，发行价格按15倍市盈率确定。计算该公司的股票发行价格为（　　）元。

A.15　　B.12　　C.10　　D.16

7.（　　）是现金流入量和现金流出量的差额。

A.现金净流量　　B.净现值　　C.营业收入　　D.付现成本

8.以下关于债券筹资的评述正确的是（　　）。

A.降低财务风险　　B.提高公司信誉等级

C.削弱股东对公司的控制权　　D.没有参与企业经营管理的权利

9.信用条件不包括（　　）。

A.信用期　　B.现金折扣期　　C.现金折扣率　　D.坏账损失率

10.在采用成本模式确定最佳现金持有量时，不考虑（　　）的影响。

A.机会成本　　B.短缺成本　　C.转换成本　　D.管理成本

11.杜邦分析体系的核心指标是（ ）。

A.资产报酬率　　B.销售净利率

C.净资产收益率　　D.总资产周转率

12.某种股票当前的市场价格是40元，过去一期的每股股利是2元，预期的股利增长率是5%，则其市场决定的预期收益率为（ ）。

A.5%　　B.5.5%　　C.10%　　D.10.25%

13.筹资风险是指由于负债筹资而引起的（ ）的可能性。

A.企业破产　　B.资本结构失调

C.企业发展恶性循环　　D.到期不能偿债

14.当资产息税前利润率大于债务资金成本率时，筹集（ ）有利于企业获得财务杠杆利益。

A.资本金　　B.债务资金　　C.留存收益资金　　D.股票资金

15.持有过量现金可能导致的不利后果为（ ）。

A.财务风险加大　　B.收益水平下降

C.偿债能力下降　　D.资产流动性下降

16.假定某公司普通股预计支付股利为每股1.8元，每年股利预计增长率为10%，权益资本成本为15%，则普通股内在价值为（ ）元。

A.10.9　　B.36　　C.19.4　　D.7

17.我国上市公司不得用于支付股利的权益资金是（ ）。

A.资本公积　　B.任意盈余公积

C.法定盈余公积　　D.上年未分配利润

18.按照我国法律规定，股票不得（ ）。

A.溢价发行　　B.折价发行　　C.市价发行　　D.平价发行

19.某公司发放股利前普通股为300 000股，拟发放45 000股的股票股利。已知发放股利前每股收益为3.68元，发放股票股利后的每股收益将为（ ）元。

A.3.20　　B.3.68　　C.3.50　　D.4.20

20.并购活动能够完成的基本条件之一是并购对双方在财务上都有利，为此（ ）。

A.并购溢价应大于零

B.并购净收益应大于零

C.并购溢价和并购净收益均应大于零

D.并购溢价和并购收益均应大于零

二、多项选择题（每小题2分，共10分；在A、B、C、D四个备选答案中，选择两个或两个以上恰当的答案，请将其字母填入题后答卷相应位置，多选或漏选不得分）

1.利润最大化目标的缺陷包括（ ）。

A.没有考虑资金时间价值　　B.没有反映创造利润与投入资本的关系

C.没有考虑风险因素　　D.可能导致企业短期行为

2.企业给对方提供优厚的信用条件，能扩大销售，增强竞争力，但也面临各种成本。这些成本主要有（　　）。

A.管理成本　　B.坏账成本

C.现金折扣成本　　D.应收账款机会成本

3.评价投资方案的投资回收期指标的主要特点有（　　）。

A.不能衡量企业的投资风险　　B.没有考虑资金时间价值

C.没有考虑回收期后的现金流量　　D.不能衡量投资方案报酬率的高低

4.下列系数中互为倒数的有（　　）。

A.复利终值系数和复利现值系数　　B.普通年金现值系数和资本回收系数

C.普通年金终值系数和偿债基金系数　　D.普通年金终值系数和普通年金现值系数

5.企业6月25日按"1/30，N/60"的条件购入货物100万元，如果企业目前短期借款的利息率为5%，并可于30天内归还，则企业（　　）。

A.应在6月25日还款　　B.应在7月25日还款

C.应在8月4日还款　　D.从银行贷款99万元

三、判断题（每小题1分，计10分；正确的在题后答卷相应位置内打√，错误的打×）

1.如果项目净现值小于零，即表明该项目的预期利润小于零。（　　）

2.所有企业或投资项目所面临的系统性风险是相同的。（　　）

3.流动比率、速动比率及现金比率是用于分析企业短期偿债能力的指标，这三项指标在排序逻辑上一个比一个谨慎，因此，其指标值一个比一个更小。（　　）

4.预期收益率等于无风险收益率与风险收益率之和。（　　）

5.股票股利不会改变股东权益总额，也不会改变股东权益的内部组成比例。（　　）

6.使某投资方案净现值小于零的折现率，一定小于该投资方案的内含报酬率。（　　）

7.采用银行业务集中法或邮政信箱法可以缩短收现时间的原因是这两种方法可以使企业加速票据邮寄时间、票据停留时间和票据结算时间。（　　）

8.在资本限量决策和项目选择中，只要项目的预期内含报酬率高于设定的加权平均资本成本，则被选项目都是可行的。（　　）

9.公司提取的盈余公积金，可用于弥补公司亏损、扩大公司生产经营或者转为增加公司资本，但不能用于支付股利。（　　）

10.所谓协同效应即1+1>2效应，并购后公司总体效益大于两个独立企业效益的算术和。（　　）

四、简答题（列示要点，每题5分，共10分）

1.试分析股票上市对公司的利弊。

2.什么是市场风险和可分散风险？二者有何区别？

五、计算分析题（共50分，要求有计算分析过程）

1.资料：甲企业拟建造一项生产设备。预计建设期为2年，所需原始投资450万元

（均为自有资金）于建设起点一次投入。该设备预计使用寿命为5年，使用期满报废清理残值为50万元。该设备折旧方法采用直线法。该设备投产后每年增加息税前利润为100万元，所得税税率为25%。

要求：

（1）计算项目计算期内各年净现金流量。（3分）

（2）计算该设备的静态投资回收期。（2分）

（3）假定适用的行业基准折现率为10%，计算项目净现值。（3分）

（4）评价其财务可行性。（2分）

2.资料：ABC公司欲投资购买A公司债券，债券面值为1 000元，5年期，票面利率为8%，每年付息一次，到期还本，债券的发行价格为1 105元，与A公司债券等风险投资的必要报酬率为6%。

要求：

（1）试计算A公司债券的价值为多少？（4分）

（2）持有A公司债券的到期收益率为多少？应否购买？（6分）

3.资料：已知宏达公司每年需要甲材料36 000吨，单位进价每吨150元，每次订货成本为1 250元，每吨甲材料每年储存成本为10元。

要求：

（1）计算甲材料的经济订货量。（4分）

（2）计算经济订货量的相关存货成本和最优订货批数。（3分）

4.资料：某公司目前拥有资金2 000万元，其中：长期借款800万元，年利率10%，普通股1 200万元，上年支付的每股股利2元，预计股利增长率为5%，发行价格为20元，目前价格也为20元，该公司计划筹集资金100万元，企业所得税税率为25%，有两种筹资方案。

方案1：增加长期借款100万元，借款利率上升到12%，假设公司其他条件不变。

方案2：发行普通股40 000股，普通股市价增加到每股25元。

要求：

（1）计算该公司筹资前加权平均资金成本。（3分）

（2）用比较资金成本法确定该公司最佳的资金结构。（7分）

5.资料：甲公司是一家五金工具制造商。2016年和2017年年终会计报表的部分项目数据如下。

要求：

（1）利用以上会计报表的数据，分别计算2016年和2017年的下列财务比率：总资产利润率、速动比率、营业利润率、应收账款周转率、毛利率、存货周转率、流动比率、资产负债率。（8分）

（2）运用各项财务比率，就该公司的盈利能力、偿债能力及流动资金管理效果进行对比分析并作出评价。（5分）

相关利润项目 单位：元

项 目	2016年	2017年
销售收入	590 000	600 000
销售成本	340 000	375 000
毛利	250 000	225 000
销售费用	133 000	141 500
利息	略	4 000
税前利润	117 000	79 500
所得税	29 250	19 875
税后利润	87 750	59 625

资产负债表（简表） 单位：元

资 产	2016年年末	2017年年末	负债及所有者权益	2016年年末	2017年年末
流动资产			流动负债		
货币资金	16 000	2 000	短期借款	0	13 000
应收账款	51 000	78 000	应付账款	30 000	38 000
存货	74 000	118 000	其他应付款	44 000	44 000
			应交税费	40 000	24 000
流动资产合计	141 000	198 000	流动负债合计	114 000	119 000
固定资产净值	351 000	343 500	长期借款	0	25 000
			实收资本	250 000	250 000
			留存收益	128 000	147 500
资产总计	492 000	541 500	负债及所有者权益总计	492 000	541 500

参考答案（B）

一、单项选择题

1.C 2.B 3.B 4.C 5.D 6.C 7.A 8.D 9.D 10.C 11.C 12.D 13.D 14.B 15.B 16.B 17.A 18.B 19.A 20.C

二、多项选择题

1.ABCD 2.ABCD 3.BCD 4.ABC 5.BD

三、判断题

1.×　2.×　3.√　4.√　5.×　6.×　7.×　8.×　9.×　10.√

四、简答题

1.股份有限公司申请股票上市，基本目的是为了增强本公司股票的吸引力，形成稳健的资本来源，能在最大范围内筹措大量资本。股票上市对上市公司而言，主要有以下几点意义：

（1）提高公司所发行股票的流动性和变现性，便于投资者认购、交易。

（2）促进公司股权的社会化，避免股权过于集中。

（3）提高公司知名度。

（4）有助于确定公司的价值，以利于促进公司实现财富最大化目标。因此，不少公司积极创造条件，争取股票上市。

但是，也有人认为，股票上市对公司不利，主要体现在：各种“信息公开”的要求可能会暴露公司的商业秘密；股票的波动可能会歪曲公司的实际情况，损害公司的声誉；可能分散公司的控制权。因此，有些公司即使已符合上市条件也会放弃上市机会。

2.（1）股票风险中能够通过构建投资组合消除的部分称作可分散风险，也被称作公司特别风险，或非系统风险。而不能够被消除的部分则称作市场风险，又被称作不可分散风险，系统风险，或贝塔风险，是分散化之后仍然残留的风险。

（2）二者的区别在于公司特别风险是由某些随机事件导致的，如个别公司遭受火灾，公司在市场竞争中失败等。这种风险可以通过证券持有的多样化来抵消；而市场风险则产生于那些系统影响大多数公司的因素，如经济危机、通货膨胀、经济衰退以及高利率。由于这些因素会对大多数股票产生负面影响，故无法通过分散化投资消除市场风险。

五、计算分析题

1.（1）第0年净现金流量（NCF_0）=-450万元

第1～2年净现金流量（$NCF_{1\sim2}$）=0

第3～6年净现金流量（$NCF_{3\sim6}$）=100×（1-25%）+（450-50）÷5=155（万元）

第7年净现金流量（NCF_7）=155+50=205（万元）

（2）不包括建设期的静态投资回收期=450÷155=2.9（年）

包括建设期的静态投资回收期=2+2.9=4.9（年）

（3）净现值（NPV）=-450+155×［（P/A，10%，7）-（P/A，10%，2）］+50×（P/F，10%，7）

=-450+155×（4.8684-1.7355）+50×0.5132

=-450+485.5995+25.66

=61.2595（万元）

（4）评价：由于该项目净现值NPV>0，包括建设期的静态投资回收期大于项目计算期的一半，不包括建设期的静态投资回收期大于运营期的一半，所以该投资方案基本具备财务可行性。

2.（1）A公司债券的价值=100×8%×（P/A，6%，5）+1 000×（P/F，6%，5）

=80×4.2124+1 000×0.7473=1 084.2920（元）

（2）债券到期收益率计算过程如下：

1 105=80×（P/A，i，5）+1 000×（P/F，i，5）

设　i=5%，80×（P/A，5%，5）+1 000×（P/F，5%，5）=1 129.86（元）

插值法：

债券到期收益率 $i=5\%+\frac{1\ 129.86-1\ 105}{1\ 129.86-1\ 084.2920}\times 1\%=5.55\%$

1 084.29<1 105，则不应购买。

3.（1）甲材料的经济订货量：

$EOQ=\sqrt{\frac{2\times 36\ 000\times 1\ 250}{10}}=3\ 000$（吨）

（2）经济订货量的相关存货成本：

$TC=\sqrt{2\times 36\ 000\times 1\ 250\times 10}=30\ 000$（元）

最优订货批数=36 000÷3 000=12（次）

4.（1）目前资金结构为：长期借款40%，普通股60%。

借款成本=10%×（1−25%）=7.5%

普通股成本=2×（1+5%）÷20+5%=15.5%

加权平均资金成本=7.5%×40%+15.5%×60%=12.3%

（2）新借款成本=12%×（1−25%）=9%

增加借款筹资方案的加权平均资金成本=7.5%×（800÷2 100）+15.5%×（1 200÷2 100）+9%×（100÷2 100）=12.14%

普通股资金成本=［2×（1+5%）］÷25+5%=13.4%

增加普通股筹资方案的加权平均资金成本=7.5%×（800÷2 100）+13.4%×（1 200+100）÷2 100

=11.15%

该公司应选择普通股筹资。

5.（1）2016年总资产利润率=（117 000+0）÷492 000×100%=23.8%

2017年总资产利润率=（79 500+4 000）÷541 500×100%=15.4%

2016年速动比率=（16 000+51 000）÷114 000×100%=58.8%

2017年速动比率=（2 000+78 000）÷119 000×100%==67.2%

2016年营业利润率=（117 000+0）÷590 000×100%=19.8%

2017年营业利润率=（79 500+4 000）÷600 000×100%=13.9%

2016年应收账款周转率=590 000÷51 000=11.6（次）

2017年应收账款周转率=600 000÷78 000=7.7（次）

2016年毛利率=250 000÷590 000×100%=42.4%

2017年毛利率=225 000÷600 000×100%=37.5%

2016年存货周转率=340 000÷74 000=4.6（次）

2017年存货周转率=375 000÷118 000=3.2（次）

2016年流动比率=141 000÷114 000=1.2

2017年流动比率=198 000÷119 000=1.7

2016年资产负债率=114 000÷492 000×100%=23.2%

2017年资产负债率=（119 000+25 000）÷541 500×100%=26.6%

（2）首先，该公司总资产利润率、营业利润率、毛利率都明显下降，说明该公司盈利能力在减弱。

其次，该公司流动比率、速动比率有所上升，说明短期偿债能力有一定增强，但是随着资产负债率的上升，该公司的长期偿债风险加大，该公司两个周转率指标都在下降，说明资产运营能力下降，使得流动资产沉淀较多，同时也引起流动性比率升高。

该公司应进一步开拓市场，加快销售步伐，从而使得各方面指标好转。

附录二　现值、终值系数表

附表一　复利终值系数表（F/P，i，n）

n \ i%	1	2	3	4	5	6	7	8	9	10	11	12	13
1	1.0100	1.0200	1.0300	1.0400	1.0500	1.0600	1.0700	1.0800	1.0900	1.1000	1.1100	1.1200	1.1300
2	1.0201	1.0404	1.0609	1.0816	1.1025	1.1236	1.1449	1.1664	1.1881	1.2100	1.2321	1.2544	1.2769
3	1.0303	1.0612	1.0927	1.1249	1.1576	1.1910	1.2250	1.2597	1.2950	1.3310	1.3676	1.4049	1.4429
4	1.0406	1.0824	1.1255	1.1699	1.2155	1.2625	1.3108	1.3605	1.4116	1.4641	1.5181	1.5735	1.6305
5	1.0510	1.1041	1.1593	1.2167	1.2763	1.3382	1.4026	1.4693	1.5386	1.6105	1.6851	1.7623	1.8424
6	1.0615	1.1262	1.1941	1.2653	1.3401	1.4185	1.5007	1.5869	1.6771	1.7716	1.8704	1.9738	2.0820
7	1.0721	1.1487	1.2299	1.3159	1.4071	1.5036	1.6058	1.7138	1.8280	1.9487	2.0762	2.2107	2.3526
8	1.0829	1.1717	1.2668	1.3686	1.4775	1.5938	1.7182	1.8509	1.9926	2.1436	2.3045	2.4760	2.6584
9	1.0937	1.1951	1.3048	1.4233	1.5513	1.6895	1.8385	1.9990	2.1719	2.3579	2.5580	2.7731	3.0040
10	1.1046	1.2190	1.3439	1.4802	1.6289	1.7908	1.9672	2.1589	2.3674	2.5937	2.8394	3.1058	3.3946
11	1.1157	1.2434	1.3842	1.5395	1.7103	1.8983	2.1049	2.3316	2.5804	2.8531	3.1518	3.4785	3.8359
12	1.1268	1.2682	1.4258	1.6010	1.7959	2.0122	2.2522	2.5182	2.8127	3.1384	3.4985	3.8960	4.3345
13	1.1381	1.2936	1.4685	1.6651	1.8856	2.1329	2.4098	2.7196	3.0658	3.4523	3.8833	4.3635	4.8980
14	1.1495	1.3195	1.5126	1.7317	1.9799	2.2609	2.5785	2.9372	3.3417	3.7975	4.3104	4.8871	5.5348
15	1.1610	1.3459	1.5580	1.8009	2.0789	2.3966	2.7590	3.1722	3.6425	4.1772	4.7846	5.4736	6.2543
16	1.1726	1.3728	1.6047	1.8730	2.1829	2.5404	2.9522	3.4259	3.9703	4.5950	5.3109	6.1304	7.0673
17	1.1843	1.4002	1.6528	1.9479	2.2920	2.6928	3.1588	3.7000	4.3276	5.0545	5.8951	6.8660	7.9861
18	1.1961	1.4282	1.7024	2.0258	2.4066	2.8543	3.3799	3.9960	4.7171	5.5599	6.5436	7.6900	9.0243
19	1.2081	1.4568	1.7535	2.1068	2.5270	3.0256	3.6165	4.3157	5.1417	6.1159	7.2633	8.6128	10.197
20	1.2202	1.4859	1.8061	2.1911	2.6533	3.2071	3.8697	4.6610	5.6044	6.7275	8.0623	9.6463	11.523
21	1.2324	1.5157	1.8603	2.2788	2.7860	3.3996	4.1406	5.0338	6.1088	7.4002	8.9492	10.804	13.021
22	1.2447	1.5460	1.9161	2.3699	2.9253	3.6035	4.4304	5.4365	6.6586	8.1403	9.9336	12.100	14.714
23	1.2572	1.5769	1.9736	2.4647	3.0715	3.8197	4.7405	5.8715	7.2579	8.2543	11.026	13.552	16.627
24	1.2697	1.6084	2.0328	2.5633	3.2251	4.0489	5.0724	6.3412	7.9111	9.8497	12.239	15.179	18.788
25	1.2824	1.6406	2.0938	2.6658	3.3864	4.2919	5.4274	6.8485	8.6231	10.835	13.585	17.000	21.231
26	1.2953	1.6734	2.1566	2.7725	3.5557	4.5494	5.8074	7.3964	9.3992	11.918	15.080	19.040	23.991
27	1.3082	1.7069	2.2213	2.8834	3.7335	4.8823	6.2139	7.9881	10.245	13.110	16.739	21.325	27.109
28	1.3213	1.7410	2.2879	2.9987	3.9201	5.1117	6.6489	8.6271	11.167	14.421	18.580	23.884	30.633
29	1.3345	1.7758	2.3566	3.1187	4.1161	5.4184	7.1143	9.3173	12.172	15.863	20.624	26.750	34.616
30	1.3478	1.8114	2.4273	3.2434	4.3219	5.7435	7.6123	10.063	13.268	17.449	22.892	29.960	39.116
40	1.4889	2.2080	3.2620	4.8010	7.0400	10.286	14.974	21.725	31.409	45.259	65.001	93.051	132.78
50	1.6446	2.6916	4.3839	7.1067	11.467	18.420	29.457	46.902	74.358	117.39	184.56	289.00	450.74
60	1.8167	3.2810	5.8916	10.520	18.679	32.988	57.946	101.26	176.03	304.48	524.06	897.60	1 530.1

续表

n \ i%	14	15	16	17	18	19	20	24	25	28	30	32	36
1	1.1400	1.1500	1.1600	1.1700	1.1800	1.1900	1.2000	1.2400	1.2500	1.2800	1.3000	1.3200	1.3600
2	1.2996	1.3225	1.3456	1.3689	1.3924	1.4161	1.4400	1.5376	1.5625	1.6384	1.6900	1.7424	1.8496
3	1.4815	1.5209	1.5609	1.6016	1.6430	1.6852	1.7280	1.9066	1.9531	2.0972	2.1970	2.3000	2.5155
4	1.6890	1.7490	1.8106	1.8739	1.9388	2.0053	2.0736	2.3642	2.4414	2.6844	2.8561	3.0360	3.4210
5	1.9254	2.0114	2.1003	2.1924	2.2878	2.3864	2.4883	2.9316	3.0518	3.4360	3.7129	4.0075	4.6526
6	2.1950	2.3131	2.4364	2.5652	2.6996	2.8398	2.9860	3.6352	3.8147	4.3980	4.8268	5.2899	6.3275
7	2.5023	2.6600	2.8262	3.0012	3.1855	3.3793	3.5832	4.5077	4.7684	5.6295	6.2749	6.9826	8.6054
8	2.8526	3.0590	3.2784	3.5115	3.7589	4.0214	4.2998	5.5895	5.9605	7.2058	8.1573	9.2170	11.703
9	3.2519	3.5179	3.8030	4.1084	4.4355	4.7854	5.1598	6.9310	7.4506	9.2234	10.604	12.166	15.917
10	3.7072	4.0456	4.4114	4.8068	5.2338	5.6947	6.1917	8.5944	9.3132	11.806	13.786	16.060	21.647
11	4.2262	4.6524	5.1173	5.6240	6.1759	6.7767	7.4301	10.657	11.642	15.112	17.922	21.199	29.439
12	4.8179	5.3503	5.9360	6.5801	7.2876	8.0642	8.9161	13.215	14.552	19.343	23.298	27.983	40.037
13	5.4924	6.1528	6.8858	7.6987	8.5994	9.5964	10.699	16.386	18.190	24.759	30.288	36.937	54.451
14	6.2613	7.0757	7.9875	9.0075	10.147	11.420	12.839	20.319	22.737	31.691	39.374	48.757	74.053
15	7.1379	8.1371	9.2655	10.539	11.974	13.590	15.407	25.196	28.422	40.565	51.186	64.359	100.71
16	8.1372	9.3576	10.748	12.330	14.129	16.172	18.488	31.243	35.527	51.923	66.542	84.954	136.97
17	9.2765	10.761	12.468	14.426	16.672	19.244	22.186	38.741	44.409	66.461	86.504	112.14	186.28
18	10.575	12.375	14.463	16.879	19.673	22.901	26.623	48.039	55.511	86.071	112.46	148.02	253.34
19	12.056	14.232	16.777	19.748	23.214	27.252	31.948	59.568	69.389	108.89	146.19	195.39	344.54
20	13.743	16.367	19.461	23.106	27.393	32.429	38.338	73.864	86.736	139.38	190.05	257.92	468.57
21	15.668	18.822	22.574	27.034	32.324	38.591	46.005	91.592	108.42	178.41	247.06	340.45	637.26
22	17.861	21.645	26.186	31.629	38.142	45.953	55.206	113.57	135.53	228.36	321.18	449.39	866.67
23	20.362	24.891	30.376	37.006	45.008	54.649	66.247	140.83	169.41	292.30	417.54	593.20	1 178.7
24	23.212	28.625	35.236	43.297	53.109	65.032	79.497	174.63	211.76	374.14	542.80	783.02	1 603.0
25	26.462	32.919	40.874	50.658	62.669	77.388	95.396	216.54	264.70	478.90	705.64	1 033.6	2 180.1
26	30.167	37.857	47.414	59.270	73.949	92.092	114.48	268.51	330.87	613.00	917.33	1 364.3	2 964.9
27	34.390	43.535	55.000	69.345	87.260	109.59	137.37	332.95	413.59	784.64	1 192.5	1 800.9	4 032.3
28	39.204	50.066	63.800	81.134	102.97	130.41	164.84	412.86	516.99	1004.3	1 550.3	2 377.2	5 483.9
29	44.693	57.575	74.009	94.927	121.50	155.19	197.81	511.95	646.23	1 285.6	2 015.4	3 137.9	7 458.1
30	50.950	66.212	85.850	111.07	143.37	184.68	237.38	634.82	807.79	1 645.5	2 620.0	4 142.1	10 143
40	188.88	267.86	378.72	533.87	750.38	1 051.7	1 469.8	5 455.9	7 523.2	19 427	36 119	66 521	*
50	700.23	1 083.7	1 670.7	2 566.2	3 927.4	5 988.9	9 100.4	46 890	70 065	*	*	*	*
60	2 595.9	4 384.0	7 370.2	12 335	20 555	34 105	56 348	*	*	*	*	*	*

附表二　复利现值系数表（P/F，i，n）

n \ i%	1	2	3	4	5	6	7	8	9	10	11	12	13	14	15
1	0.9901	0.9804	0.9709	0.9615	0.9524	0.9434	0.9346	0.9259	0.9174	0.9091	0.9009	0.8929	0.8850	0.8772	0.8696
2	0.9803	0.9612	0.9426	0.9246	0.9070	0.8900	0.8734	0.8573	0.8417	0.8264	0.8116	0.7972	0.7831	0.7695	0.7561
3	0.9706	0.9423	0.9151	0.8890	0.8638	0.8396	0.8163	0.7938	0.7722	0.7513	0.7312	0.7118	0.6931	0.6750	0.6575
4	0.9610	0.9238	0.8885	0.8548	0.8227	0.7921	0.7629	0.7350	0.7084	0.6830	0.6587	0.6355	0.6133	0.5921	0.5718
5	0.9515	0.9057	0.8626	0.8219	0.7835	0.7473	0.7130	0.6806	0.6499	0.6209	0.5935	0.5674	0.5428	0.5194	0.4972
6	0.9420	0.8880	0.8375	0.7903	0.7462	0.7050	0.6663	0.6302	0.5963	0.5645	0.5346	0.5066	0.4803	0.4556	0.4323
7	0.9327	0.8706	0.8131	0.7599	0.7107	0.6651	0.6227	0.5835	0.5470	0.5132	0.4817	0.4523	0.4251	0.3996	0.3759
8	0.9235	0.8535	0.7894	0.7307	0.6768	0.6274	0.5820	0.5403	0.5019	0.4665	0.4339	0.4039	0.3762	0.3506	0.3269
9	0.9143	0.8368	0.7664	0.7026	0.6446	0.5919	0.5439	0.5002	0.4604	0.4241	0.3909	0.3606	0.3329	0.3075	0.2843
10	0.9053	0.8203	0.7441	0.6756	0.6139	0.5584	0.5083	0.4632	04224	0.3855	0.3522	0.3220	0.2946	0.2697	0.2472
11	0.8963	0.8043	0.7224	0.6496	0.5847	0.5268	0.4751	0.4289	0.3875	0.3505	0.3173	0.2875	0.2607	0.2366	0.2149
12	0.8874	0.7885	0.7014	0.6246	0.5568	0.4970	0.4440	0.3971	0.3555	0.3186	0.2858	0.2567	0.2307	0.2076	0.1869
13	0.8787	0.7730	0.6810	0.6006	0.5303	0.4688	0.4150	0.3677	0.3262	0.2897	0.2575	0.2292	0.2042	0.1821	0.1625
14	0.8700	0.7579	0.6611	0.5775	0.5051	0.4423	0.3878	0.3405	0.2992	0.2633	0.2320	0.2046	0.1807	0.1597	0.1413
15	0.8613	0.7430	0.6419	0.5553	0.4810	0.4173	0.3624	0.3152	0.2745	0.2394	0.2090	0.1827	0.1599	0.1401	0.1229
16	0.8528	0.7284	0.6232	0.5339	0.4581	0.3936	0.3387	0.2919	0.2519	0.2176	0.1883	0.1631	0.1415	0.1229	0.1069
17	0.8444	0.7142	0.6050	0.5134	0.4363	0.3714	0.3166	0.2703	0.2311	0.1978	0.1696	0.1456	0.1252	0.1078	0.0929
18	0.8360	0.7002	0.5874	0.4936	0.4155	0.3503	0.2959	0.2502	0.2120	0.1799	0.1528	0.1300	0.1108	0.0946	0.0808
19	0.8277	0.6864	0.5703	0.4746	0.3957	0.3305	0.2765	0.2317	0.1945	0.1635	0.1377	0.1161	0.0981	0.0829	0.0703
20	0.8195	0.6730	0.5537	0.4564	0.3769	0.3118	0.2584	0.2145	0.1784	0.1486	0.1240	0.1037	0.0868	0.0728	0.0611
21	0.8114	0.6598	0.5375	0.4388	0.3589	0.2942	0.2415	0.1987	0.1637	0.1351	0.1117	0.0926	0.0768	0.0638	0.0531
22	0.8034	0.6468	0.5219	0.4220	0.3418	0.2775	0.2257	0.1839	0.1502	0.1228	0.1007	0.0826	0.0680	0.0560	0.0462
23	0.7954	0.6342	0.5067	0.4057	0.3256	0.2618	0.2109	0.1703	0.1378	0.1117	0.0907	0.0738	0.0601	0.0491	0.0402
24	0.7876	0.6217	0.4919	0.3901	0.3101	0.2470	0.1971	0.1577	0.1264	0.1015	0.0817	0.0659	0.0532	0.0431	0.0349
25	0.7798	0.695	0.4776	0.3751	0.2953	0.2330	0.1842	0.1460	0.1160	0.0923	0.0736	0.0588	0.0471	0.0378	0.0304
26	0.7720	0.5976	0.4637	0.3604	0.2812	0.2198	0.1722	0.1352	0.1064	0.0839	0.0663	0.0525	0.0417	0.0331	0.0264
27	0.7644	0.5859	0.4502	0.3468	0.2678	0.2074	0.1609	0.1252	0.0976	0.0763	0.0597	0.0469	0.0369	0.0291	0.0230
28	0.7568	0.5744	0.4371	0.3335	0.2551	0.1956	0.1504	0.1159	0.0895	0.0693	0.0538	0.0419	0.0326	0.0255	0.0200
29	0.7493	0.5631	0.4243	0.3207	0.2429	0.1846	0.1406	0.1073	0.0822	0.0630	0.0485	0.0374	0.0289	0.0224	0.0174
30	0.7419	0.5521	0.4120	0.3083	0.2314	0.1741	0.1314	0.0994	0.0754	0.0573	0.0437	0.0334	0.0256	0.0196	0.0151
35	0.7059	0.5000	0.3554	0.2534	0.1813	0.1301	0.0937	0.0676	0.0490	0.0356	0.0259	0.0189	0.0139	0.0102	0.0075
40	0.6717	0.4529	0.3066	0.2083	0.1420	0.0972	0.0668	0.0460	0.0318	0.0221	0.0154	0.0107	0.0075	0.0053	0.0037
45	0.6391	0.4102	0.2644	0.1712	0.1113	0.0727	0.0476	0.0313	0.0207	0.0137	0.0091	0.0061	0.0041	0.0027	0.0019
50	0.6080	0.3715	0.2281	0.1407	0.0872	0.0543	0.0339	0.0213	0.0134	0.0085	0.0054	0.0035	0.0022	0.0014	0.0009
55	0.5785	0.3365	0.1968	0.1157	0.0683	0.0406	0.0242	0.0145	0.0087	0.0053	0.0032	0.0020	0.0012	0.0007	0.0005

续表

n \ i%	16	17	18	19	20	24	25	28	30	32	35	36	40	50
1	0.8621	0.8547	0.8475	0.8403	0.8333	0.8065	0.8000	0.7813	0.7692	0.7576	0.7407	0.7353	0.7143	0.6667
2	0.7432	0.7305	0.7182	0.7062	0.6944	0.6504	0.6400	0.6104	0.5917	0.5739	0.5487	0.5407	0.5102	0.4444
3	0.6407	0.6244	0.6086	0.5934	0.5787	0.5245	0.5120	0.4768	0.4552	.04348	0.4064	0.3975	0.3644	0.2963
4	0.5523	0.5337	0.5158	0.4987	0.4823	0.4230	0.4096	0.3725	0.3501	0.3294	0.3011	0.2923	0.2603	0.1975
5	0.4762	0.4561	0.4371	0.4190	0.4019	0.3411	0.3277	0.2910	0.2693	0.2495	0.2230	0.2149	0.1859	0.1317
6	0.4104	0.3898	0.3704	0.3521	0.3349	0.2751	0.2621	0.2274	0.2072	0.1890	0.1652	0.1580	0.1328	0.0878
7	0.3538	0.3332	0.3139	0.2959	0.2791	0.2218	0.2097	0.1776	0.1594	0.1432	0.1224	0.1162	0.0949	0.0585
8	0.3050	0.2848	0.2660	0.2487	0.2326	0.1789	0.1677	0.1388	0.1226	0.1085	0.0906	0.0854	0.0678	0.0390
9	0.2630	0.2434	0.2255	0.2090	0.1938	0.1443	0.1342	0.1084	0.0943	0.0822	0.0671	0.0628	0.0484	0.0260
10	0.2267	0.2080	0.1911	0.1756	0.1615	0.1164	0.1074	0.0847	0.0725	0.0623	0.0497	0.0462	0.0346	0.0173
11	0.1954	0.1778	0.1619	0.1476	0.1346	0.0938	0.0859	0.0662	0.0558	0.0472	0.0368	0.0340	0.0247	0.0116
12	0.1685	0.1520	0.1373	0.1240	0.1122	0.0757	0.0687	0.0517	0.0429	0.0357	0.0273	0.0250	0.0176	0.0077
13	0.1452	0.1299	0.1163	0.1042	0.0935	0.0610	0.0550	0.0404	0.0330	0.0271	0.0202	0.0184	0.0126	0.0051
14	0.1252	0.1110	0.0985	0.0876	0.0779	0.0492	0.0440	0.0316	0.0254	0.0205	0.0150	0.0135	0.0090	0.0034
15	0.1079	0.0949	0.0835	0.0736	0.0649	0.0397	0.0352	0.0247	0.0195	0.0155	0.0111	0.0099	0.0064	0.0023
16	0.0930	0.0811	0.0709	0.0618	0.0541	0.0320	0.0281	0.0193	0.0150	0.0118	0.0082	0.0073	0.0046	0.0015
17	0.0802	0.0693	0.0600	0.0520	0.0451	0.0259	0.0225	0.0150	0.0116	0.0089	0.0061	0.0054	0.0033	0.0010
18	0.0691	0.0592	0.0508	0.0437	0.0376	0.0208	0.0180	0.0118	0.0089	0.0068	0.0045	0.0039	0.0023	0.0007
19	0.0596	0.0506	0.0431	0.0367	0.0313	0.0168	0.0144	0.0092	0.0068	0.0051	0.0033	0.0029	0.0017	0.0005
20	0.0514	0.0433	0.0365	0.0308	0.0261	0.0135	0.0115	0.0072	0.0053	0.0039	0.0025	0.0021	0.0012	0.0003
21	0.0443	0.0370	0.0309	0.0259	0.0217	0.0109	0.0092	0.0056	0.0040	0.0029	0.0018	0.0016	0.0009	0.0002
22	0.0382	0.0316	0.0262	0.0218	0.0181	0.0088	0.0074	0.0044	0.0031	0.0022	0.0014	0.0012	0.0006	0.0001
23	0.0329	0.0270	0.0222	0.0183	0.0151	0.0071	0.0059	0.0034	0.0024	0.0017	0.0010	0.0008	0.0004	0.0001
24	0.0284	0.0231	0.0188	0.0154	0.0126	0.0057	0.0047	0.0027	0.0018	0.0013	0.0007	0.0006	0.0003	0.0001
25	0.0245	0.0197	0.0160	0.0129	0.0105	0.0046	0.0038	0.0021	0.0014	0.0010	0.0006	0.0005	0.0002	*
26	0.0211	0.0169	0.0135	0.0109	0.0087	0.0037	0.0030	0.0016	0.0011	0.0007	0.0004	0.0003	0.0002	*
27	0.0182	0.0144	0.0115	0.0091	0.0073	0.0030	0.0024	0.0013	0.0008	0.0006	0.0003	0.0002	0.0001	*
28	0.0157	0.0123	0.0097	0.0077	0.0061	0.0024	0.0019	0.0010	0.0006	0.0004	0.0002	0.0002	0.0001	*
29	0.0135	0.0105	0.0082	0.0064	0.0051	0.0020	0.0015	0.0008	0.0005	0.0003	0.0002	0.0001	0.0001	*
30	0.0116	0.0090	0.0070	0.0054	0.0042	0.0016	0.0012	0.0006	0.0004	0.0002	0.0001	0.0001	*	*
35	0.0055	0.0041	0.0030	0.0023	0.0017	0.0005	0.0004	0.0002	0.0001	0.0001	*	*	*	*
40	0.0026	0.0019	0.0013	0.0010	0.0007	0.0002	0.0001	0.0001	*	*	*	*	*	*
45	0.0013	0.0009	0.0006	0.0004	0.0003	0.0001	*	*	*	*	*	*	*	*
50	0.0006	0.0004	0.0003	0.0002	0.0001	*	*	*	*	*	*	*	*	*
55	0.0003	0.0002	0.0001	0.0001	*	*	*	*	*	*	*	*	*	*

附表三　年金终值系数表（F/A，i，n）

n \ i%	1	2	3	4	5	6	7	8	9	10	11	12	13
1	1.0000	1.0000	1.0000	1.0000	1.0000	1.0000	1.0000	1.0000	1.0000	1.0000	1.000	1.0000	1.000
2	2.0100	2.0200	2.0300	2.0400	2.0500	2.0600	2.0700	2.0800	2.0900	2.1000	2.110	2.1200	2.130
3	3.0301	3.0604	3.0909	3.1216	3.1525	3.1836	3.2149	3.2464	3.2781	3.3100	3.342	2.3744	3.407
4	4.0604	4.1216	4.1836	4.2465	4.3101	4.3746	4.4399	4.5061	4.5731	4.6410	4.710	4.7793	4.850
5	5.1010	5.2040	5.3091	5.4163	5.5256	5.6371	5.7507	5.8666	5.9847	6.1051	6.228	6.3528	6.480
6	6.1520	6.3081	6.4684	6.6330	6.8019	6.9753	7.1533	7.3359	7.523	7.7156	7.913	8.1152	8.323
7	7.2135	7.4343	7.6625	7.8983	8.1420	8.3938	8.6540	8.9228	9.200	9.4872	9.783	10.089	10.405
8	8.2857	8.5830	8.8923	9.2142	9.5491	9.8975	10.260	10.637	11.028	11.436	11.859	12.300	12.757
9	9.3685	9.7546	10.159	10.583	11.027	11.491	11.978	12.488	13.021	13.579	14.164	14.776	15.416
10	10.462	10.950	11.464	12.006	12.578	13.181	13.816	14.487	15.193	15.937	16.722	17.549	18.420
11	11.567	12.169	12.808	13.486	14.207	14.972	15.784	16.645	17.560	18.531	19.561	20.655	21.814
12	12.683	13.412	14.192	15.026	15.917	16.870	17.888	18.977	20.141	21.384	22.713	24.133	25.650
13	13.809	14.680	15.618	16.627	17.713	18.882	20.141	21.495	22.953	24.523	26.212	28.029	29.985
14	14.947	15.974	17.086	18.292	19.599	21.015	22.550	24.215	26.019	27.975	30.095	32.393	34.883
15	16.097	17.293	18.599	20.024	21.579	23.276	25.129	27.152	29.361	31.772	34.405	37.280	40.417
16	17.258	18.639	20.157	21.825	23.657	25.673	27.888	30.324	33.003	35.950	39.190	42.753	46.672
17	18.430	20.012	21.762	23.698	25.840	28.213	30.840	33.750	36.974	40.545	44.501	48.884	53.739
18	19.615	21.412	23.414	25.645	28.132	30.906	33.999	37.450	41.301	45.599	50.396	55.750	61.725
19	20.811	22.841	25.117	27.671	30.539	33.760	37.379	41.446	46.018	51.159	56.939	63.440	70.749
20	22.019	24.297	26.870	29.778	33.066	36.786	40.995	45.762	51.160	57.275	64.203	72.052	80.947
21	23.239	25.783	28.676	31.969	35.719	39.993	44.865	50.423	56.765	64.002	72.265	81.699	92.470
22	24.472	27.299	30.537	34.248	38.505	43.392	49.006	55.457	62.873	71.403	81.214	92.503	105.49
23	25.716	28.845	32.453	36.618	41.430	46.996	53.436	60.883	69.532	79.543	91.148	104.60	120.20
24	26.973	30.422	34.426	39.083	44.502	50.816	58.177	66.765	76.790	88.497	102.17	118.16	136.83
25	28.243	32.030	36.459	41.646	47.727	54.865	63.249	73.106	84.701	98.347	114.41	133.33	155.62
26	29.526	33.671	38.553	44.312	51.113	59.156	68.676	79.954	93.324	109.18	128.00	150.33	176.85
27	30.821	35.344	40.710	47.084	54.669	63.706	74.484	87.351	102.72	121.10	143.08	169.37	200.84
28	32.129	37.051	42.931	49.968	58.403	68.528	80.698	95.339	112.97	134.21	159.82	190.70	227.95
29	33.450	38.792	45.219	52.966	62.323	73.640	87.347	103.97	124.14	148.63	178.40	214.58	258.58
30	34.785	40.588	47.575	56.085	66.439	79.058	94.461	113.28	136.31	164.49	199.02	241.33	293.20
40	48.886	60.402	75.401	95.026	120.80	154.76	199.64	259.06	337.89	442.59	581.83	767.09	1 013.7
50	64.463	84.579	112.80	152.67	209.35	290.34	406.53	573.77	815.08	1 163.9	1 668.8	2 400.0	3 459.5
60	81.670	114.05	163.05	237.99	353.58	533.13	813.52	1 253.2	1 944.8	3 034.8	4 755.1	7 471.6	11 762

续表

n \ i%	14	15	16	17	18	19	20	24	25	28	30	32	36
1	1.0000	1.0000	1.0000	1.000	1.0000	1.000	1.0000	1.0000	1.000	1.0000	1.000	1.0000	1.0000
2	2.1400	2.1500	2.1600	2.170	2.1800	2.190	2.2000	2.2400	2.250	2.2800	2.300	2.3200	2.3600
3	3.4396	3.4725	3.5056	3.539	3.5724	3.606	3.6400	3.7776	3.813	3.9184	3.990	3.0624	3.2096
4	4.9211	4.9934	5.0665	5.141	5.2154	5.291	5.3680	5.6842	5.766	6.0156	6.187	6.3624	6.7251
5	6.6101	6.7424	6.8771	7.014	7.1542	7.297	7.4416	8.0484	8.027	8.6999	9.043	9.3983	10.146
6	8.5355	8.7537	8.9775	9.207	9.4420	9.683	9.9299	10.980	11.259	12.136	12.756	13.406	14.799
7	10.730	11.067	11.414	11.772	12.142	12.523	12.916	14.615	15.073	16.534	17.583	18.696	21.126
8	13.233	13.727	14.240	14.773	15.327	15.902	16.499	19.123	19.842	22.163	23.858	25.678	29.732
9	16.085	16.786	17.519	18.285	19.086	19.923	20.799	24.712	25.802	29.369	32.015	34.895	41.435
10	19.337	20.304	21.321	22.393	23.521	24.701	25.959	31.643	33.253	38.593	42.619	47.062	57.352
11	23.045	24.349	25.733	27.200	28.755	30.404	32.150	40.238	42.566	50.398	56.405	63.122	78.998
12	27.271	29.002	30.850	32.824	34.931	37.180	39.581	50.895	54.208	65.510	74.327	84.320	108.44
13	32.089	34.352	36.786	39.404	42.219	45.244	48.497	64.110	68.760	84.853	97.625	112.30	148.47
14	37.581	40.505	43.672	47.103	50.818	54.841	59.196	80.496	86.949	109.61	127.91	149.24	202.93
15	43.842	47.580	51.660	56.110	60.965	66.261	72.035	100.82	109.69	141.30	167.29	198.00	276.98
16	50.980	55.717	60.925	66.649	72.939	79.850	87.442	126.01	138.11	181.87	218.47	262.36	377.69
17	59.118	65.075	71.673	78.979	87.068	96.022	105.93	157.25	173.64	233.79	285.01	347.31	514.66
18	68.394	75.836	84.141	93.406	103.74	115.27	128.12	195.99	218.05	300.25	371.52	459.45	770.94
19	78.969	88.212	98.603	110.29	123.41	138.17	154.74	244.03	273.56	385.32	483.97	607.47	954.28
20	91.025	102.44	115.38	130.03	146.63	165.42	186.69	303.60	342.95	494.21	630.17	802.86	1 298.8
21	104.77	118.81	134.84	153.14	174.02	197.85	225.03	377.46	429.68	633.59	820.22	1 060.8	1 767.4
22	120.44	137.63	157.41	180.17	206.34	236.44	271.03	469.06	538.10	812.00	1 067.3	1 401.2	2 404.7
23	138.30	159.28	183.60	211.80	244.49	282.36	326.24	582.63	673.63	1 040.4	1 388.5	1 850.6	3 271.3
24	158.66	184.17	213.98	248.81	289.49	337.01	392.48	723.46	843.03	1 332.7	1 806.0	2 443.8	4 450.0
25	181.87	212.79	249.21	292.10	342.60	402.04	471.98	898.09	1 054.8	1 706.8	2 348.8	3 226.8	6 053.0
26	208.33	245.71	290.09	342.76	405.27	479.43	567.38	1 114.6	1 319.5	2 185.7	3 054.4	4 260.4	8 233.1
27	238.50	283.57	337.50	402.03	479.22	571.52	681.85	1 383.1	1 650.4	2 798.7	3 971.8	5 624.8	11 198.0
28	272.89	327.10	392.50	471.38	566.48	681.11	819.22	1 716.1	2 064.0	3 583.3	5 164.3	7 425.7	15 230.3
29	312.09	377.17	456.30	552.51	669.45	811.52	984.07	2 129.0	2 580.9	4 587.7	6 714.6	9 802.9	20 714.2
30	356.79	434.75	530.31	647.44	790.95	966.7	1 181.9	2 640.9	3 227.2	5 873.2	8 730.0	12 941	28 172.3
40	1 342.0	1 779.1	2 360.8	3 134.5	4 163.2	5 519.8	7 343.9	22 729	30 089	69 377	120 393	*	*
50	4 994.5	7 217.7	10 436	15 090	21 813	31 515	45 497	*	280 256	*	165 976	*	*
60	18 535	29 220	46 058	72 555	*	*	*	*	*	*	*	*	*

附表四　年金现值系数表（P/A，i，n）

n \ i%	1	2	3	4	5	6	7	8	9	10	11	12	13	14
1	0.9901	0.9804	0.9709	0.9615	0.9524	0.9434	0.9346	0.9259	0.9174	0.9091	0.9009	0.8929	0.8850	0.8772
2	1.9704	1.9416	1.9135	1.8861	1.8594	1.8334	1.8080	1.7833	1.7591	1.7355	1.7125	1.6901	1.6681	1.6467
3	2.9410	2.8839	2.8286	2.7751	2.7232	2.6730	2.6243	2.5771	2.5313	2.4869	2.4437	2.4018	2.3612	2.3216
4	3.9020	3.8077	3.7171	3.6299	3.5460	3.4651	3.3872	3.3121	3.2397	3.1699	3.1024	3.0373	2.9745	2.9137
5	4.8534	4.7135	4.5797	4.4518	4.3295	4.2124	4.1002	3.9927	3.8897	3.7908	3.6959	3.6048	3.5172	3.4331
6	5.7955	5.6014	5.4172	5.2421	5.0757	4.9173	4.7665	4.6229	4.4859	4.3553	4.2305	4.1114	3.9975	3.8887
7	6.7282	6.4720	6.2303	6.0021	5.7864	5.5824	5.3893	5.2064	5.0330	4.8684	4.7122	4.5638	4.4226	4.2882
8	7.6517	7.3255	7.0197	6.7327	6.4632	6.2098	5.9713	5.7466	5.5348	5.3349	5.1461	4.9676	4.7988	4.6389
9	8.5660	8.1622	7.7861	7.4353	7.1078	6.8017	6.5152	6.2469	5.9952	5.7590	5.5370	5.3282	5.1317	4.9464
10	9.4713	8.9826	8.5302	8.1109	7.7217	7.3601	7.0236	6.7101	6.4177	6.1446	5.8892	5.6502	5.4262	5.2161
11	10.3676	9.7868	9.2526	8.7605	8.3064	7.8869	7.4987	7.1390	6.8052	6.4951	6.2065	5.9377	5.6869	5.4527
12	11.2551	10.5753	9.9540	9.3851	8.8633	8.3838	7.9427	7.5361	7.1607	6.8137	6.4924	6.1944	5.9176	5.6603
13	12.1337	11.3484	10.6350	9.9856	9.3936	8.8527	8.3577	7.9038	7.4869	7.1034	6.7499	6.4235	6.1218	5.8424
14	13.0037	12.1062	11.2961	10.5631	9.8986	9.2950	8.7455	8.2442	7.7862	7.3667	6.9819	6.6282	6.3025	6.0021
15	13.8651	12.8493	11.9379	11.1184	10.3797	9.7122	9.1079	8.5595	8.0607	7.6061	7.1909	6.8109	6.4624	6.1422
16	14.7179	13.5777	12.5611	11.6523	10.8378	10.1059	9.4466	8.8514	8.3126	7.8237	7.3792	6.9740	6.6039	6.2651
17	15.5623	14.2919	13.1661	12.1657	11.2741	10.4773	9.7632	9.1216	8.5436	8.0216	7.5488	7.1196	6.7291	6.3729
18	16.3983	14.9920	13.7535	12.6592	11.6896	10.8276	10.0591	9.3719	8.7556	8.2014	7.7016	7.2497	6.8399	6.4674
19	17.2260	15.6785	14.3238	13.1339	12.0853	11.1581	10.3356	9.6036	8.9501	8.3649	7.8393	7.3658	6.9380	6.5504
20	18.0456	16.3514	14.8775	13.5903	12.4622	11.4699	10.5940	9.8181	9.1285	8.5136	7.9633	7.4694	7.0248	6.6231
21	18.8570	17.0112	15.4150	14.0292	12.8212	11.7641	10.8355	10.0168	9.2922	8.6487	8.0751	7.5620	7.1016	6.6870
22	19.6604	17.6580	15.9369	14.4511	13.1630	12.0416	11.0612	10.2007	9.4424	8.7715	8.1757	7.6446	7.1695	6.7429
23	20.4558	18.2922	16.4436	14.8568	13.4886	12.3034	11.2722	10.3711	9.5802	8.8832	8.2664	7.7184	7.2297	6.7921
24	21.2434	18.9139	16.9355	15.2470	13.7986	12.5504	11.4693	10.5288	9.7066	8.9847	8.3481	7.7843	7.2829	6.8351
25	22.0232	19.5235	17.4131	15.6221	14.0939	12.7834	11.6536	10.6748	9.8226	9.0770	8.4217	7.8431	7.3300	6.8729
26	22.7952	20.1210	17.8768	15.9828	14.3752	13.0032	11.8258	10.8100	9.9290	9.1609	8.4881	7.8957	7.3717	6.9061
27	23.5596	20.7095	18.3270	16.3296	14.6430	13.2105	11.9867	10.9352	10.0266	9.2372	8.5478	7.9426	7.4086	6.9352
28	24.3164	21.2813	18.7641	16.6631	14.8981	13.4062	12.1371	11.0511	10.1161	9.3066	8.6016	7.9844	7.4412	6.9607
29	25.0658	21.8444	19.1885	16.9837	15.1411	13.5907	12.2777	11.1584	10.1983	9.3696	8.6501	8.0218	7.4701	6.9830
30	25.8077	22.3965	19.6004	17.2920	15.3725	13.7648	12.4090	11.2578	10.2737	9.4269	8.6938	8.0552	7.4957	7.0027
35	29.4086	24.9986	21.4872	18.6646	16.3742	14.4982	12.9477	11.6546	10.5668	9.6442	8.8552	8.1755	7.5856	7.0700
40	32.8347	27.3555	23.1148	19.7928	17.1591	15.0463	13.3317	11.9246	10.7574	9.7791	8.9511	8.2438	7.6344	7.1050
45	36.0945	29.4902	24.5187	20.7200	17.7741	15.4558	13.6055	12.1084	10.8812	9.8628	9.0079	8.2825	7.6609	7.1232
50	39.1961	31.4236	25.7298	21.4822	18.2559	15.7619	13.8007	12.2335	10.9617	9.9148	9.0417	8.3045	7.6752	7.1327
55	42.1472	33.1748	26.7744	22.1086	18.6335	15.9905	13.9399	12.3186	11.0140	9.9471	9.0617	8.3170	7.6830	7.1376

续表

n \ i%	15	16	17	18	19	20	24	25	28	30	32	35	40	50
1	0.8696	0.8621	0.8547	0.8475	0.8403	0.8333	0.8065	0.8000	0.7813	0.7692	0.7576	0.7407	0.7143	0.6667
2	1.6257	1.6052	1.5852	1.5656	1.5465	1.5278	1.4568	1.4400	1.3916	1.3609	1.3315	1.2894	1.2245	1.1111
3	2.2832	2.2459	2.2096	2.1743	2.1399	2.1065	1.9813	1.9520	1.8684	1.8161	1.7663	1.6959	1.5889	1.4074
4	2.8550	2.7982	2.7432	2.6901	2.6386	2.5887	2.4043	2.3616	2.2410	2.1662	2.0957	1.9969	1.8492	1.6049
5	3.3522	3.2743	3.1993	3.1272	3.0576	2.9906	2.7454	2.6893	2.5320	2.4356	2.3452	2.2200	2.0352	1.7366
6	3.7845	3.6847	3.5892	3.4976	3.4098	3.3255	3.0205	2.9514	2.7594	2.6427	2.5342	2.3852	2.1680	1.8244
7	4.1604	4.0386	3.9224	3.8115	3.7057	3.6046	3.2423	3.1611	2.9370	2.8021	2.6775	2.5075	2.2628	1.8829
8	4.4873	4.3436	4.2072	4.0776	3.9544	3.8372	3.4212	3.3289	3.0758	2.9247	2.7860	2.5982	2.3306	1.9219
9	4.7716	4.6065	4.4506	4.3030	4.1633	4.0310	3.5655	3.4631	3.1842	3.0190	2.8681	2.6653	2.3790	1.9480
10	5.0188	4.8332	4.6586	4.4941	4.3389	4.1925	3.6819	3.5705	3.2689	3.0915	2.9304	2.7150	2.4136	1.9653
11	5.2337	5.0286	4.8364	4.6560	4.4865	4.3271	3.7757	3.6564	3.3351	3.1473	2.9776	2.7519	2.4383	1.9769
12	5.4206	5.1971	4.9884	4.7932	4.6105	4.4392	3.8514	3.7251	3.3868	3.1903	3.0133	2.7792	2.4559	1.9846
13	5.5831	5.3423	5.1183	4.9095	4.7147	4.5327	3.9124	3.7801	3.4272	3.2233	3.0404	2.7994	2.4685	1.9897
14	5.7245	5.4675	5.2293	5.0081	4.8023	4.6106	3.9616	3.8241	3.4587	3.2487	3.0609	2.8144	2.4775	1.9931
15	5.8474	5.5755	5.3242	5.0916	4.8759	4.6755	4.0013	3.8593	3.4834	3.2682	3.0764	2.8255	2.4839	1.9954
16	5.9542	5.6685	5.4053	5.1624	4.9377	4.7296	4.0333	3.8874	3.5026	3.2832	3.0882	2.8337	2.4885	1.9970
17	6.0472	5.7487	5.4746	5.2223	4.9897	4.7746	4.0591	3.9099	3.5177	3.2948	3.0971	2.8398	2.4918	1.9980
18	6.1280	5.8178	5.5339	5.2732	5.0333	4.8122	4.0799	3.9279	3.5294	3.3037	3.1039	2.8443	2.4941	1.9986
19	6.1982	5.8775	5.5845	5.3162	5.0700	4.8435	4.0967	3.9424	3.5386	3.3105	3.1090	2.8476	2.4958	1.9991
20	6.2593	5.9288	5.6278	5.3527	5.1009	4.8696	4.1103	3.9539	3.5458	3.3158	3.1129	2.8501	2.4970	1.9994
21	6.3125	5.9731	5.6648	5.3837	5.1268	4.8913	4.1212	3.9631	3.5514	3.3198	3.1158	2.8519	2.4979	1.9996
22	6.3587	6.0113	5.6964	5.4099	5.1486	4.9094	4.1300	3.9705	3.5558	3.3230	3.1180	2.8533	2.4985	1.9997
23	6.3988	6.0442	5.7234	5.4321	5.1668	4.9245	4.1371	3.9764	3.5592	3.3254	3.1197	2.8543	2.4989	1.9998
24	6.4338	6.0726	5.7465	5.4509	5.1822	4.9371	4.1428	3.9811	3.5619	3.3272	3.1210	2.8550	2.4992	1.9999
25	6.4641	6.0971	5.7662	5.4669	5.1951	4.9476	4.1474	3.9849	3.5640	3.3286	3.1220	2.8556	2.4994	1.9999
26	6.4906	6.1182	5.7831	5.4804	5.2060	4.9563	4.1511	3.9879	3.5656	3.3297	3.1227	2.8560	2.4996	1.9999
27	6.5135	6.1364	5.7975	5.4919	5.2151	4.9636	4.1542	3.9903	3.5669	3.3305	3.1233	2.8563	2.4997	2.0000
28	6.5335	6.1520	5.8099	5.5016	5.2228	4.9697	4.1566	3.9923	3.5679	3.3312	3.1237	2.8565	2.4998	2.0000
29	6.5509	6.1656	5.8204	5.5098	5.2292	4.9747	4.1585	3.9938	3.5687	3.3317	3.1240	2.8567	2.4999	2.0000
30	6.5660	6.1772	5.8294	5.5168	5.2347	4.9789	4.1601	3.9950	3.5693	3.3321	3.1242	2.8568	2.4999	2.0000
35	6.6166	6.2153	5.8582	5.5386	5.2512	4.9915	4.1644	3.9984	3.5708	3.3330	3.1248	2.8571	2.5000	2.0000
40	6.6418	6.2335	5.8713	5.5482	5.2582	4.9966	4.1659	3.9995	3.5712	3.3332	3.1250	2.8571	2.5000	2.0000
45	6.6543	6.2421	5.8773	5.5523	5.2611	4.9986	4.1664	3.9998	3.5714	3.3333	3.1250	2.8571	2.5000	2.0000
50	6.6605	6.2463	5.8801	5.5541	5.2623	4.9995	4.1666	3.9999	3.5714	3.3333	3.1250	2.8571	2.5000	2.0000
55	6.6636	6.2482	5.8813	5.5549	5.2628	4.9998	4.1666	4.0000	3.5714	3.3333	3.1250	2.8571	2.5000	2.0000

主要参考文献

[1] 裘益政，竺素娥. 财务管理案例［M］. 2版. 大连：东北财经大学出版社，2014.

[2] 闫华红. 财务成本管理［M］. 北京：经济科学出版社，2016.

[3] 中国注册会计师协会. 财务成本管理［M］. 北京：中国财政经济出版社，2016.

[4] 闫华红. 财务管理［M］. 北京：北京大学出版社，2016.

[5] 闫华红. 财务成本管理［M］. 北京：北京大学出版社，2016.

[6] 竺素娥，裘益政. 财务管理［M］. 大连：东北财经大学出版社，2013.

[7] 刘克涛，邢媛. 财务管理实务习题与实训［M］. 武汉：武汉大学出版社，2013.

[8] 靳新，王化成，刘俊彦. 财务管理学［M］. 北京：中国人民大学出版社，2012.

[9] 闫华红. 财务管理［M］. 北京：北京大学出版社，2016.

[10] 竺素娥，赵秀芳，李郁明. 财务管理习题集［M］. 北京：科学出版社，2011.

[11] 陈丽丽. 中级财务管理［M］. 北京：北京大学出版社，2011.

[12] 中国注册会计师协会. 财务成本管理［M］. 北京：经济科学出版社，2016.

[13] 邢铭强. 2012年版全国会计专业技术资格考试（中级）财务管理真题详解与押题密卷［M］. 北京：中国宇航出版社，2016.

[14] 田明. 财务成本管理［M］. 北京：北京大学出版社，2011.

[15] 张玉明. 财务管理原理、案例与应用［M］. 北京：清华大学出版社，2010.

[16] 财政部会计资格评价中心. 财务管理［M］. 北京：中国财政经济出版社，2009.

[17] 张海林. 财务管理习题集［M］. 3版. 北京：高等教育出版社，2009.

[18] 竺素娥，涂必胜. 财务管理学习指导书［M］. 杭州：浙江人民出版社，2008.

[19] 竺素娥. 财务管理［M］. 杭州：浙江人民出版社，2007.

[20] 王斌. 公司财务管理［M］. 北京：高等教育出版社，2007.

[21] 博迪，凯恩，马科斯. 投资学精要［M］. 马勇，胡波，译. 5版. 北京：中国人民大学出版社，2007.

[22] 注册会计师全国统一考试辅导用书编审委员会. 财务管理成本管理应试指导［M］. 北京：机械工业出版社，2016.

[23] 杨朝军. 证券投资分析［M］. 2版. 上海：上海人民出版社，2007.

[24] 张志强. 期权理论与公司理财［M］. 2版. 北京：华夏出版社，2007.

[25] 涂必胜. 财务管理学习题集［M］. 上海：立信会计出版社，2005.

[26] 李曜编. 证券投资基金学［M］. 2版. 北京：清华大学出版社，2005.

[27] 上海证券交易所网站 .http：//www.sse.com.cn.

[28] 深圳证券交易所网站 .http：//www.szse.cn.

[29] 巨潮资讯网 .http：//www.cninfo.com.cn.